die 32 wichtigsten Fälle zum Gesellschaftsrecht

Hemmer/Wüst/d'Alquen/Tyroller

Hemmer/Wüst Verlagsgesellschaft

Hemmer/Wüst/d'Alquen/Tyroller, die 32 wichtigsten Fälle zum Gesellschaftsrecht

ISBN 978-3-86193-923-8

8. Auflage 2020

gedruckt auf chlorfrei gebleichtem Papier
von Schleunungdruck GmbH, Marktheidenfeld

Inhaltsverzeichnis: Die Zahlen beziehen sich auf die Seiten des Skripts.

Kapitel III: Die KG (Kommanditgesellschaft)

Vorwort

Die vorliegende Fallsammlung ist für **Studierende in den ersten Semestern** gedacht. Gerade in dieser Phase ist es wichtig, bei der Auswahl der Lernmaterialien den richtigen Weg einzuschlagen. **Auch in den späteren Semestern und im Referendariat** sollte man in den grundsätzlichen Problemfeldern sicher sein. Die essentials sollte jeder kennen.

Die Gefahr zu Beginn des Studiums liegt darin, den Stoff zu abstrakt zu erarbeiten. Nur ein **problemorientiertes Lernen**, d.h. ein Lernen am konkreten Fall, führt zum Erfolg. Das gilt für die kleinen Scheine / die Zwischenprüfung genauso wie für das Examen. In juristischen Klausuren wird nicht ein möglichst breites Wissen abgeprüft, vielmehr steht der Umgang mit konkreten Problemen im Vordergrund. Nur wer gelernt hat, sich die Probleme des Falles aus dem Sachverhalt zu erschließen, schreibt die gute Klausur. Es geht darum, Probleme zu erkennen und zu lösen. Abstraktes anwendungsunspezifisches Wissen, sog. „Träges Wissen", täuscht Sicherheit vor, schadet aber letztlich.

Bei der Anwendung dieser Lernmethode sind wir Marktführer. Profitieren Sie von der über 40-jährigen Erfahrung des **Juristischen Repetitoriums hemmer** im Umgang mit Examensklausuren. Diese Erfahrung fließt in sämtliche Skripten des Verlages ein. Das Repetitorium beschäftigt **ausschließlich Spitzenjuristinnen und Spitzenjuristen**, teilweise Landesbeste ihres Examenstermins. Die so erreichte Qualität in Unterricht und Skripten werden Sie anderswo vergeblich suchen. Lernen Sie mit den Profis!

Ihre Aufgabe als Juristin oder Jurist wird es einmal sein, konkrete Fälle zu lösen. Diese Fähigkeit zu erwerben ist das Ziel einer guten juristischen Ausbildung. Nutzen Sie die Chance, diese Fähigkeit bereits zu Beginn Ihres Studiums zu trainieren. Erarbeiten Sie sich das notwendige Handwerkszeug anhand unserer Fälle. Sie werden feststellen: Wer Jura richtig lernt, dem macht es auch Spaß. Je mehr Sie verstehen, desto mehr Freude werden Sie haben, sich neue Probleme durch eigenständiges Denken zu erarbeiten. Wir bieten Ihnen mit unserer **juristischen Kompetenz** die notwendige Hilfestellung.

Fallsammlungen gibt es viele. Die Auswahl des richtigen Lernmaterials ist jedoch der entscheidende Aspekt. Vertrauen Sie auf unsere Erfahrungen im Umgang mit Prüfungsklausuren. Unser Beruf ist es, **alle klausurrelevanten Inhalte** zusammenzutragen und verständlich aufzubereiten. Prüfungsinhalte wiederholen sich. Wir vermitteln Ihnen das, worauf es in der Prüfung ankommt – verständlich – knapp – präzise.

Achten Sie dabei insbesondere auf die richtige Formulierung. Jura ist eine Kunstsprache, die es zu beherrschen gilt. Abstrakte Floskeln, ausgedehnte Meinungsstreitigkeiten sollten vermieden werden. Wir haben die Fälle daher bewusst kurz gehalten. Der Blick für das Wesentliche darf bei der Bearbeitung von Fällen nie verloren gehen.

Wir hoffen, Ihnen den Einstieg in das juristische Denken mit der vorliegenden Fallsammlung zu erleichtern und würden uns freuen, Sie auf Ihrem Weg in der Ausbildung auch weiterhin begleiten zu dürfen.

Karl-Edmund Hemmer & Achim Wüst

1. Teil: Das Recht der Personengesellschaften

Kapitel I: Die GbR (Gesellschaft bürgerlichen Rechts)

Fall 1: Öko? Logisch!

Sachverhalt:

Anton (A) und Bertram (B) sind Nachbarn. Auf Grund ihrer äußerst „grünen" Lebenseinstellung haben beide bislang kein Auto. Da es aber zunehmend mühsamer wird, sämtliche Einkäufe mit dem Fahrrad zu erledigen, beschließen sie, sich gemeinsam einen Kleinwagen anzuschaffen. Sie vereinbaren, dass A den Wagen von Montag bis Mittwoch nutzen darf, B hingegen von Donnerstag bis Samstag. Am Sonntag soll das Auto in der Garage stehen bleiben. Der Kaufpreis i.H.v. 10.000 € wird geteilt, ebenso sollen beide zu gleichen Teilen für die Unterhaltungskosten aufkommen.

***Frage:** Nach welchen Vorschriften richtet sich das Verhältnis zwischen A und B?*

I. Einordnung

Die Gesellschaft bürgerlichen Rechts (GbR) ist der *Grundtyp* der Personengesellschaften. Sie ist dadurch gekennzeichnet, dass mehrere Personen einen *gemeinsamen Zweck* verfolgen.

Dahingegen reicht das Bestehen eines *gemeinsamen Interesses* nicht aus: So ist die GbR insbesondere von der Bruchteilsgemeinschaft, die in den §§ 741 ff. BGB geregelt ist, abzugrenzen.

Anmerkung: Eine Bruchteilsgemeinschaft kann kraft Gesetzes entstehen oder rechtsgeschäftlich vereinbart werden. Nur bei rechtsgeschäftlich begründeten Gemeinschaften können sich Abgrenzungsschwierigkeiten zur GbR ergeben, da diese nur durch eine vertragliche Übereinkunft gegründet werden kann.

Nehmen Sie den vorliegenden Einstiegsfall zum Anlass, sich mit dem Begriff der GbR vertraut zu machen. Sie lernen so, ein Gespür für damit zusammenhängende mögliche Problemfelder zu entwickeln und können die anschließenden Fälle so besser einordnen.

II. Gliederung

1. Anwendbarkeit der Vorschriften der GbR, §§ 705 ff. BGB

(+), wenn A und B eine GbR gegründet haben

Vor.:

a) Gesellschaftsvertrag
(+), Abrede der gemeinsamen Anschaffung des Kleinwagens

b) Gemeinsamer Zweck
Grds. jeder erlaubte Zweck möglich

aa) Anschaffung des Autos
(-), da jedenfalls schon erreicht (vgl. § 726 BGB)

bb) gemeinsames Nutzen und Halten des Autos?
Hier allerdings *bloßes* „Halten und Verwalten" des Autos
Lediglich Konsequenz aus dem Bruchteilseigentum
(vgl. §§ 748, 742 BGB)

⇨ Gemeinsame Zweckverfolgung (-)

⇨ GbR daher (-)

Ergebnis:
§§ 705 ff. BGB nicht anwendbar

2. Anwendbarkeit der Vorschriften der Bruchteilsgemeinschaft, §§ 741 ff. BGB

(+), wenn zwischen A und B eine Bruchteilsgemeinschaft entstanden ist

a) Kraft Gesetzes (-)

b) Durch vertragliche Vereinbarung?

(+), gemeinsames Interesse an der Nutzung des gemeinsamen Autos als Miteigentümer

Ergebnis:
§§ 741 ff. BGB anwendbar

III. Lösung

1. Anwendbarkeit der Vorschriften der GbR, §§ 705 ff. BGB

Das Verhältnis zwischen A und B könnte sich nach den Vorschriften der §§ 705 ff. BGB richten. Dazu müssten A und B eine GbR gegründet haben.

Dies setzt voraus, dass A und B sich vertraglich zur Verfolgung eines gemeinsamen Zwecks und zu dessen Förderung verpflichtet haben.

a) Gesellschaftsvertrag

A und B haben vereinbart, sich gemeinsam einen Kleinwagen anzuschaffen und diesen zusammen zu nutzen.

Anmerkung: Die Frage, ob ein Vertrag zu Stande gekommen ist, richtet sich grundsätzlich nach den Regelungen des BGB-AT. An dieser Stelle können in der Klausur daher sämtliche Probleme des Vertragsschlusses auftauchen, wie etwa ein fehlender Rechtsbindungswille (siehe dazu Fall 2), eine beschränkte Geschäftsfähigkeit (siehe dazu Fall 9) oder Fälle eines Willensmangels (§§ 116 ff. BGB) und eine damit möglicherweise verbundene Anfechtung, § 142 BGB.

Fraglich ist, ob A und B sich rechtlich binden wollten oder ob sie lediglich eine unverbindliche Absprache getroffen haben.

Der Kauf eines gemeinsamen Autos bedeutet zum einen eine erhebliche Kostenersparnis. Zum anderen benötigen A und B das Auto für den Transport ihrer Einkäufe. Auf Grund ihrer umweltbewussten Einstellung kommt dabei aber nur die Nutzung eines gemeinsamen Autos in Betracht.

Daraus folgt, dass der *gemeinsame* Autokauf für A und B derart wichtig ist, dass ihrer Absprache ein Rechtsbindungswille entnommen werden kann. Damit liegt eine vertragliche Einigung vor.

b) Gemeinsamer Zweck

Weiterhin müssten A und B einen gemeinsamen Zweck verfolgt haben.

Anmerkung: An dieser Stelle erfolgt eine Abgrenzung zwischen dem (Personengesellschafts-)Grundtyp der GbR und den handelsrechtlichen Sonderformen der OHG und KG. Neben einem Gesellschaftsvertrag und einer Förderungspflicht erfordern auch sie eine gemeinsame Zweckverfolgung. Allerdings muss der Zweck *qualifiziert* sein, d.h. er muss sich auf den Betrieb eines Handelsgewerbes unter einer gemeinschaftlichen Firma richten (siehe dazu die Fälle 11 ff.).

aa) Anschaffung des Autos

Der gemeinsame Zweck könnte zunächst in der Anschaffung des Kleinwagens gesehen werden. Mit der Abwicklung des Kaufs und dem gemeinsamen Eigentumserwerb ist dieser Zweck jedoch bereits erreicht worden, so dass eine insoweit möglicherweise kurzzeitig bestehende GbR infolge Zweckerreichung jedenfalls wieder aufgelöst und somit beendet ist, § 726 BGB.

bb) Nutzen und Halten des Autos

A und B haben sich außerdem darüber geeinigt, wer den Wagen an welchen Tagen nutzen darf. Allerdings kann der jeweils Berechtigte an den jeweiligen Tagen das Auto beliebig verwenden, so dass insofern jeder seinen *eigenen* Zweck verfolgt. Damit betrifft die Abrede der beiden das *bloße* „Halten und Verwalten" des Autos. Dies ist jedoch nur eine Konsequenz aus dem Bruchteilseigentum (vgl. §§ 748, 742 BGB) und daher den Anforderungen einer *gemeinsamen* Zweckverfolgung i.R.d. § 705 BGB nicht genügt. Eine GbR ist damit nicht entstanden.

Anmerkung: Anderes würde daher etwa dann gelten, wenn A und B sich den Kleinwagen aus dem Grund angeschafft hätten, um den ökologischen Wochenmarkt der nächstgrößeren Stadt gemeinsam aufzusuchen. Dieser Zweck ginge über das bloße Halten und Verwalten des Autos hinaus! In der Übereinkunft, die Kosten anteilig zu tagen, läge außerdem die Vereinbarung einer Beitragspflicht.

2. Anwendbarkeit der Vorschriften der Bruchteilsgemeinschaft, §§ 741 ff. BGB

Das Rechtsverhältnis zwischen A und B könnte sich daher nach den Vorschriften der Bruchteilsgemeinschaft, §§ 741 ff. BGB richten.

a) Kraft Gesetzes

Eine Bruchteilsgemeinschaft kraft Gesetzes kommt vorliegend nicht in Betracht.

Anmerkung: Gesetzliche Entstehungsgründe im BGB sind beispielsweise die Fälle der Verbindung, Vermischung und Vermengung (§§ 947 I, 948 BGB), die Vereinigung von Bienenschwärmen (§ 963 BGB), der Schatzfund auf fremdem Grundstück (§ 984 BGB), unter Umständen auch Grenzeinrichtungen (§§ 921- 923 BGB).

b) Durch Vertrag

Indem A und B allerdings vereinbarten, den Kleinwagen als Miteigentümer zu erwerben, gemeinsam zu nutzen und sich die Kosten zu teilen, haben sie rechtsgeschäftlich eine Bruchteilsgemeinschaft gegründet.

Ergebnis: Das Verhältnis zwischen A und B richtet sich folglich nach den für die Bruchteilsgemeinschaft geltenden Vorschriften der §§ 741 ff. BGB.

IV. Zusammenfassung

Sound: Eine GbR setzt voraus, dass sich mehrere Personen vertraglich zusammenschließen (= *Gesellschaftsvertrag*), einen gemeinsamen Zweck verfolgen und sich zur Förderung dieses Zwecks verpflichten.

Dabei ist ein bloßes gemeinsames Interesse, z.B. an der Pflege und Nutzung einer gemeinsamen Sache, nicht ausreichend. Erforderlich ist vielmehr „eine über die bloße Rechtsverbundenheit hinausgehende Zweckverfolgung" (vgl. *Klunzinger*, Grundzüge des Gesellschaftsrechts, S. 14).

hemmer-Methode: Die Abgrenzung zwischen der GbR und der Bruchteilsgemeinschaft ist vor allem vor dem Hintergrund der unterschiedlichen Vermögenszuordnung relevant. Bei der Bruchteilsgemeinschaft steht den Gemeinschaftern ein ideeller Anteil an den einzelnen Vermögensgegenständen zu, so dass jeder Gemeinschafter über seinen Anteil ohne weiteres verfügen kann, § 747 S. 1 BGB. Bei der GbR steht einem Gesellschafter kein ideeller Anteil an den einzelnen Vermögensgegenständen zu, sondern nur an dem Vermögen *als Ganzem*, das jedoch „zur gesamten Hand gebunden ist". Man spricht daher auch von einer sog. „Gesamthandsgemeinschaft". Dies bedeutet, dass ein Gesellschafter nicht über seinen Anteil am Gesellschaftsvermögen verfügen kann und auch nicht berechtigt ist, Teilung zu verlangen (anders ist dies nur bei der Erbengemeinschaft, bei der es sich auch um eine Gesamthandsgemeinschaft handelt, vgl. § 2042 BGB). Daher kann der Gesellschafter nur über seine Stellung in der Gesamthandsgemeinschaft, d.h. seine Mitgliedschaft, verfügen.

V. Zur Vertiefung

- Hemmer/Wüst, Basics Zivilrecht Bd. 5, Rn. 12 ff.
- Hemmer/Wüst, Gesellschaftsrecht, Rn. 46.
- Hemmer/Wüst, Gesellschaftsrecht, Karteikarten Nr. 13, 14.

Fall 2: Fußballjünger

Sachverhalt:

Rudi (R) und Jürgen (J) sind überzeugte Fans des 1. FC Unterfranken. Um kein Spiel ihres heiß geliebten Clubs zu verpassen und diesen gemeinsam anfeuern zu können, vereinbaren sie, zusammen mit dem Auto des R zu den Auswärtsspielen zu fahren. R soll dabei für die Unterhaltskosten des Autos aufkommen, J für die Benzinkosten. Außerdem machen die beiden aus, dass dem J aus eventuellen, fahrlässig verursachten Verkehrsunfällen keine Ersatzansprüche gegen R zustehen sollen.

Auf dem Rückweg von einem Auswärtsspiel verliert R die Kontrolle über das Fahrzeug und steuert es gegen einen Baum. Wie üblich hat er die Geschwindigkeitsbegrenzung von 70 km/h ignoriert und ist 80 km/h gefahren. J erleidet leichte Verletzungen und verlangt nun von R Ersatz der ärztlichen Behandlungskosten.

Frage: *Zu Recht?*

I. Einordnung

Die GbR existiert in verschiedenen Erscheinungsformen. So wird zum einen die *Außen*gesellschaft, die am Rechtsverkehr mit Dritten teilnimmt, von der bloßen *Innen*gesellschaft (siehe dazu die Fälle 2, 3) unterschieden. Diese zeichnet sich dadurch aus, dass nicht sie nach außen auftreten soll, sondern ein Gesellschafter die Geschäfte im eigenen Namen abschließt.

Ein typisches Beispiel für eine Innengesellschaft ist die Fahrgemeinschaft. Der vorliegende Fall widmet sich den damit in Zusammenhang stehenden und immer wieder auftauchenden Problemen.

II. Gliederung

1. Anspruch aus §§ 280 I, 241 II, 705 BGB

Vor.:

a) Schuldverhältnis
GbR in Form einer Innengesellschaft?

Vor.:

aa) Gesellschaftsvertrag

(P): möglicherweise reines Gefälligkeitsverhältnis?

Abgrenzung anhand objektiver Kriterien

Hier: auf gewisse Dauer angelegt; jeder erbringt Leistungen; Vereinbarung, dass im Falle eines Verkehrsunfalls keine Ersatzansprüche entstehen sollen

Rechtsbindungswille daher (+)

Gesellschaftsvertrag (+)

bb) Gemeinsamer Zweck
(+), gegenseitige Beförderung zu den Auswärtsspielen

cc) Beitragspflicht
(+), da die Fahrtkosten geteilt werden

⇨ Damit: GbR (+)

b) Pflichtverletzung
(+), Verletzung einer nicht leistungsbezogenen Nebenpflicht (Schutzpflicht) i.S.d. § 241 II BGB

c) Vertretenmüssen, § 280 I S. 2 BGB
Grds. § 276 I BGB: Vorsatz und Fahrlässigkeit
Danach Vertretenmüssen (+), da R fahrlässig gehandelt hat

ABER: möglicherweise anderer Verschuldensmaßstab?

aa) §§ 708, 277 BGB
Haftung nur bei Verletzung der eigenüblichen Sorgfalt bzw. grober Fahrlässigkeit und Vorsatz, vgl. § 277 BGB
R hält sich i.R.d. eigenen Sorgfaltsmaßstabes
Aber evtl. grob fahrlässiges Handeln?
Unerheblich, da §§ 708, 277 BGB im Straßenverkehr jedenfalls nicht anwendbar (teleologische Reduktion)

bb) rechtsgeschäftlicher Haftungsausschluss
Vor.: Wirksamkeit
§ 276 III BGB (-)
§ 309 Nr. 7 BGB (-), da keine Allgemeine Geschäftsbedingung
Haftungsausschluss ist damit wirksam

⇨ Vertretenmüssen (-)

Ergebnis: Anspruch (-)

2. Anspruch aus § 823 I BGB

Vor.:

a) Kausale Rechtsgutsverletzung (+)

b) Rechtswidrigkeit (+)

c) Verschulden?
Zwar grds. (+), aber rechtsgeschäftlicher Haftungsausschluss erfasst auch Schadensersatzansprüche aus unerlaubter Handlung

Ergebnis: Anspruch daher (-)

3. Anspruch aus § 823 II i.V.m. § 3 StVO bzw. § 229 StGB, §§ 7, 18 StVG

(-), s.o.

III. Lösung

J verlangt dann zu Recht Ersatz der ärztlichen Behandlungskosten von R, wenn ihm ein diesbezüglicher Anspruch zusteht.

1. Anspruch aus §§ 280 I, 241 II, 705 BGB

J könnte einen Schadensersatzanspruch gegen R aus §§ 280 I, 241 II, 705 BGB haben.

a) Schuldverhältnis

Voraussetzung hierfür ist zunächst das Vorliegen eines Schuldverhältnisses.

J und R könnten hier eine GbR i.S.d. §§ 705 ff. BGB gegründet haben.

Dazu müssten sie sich vertraglich geeinigt haben, einen gemeinsamen Zweck zu verfolgen und einen Beitrag zu erbringen.

aa) Gesellschaftsvertrag

J und R haben vereinbart, gemeinsam mit dem Auto des R zu den Auswärtsspielen des 1. FC Unterfranken zu fahren. Es stellt sich die Frage, ob die beiden sich mit dieser Abrede vertraglich verpflichten wollten. Es könnte sich hierbei auch lediglich um ein reines Gefälligkeitsverhältnis ohne rechtliche Bindungswirkung handeln.

Ob eine Vereinbarung ein Rechtsgeschäft oder ein bloßes Gefälligkeitsverhältnis darstellt, hängt vom Rechtsbindungswillen ab. Dieser ist dann gegeben, wenn der Erklärungsempfänger nach der Verkehrsauffassung und den Umständen des Einzelfalls die Erklärung als rechtlich verbindlich ansehen durfte, §§ 133, 157 BGB analog.

Anmerkung: Da sich die beteiligten Personen regelmäßig keine Gedanken darüber machen, ob sie sich rechtlich binden wollen oder nicht, haben Rechtsprechung und die überwiegende Rechtslehre einen Katalog von Indizien entwickelt, die auf das Vorhandensein eines Rechtsbindungswillens hindeuten sollen. Mögliche Indizien sind beispielsweise die Art der Gefälligkeit, ihr Grund und Zweck, ihre wirtschaftliche und rechtliche Bedeutung für die Parteien etc.

J und R wollen regelmäßig zu den Auswärtsspielen fahren, es handelt sich dabei folglich nicht um eine einmalige Angelegenheit. Außerdem haben sich beide zur Erbringung von Leistungen bereit erklärt: R stellt sein Auto zur Verfügung und trägt die Unterhaltskosten, J übernimmt die Benzinkosten.

Schließlich zeigt die Vereinbarung, dass J aus eventuellen, fahrlässig verursachten Verkehrsunfällen keine Ersatzansprüche gegen R haben soll, dass die beiden ihrem Zusammenschluss durchaus eine rechtliche Bedeutung beimessen.

Auf Grund dieser Indizien kann damit auf das Vorhandensein eines Rechtsbindungswillens geschlossen werden, so dass die von J und R getroffene Abrede rechtsgeschäftlicher Natur ist.

Ein Gesellschaftsvertrag liegt folglich vor.

bb) Gemeinsamer Zweck

J und R müssten außerdem einen gemeinsamen Zweck verfolgen. Sie sind beide überzeugte Fans des 1. FC Unterfranken und wollen *gemeinsam* die Auswärtsspiele besuchen, um den Club zusammen anfeuern zu können. Folglich liegt der gemeinsame Zweck in der gegenseitigen Beförderung zu diesen Spielen.

cc) Beitragspflicht

Schließlich müsste eine Beitragspflicht vereinbart worden sein. Nach der von R und J getroffenen Abmachung stellt R sein Auto zur Verfügung, fährt es und trägt die Unterhaltskosten, J kommt für die Benzinkosten auf. Folglich ist auch eine Beitragsleistung zur Erreichung des gemeinsamen Zwecks ausgemacht.

Damit haben R und J eine GbR gegründet.

Ein Schuldverhältnis i.S.d. § 280 I BGB liegt folglich vor.

Anmerkung: Vergegenwärtigen Sie sich stets, weshalb Sie eine bestimmte Sache prüfen (Obersatz!). Vergessen Sie daher nie, am Schluss eines Prüfungspunktes auf den Obersatz Bezug zu nehmen und das Ergebnis der Prüfung festzuhalten. Nur so zeigen Sie dem Korrektor, dass Sie den „vollen Durchblick" haben!

b) Pflichtverletzung

Weiterhin müsste R eine Pflicht aus dem Schuldverhältnis verletzt haben.

Bestandteil der allgemeinen vertraglichen Pflichten ist es, die zur Vertragserfüllung gehörenden Tätigkeiten so auszuführen, dass die Rechtsgüter des Vertragspartners dabei nicht verletzt werden, vgl. § 241 II BGB.

Indem R durch sein Fahrverhalten einen Unfall verursachte, bei dem J verletzt wurde, hat er gegen seine Pflicht zur Rücksichtnahme auf die Rechtsgüter des J verstoßen.

Anmerkung: Erinnern Sie sich: Es handelt sich hierbei um eine sog. *nicht*-leistungsbezogene *Neben*pflicht, die dem allgemeinen Rechtsgüterschutz dient. Von den Nebenpflichten sind die *Leistungs*pflichten zu unterscheiden: Die *Hauptleistungs*pflichten prägen die Eigenart des jeweiligen Schuldverhältnisses und kennzeichnen so den Vertragstyp (z.B. die Pflicht des Verkäufers zur Übergabe und Übereignung der Kaufsache, § 433 I BGB). Daneben gibt es die *Nebenleistungs*pflichten, die der Vorbereitung, Durchführung und Sicherung der Hauptleistungspflicht dienen (wie etwa die Pflicht des Käufers, die Kaufsache abzunehmen, § 433 II BGB).

c) Vertretenmüssen, § 280 I S. 2 BGB

Außerdem ist erforderlich, dass R die Pflichtverletzung zu vertreten hat, § 280 I S. 2 BGB.

Gem. § 276 I BGB hat der Schuldner grundsätzlich Vorsatz und Fahrlässigkeit zu vertreten. Indem R die Geschwindigkeitsbegrenzung um 10 km/h überschritten hat, hat er die im Verkehr erforderliche Sorgfalt außer Acht gelassen und folglich fahrlässig gehandelt, vgl. § 276 II BGB. Damit hat er seine Pflicht zur Rücksichtnahme auf die körperliche Unversehrtheit des J fahrlässig verletzt.

Vorliegend könnte sich jedoch dann etwas anderes ergeben, wenn ein anderer Verschuldensmaßstab gelten würde.

aa) §§ 708, 277 BGB

Nach der Regelung des § 708 BGB hat ein Gesellschafter bei der Erfüllung der ihm obliegenden Verpflichtungen nur für diejenige Sorgfalt einzustehen, die er in eigenen Angelegenheiten anzuwenden pflegt *(diligentia quam in suis)*.

Anmerkung: Denken Sie stets daran: Ist die eigenübliche Sorgfalt der Haftungsmaßstab, so führt dies zu einer Privilegierung des „Schlampers“! Derjenige, der immer ordentlich ist, verletzt seine eigenübliche Sorgfalt bereits dann, wenn er ausnahmsweise einmal leicht fahrlässig gehandelt hat. Der „Schlamper“ hingegen hält sich auch dann im Rahmen seiner eigenüblichen Sorgfalt, wenn er sich – wie immer – leicht fahrlässig verhält.

R ist wie üblich 10 km/h zu schnell gefahren und hat folglich seinen eigenüblichen Sorgfaltsmaßstab eingehalten. Eine Privilegierung kommt allerdings dennoch nicht in Betracht, wenn R sich dabei grob fahrlässig verhalten hat, vgl. § 277 BGB.

Darauf käme es im vorliegenden Fall aber gar nicht an, wenn §§ 708, 277 BGB aus einem anderen Grund gar nicht anwendbar wären.

Die Pflichtverletzung des R hat sich hier im Straßenverkehr ereignet. Möglicherweise ist § 708 BGB dahingehend teleologisch zu reduzieren, dass die Vorschrift im Straßenverkehr keine Anwendung findet.

Die Risiken, die der Straßenverkehr nach sich zieht, erlauben ihrer Natur nach keinen Spielraum für eine individuelle Sorglosigkeit. Außerdem wäre es nur schwer nachvollziehbar, wenn ein Autofahrer dann, wenn er zu dem Verletzten in keiner besonderen Beziehung steht, nach den allgemeinen Vorschriften haften müsste, er sich aber gewisse Verkehrsverstöße erlauben dürfte, wenn dadurch ein Mitgesellschafter verletzt würde.

§ 708 BGB findet daher im Straßenverkehr keine Anwendung.

Damit kann es dahin stehen, ob R noch leicht fahrlässig gehandelt hat, da sich hier jedenfalls kein anderer Verschuldensmaßstab aus § 708 BGB ergeben kann.

bb) Rechtsgeschäftlicher Haftungsausschluss

Möglicherweise scheidet ein Vertretenmüssen des R aber aus dem Grund aus, dass er mit J vereinbart hat, dass diesem aus eventuellen fahrlässig verursachten Verkehrsunfällen keine Ersatzansprüche zustehen sollen.

Damit könnten J und R eine wirksame Vereinbarung über eine Privilegierung im Verschuldensmaßstab getroffen haben *(= rechtsgeschäftlicher Haftungsausschluss)*.

Indem sich der Haftungsausschluss auf fahrlässig verursachte Verkehrsunfälle bezieht, ist die Grenze des § 276 III BGB, wonach die Haftung für Vorsatz nicht im Voraus beschränkt werden darf, eingehalten.

Der Haftungsausschluss könnte gleichwohl nach § 309 Nr. 7 BGB unwirksam sein. Allerdings ist hierbei zu beachten, dass R und J sich individualvertraglich ohne die Verwendung von Allgemeinen Geschäftsbedingungen über den Ausschluss der Haftung einigten.

Der Haftungsausschluss ist folglich wirksam.

Damit scheidet ein Vertretenmüssen des R aus.

Ergebnis: J hat keinen Schadensersatzanspruch gegen R aus §§ 280 I, 241 II, 705 BGB.

2. Anspruch aus § 823 I BGB

Möglicherweise steht J ein Schadensersatzanspruch aus § 823 I BGB zu.

a) Kausale Rechtsgutsverletzung

Durch sein verkehrswidriges Fahrverhalten hat R einen Verkehrsunfall verursacht, durch den J in seinen Rechtsgütern Körper und Gesundheit verletzt wurde. Damit ist eine kausale Rechtsgutsverletzung zu bejahen.

b) Rechtswidrigkeit

Unabhängig davon, ob man der Lehre vom Erfolgs- oder Handlungsunrecht folgt, ist Rechtswidrigkeit jedenfalls gegeben.

c) Verschulden

R müsste außerdem schuldhaft gehandelt haben. Durch die Überschreitung der zulässigen Höchstgeschwindigkeit um 10 km/h hat er sich zumindest leicht fahrlässig und damit grundsätzlich schuldhaft verhalten, § 276 II BGB (s.o.).

Ein Schadensersatzanspruch wäre folglich dem Grunde nach zu bejahen.

Allerdings könnte die Haftung des R infolge des rechtsgeschäftlichen Haftungsausschlusses entfallen.

Dieser Haftungsausschluss wäre praktisch wertlos, wenn er sich nicht auch auf Schadensersatzansprüche aus unerlaubter Handlung erstreckte. Mangels einer anderen Vereinbarung ist daher auch i.R.d. Anspruchs aus § 823 I BGB von der Geltung des Haftungsausschlusses auszugehen, so dass ein Verschulden des R zu verneinen ist.

Anmerkung: Vorliegend sind die Voraussetzungen des Anspruchs aus § 823 I BGB erkennbar unproblematisch, so dass eine lange Abhandlung fehl am Platz wäre.

Lernen Sie frühzeitig, den richtigen Schwerpunkt in der Klausur zu setzen! Dies gelingt nur durch häufiges „Training“.

Ergebnis: J steht kein Schadensersatzanspruch gegen R aus § 823 I BGB zu.

3. Anspruch aus § 823 II BGB i.V.m. § 3 StVO bzw. § 229 StGB

Aus dem gleichen Grund kommt auch kein Schadensersatzanspruch des J gegen R aus § 823 II BGB i.V.m. § 3 StVO bzw. § 229 StGB in Betracht.

Anmerkung: Aus den gleichen Gründen scheidet auch ein Schadensersatzanspruch des J gegenüber R aus den §§ 7, 18 StVG aus.

IV. Zusammenfassung

Sound: Der Gesellschafter haftet privilegiert nach seinem eigenüblichen Sorgfaltsmaßstab, sofern dieser als leicht fahrlässig anzusehen ist, vgl. §§ 708, 277 BGB. Im Straßenverkehr ist diese Privilegierung jedoch nicht anwendbar.

hemmer-Methode: Prägen Sie sich in diesem Zusammenhang auch die Fallvariante ein, in der ein Mitspieler einer Lottogemeinschaft, dem das Ausfüllen und Abgeben des Tippscheins übertragen worden war, dieses vergisst und der Gemeinschaft so ein hoher Gewinn entgeht. Der BGH behandelt dies als ein Problem des fehlenden Rechtsbindungswillens, so dass ein vertraglicher Schadensersatzanspruch gegen den vergesslichen Mitspieler ausscheidet. Ein Schadensersatzanspruch aus § 823 I BGB kommt aus dem Grund nicht in Betracht, da das Vermögen als solches kein geschütztes Rechtsgut darstellt.
Sachgerechter erscheint es jedoch, entgegen dem BGH einen Rechtsbindungswillen zu bejahen und so zu der Annahme einer GbR zu gelangen. Anspruchsgrundlage für einen Schadensersatzanspruch gegen den Mitspieler ist dann §§ 280 I, 705 BGB. In dem Versäumen der Abgabe des Tippscheins liegt eine sorgfaltswidrige Schlechtleistung, die grob fahrlässig und daher trotz § 708 BGB schuldhaft war, §§ 280 I S. 2, 276 I BGB. Allerdings wird man angesichts des existenzbedrohenden Risikos für den beauftragten Mitspieler einen stillschweigenden Haftungsausschluss annehmen müssen.
Wäre das Risiko bedacht worden, hätte sich wohl keiner der Spieler drauf eingelassen. Im Ergebnis scheidet ein Schadensersatzanspruch also auch nach diesem Lösungsweg aus.
Wiederholen Sie mögliche Anspruchsgrundlagen und den Haftungsmaßstab bei der Haftung im Gefälligkeitsverhältnis (Hemmer/Wüst, BGB-AT I, Rn. 76 ff.)!

V. Zur Vertiefung

- Hemmer/Wüst, BGB-AT I, Rn. 70 ff.
- Hemmer/Wüst, Gesellschaftsrecht, Rn. 334.

Fall 3: Alter schützt vor Torheit nicht

Sachverhalt:

Kurz nach ihrem 40. Hochzeitstag haben die im Güterstand der Gütertrennung lebenden Eheleute Erna (E) und Siegfried (S) mit ihren gemeinsamen Ersparnissen ein Grundstück erworben, das ihnen als Altersruhesitz dienen sollte. E wurde als Alleineigentümerin in das Grundbuch eingetragen.

In der Folgezeit verwendet der noch äußerst rüstige S seine ganze Energie darauf, das sich auf dem Grundstück befindende stark beschädigte Gebäude zu renovieren und die Gartenanlage zu erneuern. E fühlt sich vernachlässigt und beschließt, den Lebensabend mit ihrem Jugendfreund zu verbringen. Kurz darauf wird die Ehe zwischen E und S geschieden. S verlangt nun einen Ausgleich für die Renovierung des Hauses und die Erneuerung der Gartenanlage.

Frage: *Zu Recht?*

I. Einordnung

Halten sich die vermögensrechtlichen Beziehungen von Ehegatten im typischen Rahmen der ehelichen Lebensgemeinschaft, erfolgt grundsätzlich eine Beurteilung allein nach den Vorschriften des Familienrechts. Anderes kann jedoch dann gelten, wenn ein Ehegatte darüber hinausgehende Pflichten wahrnimmt und beispielsweise im Erwerbsgeschäft des anderen Ehegatten mitarbeitet. In diesem Fall liegt möglicherweise eine Ehegattengesellschaft i.S.d. §§ 705 ff. BGB vor.

Relevant wird diese Frage vor allem dann, wenn die Ehe beendet wird und derjenige Ehegatte, der die Leistungen erbracht hat, vom anderen Ehegatten einen vermögensrechtlichen Ausgleich verlangt.

Anmerkung: Der vorliegende Fall zeigt Ihnen, wie wichtig es ist, die einzelnen Rechtsgebiete nicht isoliert voneinander zu lernen, sondern stets in einen größeren Kontext einzubetten. Verschaffen Sie sich daher an dieser Stelle ggfs. einen Überblick über die drei Güterstände des Eherechts: die Zugewinngemeinschaft, die Gütergemeinschaft und die Gütertrennung (Hemmer/Wüst, Familienrecht, Rn. 137 ff., 257 ff., 261 ff.)!

II. Gliederung

1. Anspruch auf Zugewinnausgleich gem. § 1378 I BGB

(-), da wirksame Vereinbarung des Güterstandes der Gütertrennung (§§ 1408, 1410 BGB) und somit Ausschluss des Zugewinnausgleichs

2. Anspruch aus §§ 611, 612 BGB

Vor.:

Wirksamer Dienstvertrag, § 611 BGB

(P): Rechtsbindungswille
S erwartete wohl keine Vergütung
Daher Dienstvertrag (-)

Ergebnis: Anspruch (-)

3. Anspruch aus § 738 I S. 2 BGB

Vor.: Vorliegen einer GbR, § 705 BGB

Hier möglicherweise in Form einer sog. Ehegattengesellschaft

Vor.:

Gesellschaftsvertrag, § 705 BGB

a) **Ausdrückliche Einigung (-)**

b) **Konkludente Einigung?**

Vor.: Vorliegen konkreter Anhaltspunkte

Insbesondere (+), wenn Verfolgung eines gemeinsamen Zwecks

Zweck muss über den typischen Rahmen einer ehelichen Lebensgemeinschaft *hinausgehen*

Führen der Ehe reicht für sich genommen nicht aus

Erwerb oder Umbau eines Familienheims bewegt sich i.R.d. ehelichen Lebensgemeinschaft

Gemeinsamer Zweck daher (-)
Konkludenter Gesellschaftsvertrag (-)

Ergebnis: Anspruch (-)

4. Anspruch aus § 812 I S. 1 Alt. 1 BGB

Vor.:

a) **Etwas erlangt**
(+), Wertsteigerung an Haus und Garten

b) **Durch Leistung**
(+), bewusste und zweckgerichtete Mehrung des Vermögens der E durch S

c) **Ohne rechtlichen Grund?**
(-), Fortbestand der Ehe als selbstverständlich vorausgesetzter Rechtsgrund

Ergebnis: Anspruch (-)

5. Anspruch aus § 812 I S. 2 Alt. 1 BGB

(-), Fortbestand der Ehe reicht auch nach deren Wegfall als Rechtsgrund aus; Grundsätze der Störung der Geschäftsgrundlage als angemesseneres Instrument für evtl. Ausgleich

6. Anspruch aus § 812 I S. 2 Alt. 2 BGB

Vor.: tatsächliche Einigung über die Zweckbestimmung
Aufrechterhaltung der Ehe hier aber bloßes Motiv
Tatsächliche Zweckbestimmung damit (-)

Ergebnis: Anspruch (-)

7. Anspruch aus § 313 I BGB

Vor.:

a) **Vertrag**
(+), „besonderer familienrechtlicher Vertrag" (BGH)

b) **Reales Element**
Umstand, dessen (Fort-)Bestehen von mindestens einer Partei vorausgesetzt worden ist
(+), Fortbestand der Ehe

c) **Fehlen oder Wegfall dieses Umstandes**
(+), Scheidung der Ehe

d) **Hypothetisches Element**
(+), S und E hätten andere Vereinbarung getroffen, wenn sie die Scheidung der Ehe vorausgesehen hätten

e) **Normatives Element**
(+), da dem S ein Festhalten am unveränderten Vertrag nicht zugemutet werden kann
Störung der Geschäftsgrundlage i.S.d. § 313 I BGB ist damit zu bejahen
Vertragsanpassung im Sinne eines billigen Ausgleichs ist folglich möglich

Ergebnis: Anspruch (+)

III. Lösung

Die Ausgleichsforderung des S ist dann berechtigt, wenn ihm ein diesbezüglicher Anspruch zusteht.

1. Anspruch auf Zugewinnausgleich, § 1378 BGB

Ein Anspruch auf Zugewinnausgleich gem. § 1378 BGB scheidet aus dem Grund aus, dass S und E wirksam den Güterstand der Gütertrennung vereinbart haben, vgl. §§ 1408, 1410 BGB.

Anmerkung: Lebten S und E im gesetzlichen Güterstand der Zugewinngemeinschaft, hätten die von S erbrachten Arbeitsleistungen zu einer Wertsteigerung des im Eigentum der E stehenden Grundstücks geführt und wären so i.R.d. Zugewinnausgleichs angemessen berücksichtigt worden. Dies bedeutet aber nicht zwingend, dass konkurrierende, schuldrechtliche Ansprüche in einem solchen Fall ausgeschlossen wären. Insoweit wäre die Lösung in denselben, jetzt folgenden Schritten, durchzuführen gewesen. Allerdings ist dann in der Regel der Anspruch über § 313 BGB (siehe unten) nicht gegeben, weil die Situation dann nicht unbillig ist, weil entsprechende Leistungen ja über den Zugewinnausgleich ausgeglichen werden. Dies ist der entscheidende Unterschied zu der hier gegebenen Gütertrennung, in welcher die §§ 1363 ff. BGB ausgeschlossen sind.

2. Anspruch aus §§ 611, 612 BGB

Möglicherweise kann S von E die Zahlung einer Vergütung nach den Vorschriften der §§ 611, 612 BGB verlangen.

Dies setzt zunächst das Vorliegen eines wirksamen Dienstvertrages voraus, § 611 BGB.

S und E müssten sich vertraglich darüber geeinigt haben, dass S Dienste gegen die Zahlung eines Entgelts verrichtete. Der Sachverhalt enthält allerdings keine Anhaltspunkte für eine derartige Vereinbarung. Vielmehr ist nach allgemeiner Lebenserfahrung davon auszugehen, dass der Ehemann S wohl keine Vergütung für seine Arbeiten an Haus und Grundstück erwartete. Mangels Vorliegens eines diesbezüglichen Rechtsbindungswillens ist das Vorliegen eines Dienstvertrages damit zu verneinen.

Ergebnis

S steht kein Anspruch auf Zahlung einer Vergütung gegen E aus §§ 611, 612 BGB zu.

3. Anspruch aus § 738 I S. 2 BGB

S könnte einen Anspruch auf Ausgleichszahlung gegen E aus § 738 I S. 2 BGB haben.

Voraussetzung hierfür ist zunächst, dass zwischen S und E eine GbR bestand, § 705 BGB. Hier könnten die beiden eine sog. Ehegattengesellschaft gegründet haben.

Erforderlich hierfür ist zunächst das Vorliegen eines Gesellschaftsvertrages.

a) Ausdrückliche Einigung

Eine ausdrückliche Vereinbarung ist nicht erfolgt.

b) Konkludente Einigung

Möglicherweise haben S und E sich allerdings konkludent über die Gründung einer GbR geeinigt.

Für die Annahme eines derartigen Willens der Eheleute, der durch Auslegung zu ermitteln ist, müssen jedoch konkrete Anhaltspunkte vorliegen.

Dies ist insbesondere dann der Fall, wenn S und E auf Grund einer vertraglichen Vereinbarung einen über den typischen Rahmen einer ehelichen Lebensgemeinschaft *hinausgehenden* Zweck verfolgten. Das Führen der Ehe reicht für sich genommen nicht für die Annahme eines Gesellschaftszwecks aus, da die Ehe als solche ja gerade keine Gesellschaft ist.

Anmerkung: Diesem Erfordernis ist etwa dann Genüge geleistet, wenn die Eheleute durch den Einsatz von Vermögenswerten und Arbeitsleistungen gemeinsam Vermögen aufbauen oder aber gemeinsam eine berufliche oder gewerbliche Tätigkeit ausüben, ausnahmsweise auch der Bau eines Hauses, wenn damit z.B. Mieteinnahmen erzielt werden sollen. Vgl. Sie zur Vertiefung BGH, Life&Law 08/2006, 531 ff. bzw. Hemmer/Wüst, Gesellschaftsrecht, Rn. 335 ff.

Der Erwerb und Umbau eines Grundstücks mit Familienheim bewegt sich jedoch gerade *i.R.d.* ehelichen Lebensgemeinschaft. Von einem Zweck, der über diesen Rahmen hinausgeht, kann daher nicht gesprochen werden.

Damit liegen keine konkreten Anhaltspunkte vor, die auf den Abschluss eines konkludenten Gesellschaftsvertrages schließen ließen. Die Gründung einer GbR zwischen S und E scheidet folglich aus.

Ergebnis: S hat gegen E keinen Anspruch auf Ausgleichszahlung gem. § 738 I S. 2 BGB.

4. Anspruch aus § 812 I S. 1 Alt. 1 BGB

S könnte einen Anspruch auf Ausgleichszahlung gegen E aus § 812 I S. 1 Alt. 1 BGB haben.

a) Etwas erlangt

E müsste zunächst etwas erlangt haben.

Durch die Arbeit ihres Mannes steigerte sich der Wert des Hausgrundstücks der E.

Folglich erlangte E einen vermögensrechtlichen Vorteil und damit „etwas".

b) Durch Leistung

Dies müsste durch eine Leistung des S erfolgt sein. S nahm die Arbeiten bewusst und zweckgerichtet vor, so dass eine Leistung zu bejahen ist.

c) Ohne rechtlichen Grund

S müsste allerdings ohne rechtlichen Grund geleistet haben. Im Zeitpunkt der Verrichtung der Arbeiten waren S und E noch wirksam verheiratet. Auch wenn das Bestehen der Ehe nicht ausdrücklich zur Grundlage der Arbeiten gemacht wurde, so ist doch davon auszugehen, dass die Eheleute dies selbstverständlich vorausgesetzt haben. Damit liegt ein rechtlicher Grund vor.

Ergebnis: Ein Anspruch aus § 812 I S. 1 Alt. 1 BGB scheidet aus.

5. Anspruch aus § 812 I S. 2 Alt. 1 BGB

Auch ein Anspruch aus § 812 I S. 2 Alt. 1 BGB kommt nicht in Betracht, da das Bestehen der Ehe auch insofern als rechtlicher Grund gelten muss.

Fällt dieser Grund durch die Beendigung der Ehe weg, sind nach st. Rspr. des BGH die Grundsätze über den Wegfall der Geschäftsgrundlage das angemessene Instrument zur Erzielung eines eventuellen Ausgleichs.

6. Anspruch aus § 812 I S. 2 Alt. 2 BGB

S könnte ein Anspruch auf Ausgleichszahlung aus § 812 I S. 2 Alt. 2 BGB zustehen.

Voraussetzung hierfür ist, dass der mit einer Leistung nach dem Inhalt des Rechtsgeschäfts bezweckte Erfolg nicht eingetreten ist. Dabei ist erforderlich, dass eine *tatsächliche* Einigung über die Zweckbestimmung erzielt worden ist.

Anmerkung: Ist die Zweckbestimmung lediglich der *Beweggrund* der Leistung geblieben, ist dieses bloße Motiv unbeachtlich i.R.d. § 812 I S. 2 Alt. 2 BGB.
In diesem Fall finden die Grundsätze der Störung der Geschäftsgrundlage Anwendung.

Möglicher Zweck könnte hier die Aufrechterhaltung der Ehe sein. In dem Zeitpunkt, als S die Arbeiten an Haus und Garten verrichtete, war die Ehe allerdings noch intakt. Damit scheidet eine dahingehende tatsächliche Zwecksetzung, mit der Leistung des S den Fortbestand der Ehe zu erreichen, nach allgemeiner Lebenserfahrung aus. Es könnte sich hierbei lediglich um ein Motiv handeln, das aber i.R.d. § 812 I S. 2 Alt. 2 BGB keine Beachtung findet.

Ergebnis: S kann von E auch keine Ausgleichszahlung gem. § 812 I S. 2 Alt. 2 BGB verlangen.

7. Anspruch aus § 313 I BGB

Möglicherweise kann S von E jedoch nach den Grundsätzen der Störung der Geschäftsgrundlage, § 313 BGB, eine Ausgleichszahlung verlangen.

a) Vertrag

Voraussetzung hierfür ist zunächst, dass S und E einen Vertrag geschlossen haben.

Das Vorliegen eines gesellschaftsrechtlichen Vertrages wurde bereits verneint. Allerdings bejaht der BGH bei erheblichen Arbeitsleistungen einen konkludent geschlossenen „besonderen familienrechtlichen Vertrag“. Damit kann vom Vorliegen eines Vertrages ausgegangen werden.

Anmerkung: Die Konstruktion eines solchen besonderen familienrechtlichen Vertrages erklärt sich daraus, dass im Fall der Gütertrennung nur auf diese Weise Unbilligkeiten vermieden werden können.

b) Reales Element

Weiterhin ist das Vorliegen eines Umstandes erforderlich, von dessen (Fort-)Bestehen S und E ausgegangen sind.

Bei der Verrichtung der Arbeiten an Haus und Garten der E ist S wohl vom Fortbestehen der Ehe ausgegangen, da er das zukünftige Familienheim renovierte. Somit ist das reale Element im Fortbestand der Ehe zu sehen.

c) Fehlen oder Wegfall dieses Umstandes

Mit der Scheidung der Ehe ist dieser Umstand weggefallen.

d) Hypothetisches Element

Außerdem ist erforderlich, dass der fragliche Umstand, das Fortbestehen der Ehe, so wesentlich war, dass E und S ohne diesen den Vertrag nicht bzw. nicht so geschlossen hätten.

Hätten S und E das Scheitern ihrer Ehe vorausgesehen, hätte S mit Sicherheit nicht in derart großem Umfang Arbeiten an Haus und Garten der E verrichtet. Damit ist das hypothetische Element zu bejahen.

e) Normatives Element

Schließlich dürfte dem S ein Festhalten am unveränderten Vertrag nicht zumutbar sein. Dem Charakter der ehelichen Lebensgemeinschaft als einer Schicksals- und Risikogemeinschaft entspricht eine angemessene Beteiligung beider Ehegatten an dem gemeinsam erarbeiteten Vermögen.

Damit wäre dem S ein Festhalten „am unveränderten Vertrag", bei dem er „leer" ausginge, nicht zuzumuten. Daraus folgt, dass die Grundsätze der Störung der Geschäftsgrundlage vorliegen und S von E i.R.e. Vertragsanpassung einen billigen Ausgleich verlangen kann.

Ergebnis: S steht gegen E ein Anspruch auf Ausgleichszahlung nach § 313 I BGB zu.

IV. Zusammenfassung

Sound: In der Regel werden nach Beendigung der Ehe durch den familienrechtlichen Zugewinnausgleich angemessene Ergebnisse erzielt. Leben die Eheleute jedoch im Güterstand der Gütertrennung, ist zu differenzieren: Haben die Ehegatten eine Ehegattengesellschaft gegründet, kann der Ehegatte, der die Arbeitsleistungen erbracht hat, nach den Regelungen der §§ 730 ff. BGB einen angemessenen Ausgleich verlangen. Andernfalls ist ein Ausgleich nach den Grundsätzen der Störung der Geschäftsgrundlage zu gewähren. Familienrechtliche Sonderregelungen werden mangels Bestehens eines Zugewinnausgleichsanspruchs jedenfalls nicht unterlaufen.

hemmer-Methode: Bei einer *nichtehelichen* Lebensgemeinschaft läuft der Vermögensausgleich nach anderen Grundsätzen ab: Mangels Bestehen einer vergleichbaren Interessenlage zur ehelichen Lebensgemeinschaft scheidet ein Anspruch aus § 1378 I BGB analog sowie aus § 1298 I S. 1 BGB direkt bzw. analog aus.
Möglicherweise ist daher ein Ausgleich über das Gesellschaftsrecht denkbar. Hier müssen die Partner aber in dem Bewusstsein handeln, einen unabhängig von der Lebensgemeinschaft bestehenden Zweck zu verfolgen.
Es muss also z.B. ein gemeinsamer wirtschaftlicher Zweck verfolgt werden, der gerade nicht (nur) der Verwirklichung der Lebensgemeinschaft dient. Ist dies nicht der Fall, kommt allenfalls ein Ausgleich über § 812 I S. 2 Alt. 2 BGB oder § 313 BGB in Betracht.

Während der BGH einem solchen Ansatz früher eher ablehnend gegenüberstand, bestehen heute gegen die Arbeit mit diesen Ausgleichsmechanismen keine grundsätzlichen Bedenken mehr, vgl. BGH, Life&Law 04/2008, 227 ff. sowie 11/2008, 719 ff. Sofern über § 313 BGB ein Ausgleich für Darlehensraten gewährt werden soll, die ein Partner für den Erwerb des im Eigentum des anderen Partners stehenden Hauses geleistet hat, beschränkt der BGH dies in der Höhe auf den Betrag, der über die Miete hinausgeht, den man für vergleichbaren Wohnraum zahlen müsste, Life&Law 01/2014, 16 ff.

V. Zur Vertiefung

- Hemmer/Wüst, Gesellschaftsrecht, Rn. 335.
- Hemmer/Wüst, Familienrecht, Rn. 260.
- Hemmer/Wüst, Gesellschaftsrecht, Karteikarten Nr. 87, 88.

Fall 4: Süßer Moment

Sachverhalt:

Die beiden 3-Sterneköche Heili (H) und Maili (M) schließen sich zum Zwecke effektiver Arbeitsteilung zur „Partyservice-Gesellschaft H&M“ zusammen, wobei vereinbart wird, dass H alleiniger Geschäftsführer sein soll. Eine Handelsregistereintragung ist weder erfolgt noch ist auf Grund des geringen Geschäftsbetriebes eine kaufmännische Einrichtung erforderlich.

Bereits kurze Zeit später erhält der Partyservice einen Auftrag zur Ausrichtung eines großen Buffets, das den Höhepunkt des alljährlichen Schützenfestes darstellt. H bestellt daher beim Großhändler (G) unter anderem 100 kg feinste Schweizer Schokolade. Nach der Lieferung verlangt G von der Gesellschaft die Zahlung des Kaufpreises i.H.v. 1.000 €.

Frage 1: *Zu Recht?*

Frage 2: *Kann G auch Zahlung von M verlangen?*

I. Einordnung

Ebenso wie die OHG und die KG ist die GbR keine juristische Person, sondern eine sog. Gesamthandsgemeinschaft (vgl. hemmer-Methode Fall 1). Während § 124 I HGB bzw. §§ 161 II, 124 I HGB bestimmen, dass die OHG bzw. die KG „unter ihrer Firma Rechte erwerben und Verbindlichkeiten eingehen“ können, fehlt eine diesbezügliche Regelung in den §§ 705 ff. BGB. Aus diesem Grund war die Frage, ob die GbR rechtsfähig ist oder ob dies nur die Gesellschafter sein können, lange Zeit umstritten.

II. Gliederung

Frage 1:

Anspruch des G gegen die Gesellschaft auf Zahlung des Kaufpreises gem. § 433 II BGB

Vor.:

1. „Partyservice-Gesellschaft H&M“ als möglicher Anspruchsgegner?

a) Rechtscharakter der Gesellschaft

OHG, §§ 105 ff. BGB?

Zusammenschluss zum Zwecke effektiver Arbeitsteilung stellt grds. Vertragsschluss i.S.d. §§ 705 ff. BGB dar

Fehlende Eintragung im Handelsregister dann unerheblich, wenn Gesellschaft ein Handelsgewerbe nach § 1 II HGB betreibt

Hier jedoch (-)

Partyservice-Gesellschaft H&M = GbR gem. §§ 705 ff. BGB

b) Rechtsfähigkeit der GbR

aa) früher: Individualistische Theorie

Rechtsfähigkeit (-)

Träger von Rechten und Pflichten sind die Gesellschafter in ihrer gesamthänderischen Verbundenheit

bb) heute: Kollektivistische Theorie
(Teil-)Rechtsfähigkeit der Außen-GbR (+)

Arg.:

- Anwendungsprobleme der individualistischen Theorie werden umgangen
- Gesetzgeber selbst hat die Teilrechtsfähigkeit der GbR in §§ 14 II, 899a BGB anerkannt

⇨ (Teil-)Rechtsfähigkeit der GbR (+)

„Partyservice-Gesellschaft H&M" kann daher möglicher Anspruchsgegner sein

2. Wirksamer Kaufvertrag, § 433 BGB

- Einigung zwischen H und G über den Ankauf von Schokolade
- Damit Kaufvertrag zwischen G und der Gesellschaft, wenn wirksame Vertretung der Gesellschaft durch H, §§ 164 ff. BGB

a) Eigene WE im Namen der Gesellschaft (+)

b) Mit Vertretungsmacht?
(+), gem. §§ 709, 710, 714 BGB
Vertretung daher wirksam
Kaufvertrag zwischen G und der Gesellschaft (+)

Ergebnis: Anspruch (+)

Frage 2:

Anspruch des G gegen M auf Zahlung des Kaufpreises

Anspruchsgrundlage ist streitig:

1. Doppelverpflichtungstheorie
Handelnder verpflichtet auch die Gesellschafter

diese werden selbst Vertragspartner

2. Akzessorietätstheorie

- Handelnder Gesellschafter verpflichtet nur die GbR
- Akzessorische Haftung der Gesellschafter aber in Analogie zu § 128 S. 1 HGB

Anspruch des G gegen M (+)

Beide Ansichten gelangen zum selben Ergebnis, so dass Streit nicht entschieden werden muss

Ergebnis: Anspruch (+)

III. Lösung Frage 1

Anspruch des G gegen die Gesellschaft auf Zahlung des Kaufpreises gem. § 433 II BGB

G könnte gegen die „Partyservice-Gesellschaft H&M" ein Anspruch auf Zahlung des Kaufpreises i.H.v. 1.000 € gem. § 433 II BGB zustehen.

1. „Partyservice-Gesellschaft H&M" als möglicher Anspruchsgegner?

Zunächst stellt sich jedoch die Frage, ob die „Partyservice-Gesellschaft H&M" überhaupt möglicher Anspruchsgegner ist.

a) Rechtscharakter der Gesellschaft

Dies wäre jedenfalls dann ohne weiteres zu bejahen, wenn es sich hierbei um eine OHG gem. §§ 105 ff. HGB handelte, vgl. § 124 I HGB.

H und M haben vereinbart, zum Zwecke effektiver Arbeitsteilung künftig zusammen zu arbeiten.

Damit haben sie grundsätzlich eine GbR i.S.d. §§ 705 ff. BGB gegründet.

Gem. § 123 II HGB (Außenverhältnis) bzw. § 105 II HGB (Innenverhältnis) handelte es sich bei der Gesellschaft auch ohne Eintragung im Handelsregister um eine OHG, wenn sie ein Handelsgewerbe nach § 1 II HGB betriebe.

Zwar stellt der Partyservice ein Gewerbe i.S.d. § 1 II HGB dar. Dem Sachverhalt zufolge ist auf Grund des geringen Geschäftsbetriebs jedoch kein in kaufmännischer Weise eingerichteter Geschäftsbetrieb erforderlich. Damit liegt ein Handelsgewerbe nur bei der – in diesem Fall konstitutiven – Eintragung in das Handelsregister vor, die hier allerdings fehlt.

Die „Partyservice-Gesellschaft H&M“ stellt damit keine OHG, sondern vielmehr eine GbR i.S.d. §§ 705 ff. BGB dar.

b) Rechtsfähigkeit der GbR

Fraglich ist, ob eine solche GbR überhaupt selbst Schuldnerin einer Forderung sein kann. Dies ist deshalb problematisch, weil es an einer dem § 124 HGB vergleichbaren Regelung im Recht der GbR fehlt.

Nach heute einhellig vertretener Meinung ist von der Rechtsfähigkeit der GbR auszugehen.

aa) Früher: Individualistische Theorie

Nach der – nicht mehr vertretenen – individualistischen Theorie waren nicht die GbR, sondern vielmehr die Gesellschafter selbst in ihrer gesamthänderischen Verbundenheit Träger der Rechte und Pflichten.

Diese Auffassung führte jedoch zu gravierenden Anwendungsproblemen: Insbesondere ist denkbar, dass sich die GbR von Gesetzes wegen in eine struktur- und personengleiche OHG umwandelt, etwa dann, wenn nachträglich eine kaufmännische Einrichtung i.S.d. § 1 II HGB erforderlich wird. Einerseits ist der genaue Zeitpunkt oftmals schwer feststellbar. Andererseits müssten der individualistischen Theorie zufolge die zum Gesellschaftsvermögen gehörenden Gegenstände erst von den Gesellschaftern im Wege eines entsprechenden Publizitätsakts auf die OHG übertragen werden.

Die Meinung war daher nicht praktikabel.

bb) Kollektivistische Theorie

Die moderne kollektivistische Theorie betrachtet die Gesamthand als eigenes Rechtssubjekt und erkennt ihre Teilrechtsfähigkeit an *(= Lehre von der Teilrechtsfähigkeit)*.

Dies gilt allerdings nur für die BGB-*Außen*gesellschaft.

Anmerkung: Der letzte Ansatz entspricht nach der Entscheidung des BGH vom 29.1.2001 einhelliger Meinung. Der BGH stellte folgenden Leitsatz auf: Die GbR kann als Gesamthandsgemeinschaft ihrer Gesellschafter im Rechtsverkehr grundsätzlich, das heißt soweit nicht spezielle Gesichtspunkte entgegenstehen, jede Rechtsposition einnehmen. Soweit sie in diesem Rahmen eigene Rechte und Pflichten begründet, ist sie (ohne juristische Person zu sein) parteifähig (BGH, NJW 2001, 1059 = Life&Law 03/2001, 216 [220]). Der Gesetzgeber ist in der Folge diesem Ansatz gefolgt, was sich aus verschiedenen neueren Vorschriften ableiten lässt, vgl. §§ 14 II, 899a BGB. In der Klausur sollten Sie hier daher nur noch knappe Ausführungen bringen, die Sie sich quasi wie einen Textbaustein zurechtlegen können.

Damit ist mit der kollektivistischen Theorie von der Teilrechtsfähigkeit der GbR auszugehen. Die „Partyservice-Gesellschaft H&M" ist folglich möglicher Anspruchsgegner.

2. Wirksamer Kaufvertrag, § 433 BGB

Weiterhin muss ein wirksamer Kaufvertrag zwischen G und der Gesellschaft vorliegen.

H hat sich mit G über den Ankauf von 100 kg Schweizer Schokolade geeinigt. Damit liegt dann ein Kaufvertrag zwischen G und der Gesellschaft vor, wenn diese wirksam durch H vertreten worden ist, §§ 164 ff. BGB.

a) Eigene WE in fremdem Namen

Es kann davon ausgegangen werden, dass H eine eigene Willenserklärung abgegeben hat. Sofern er dabei nicht ausdrücklich im Namen der „Partyservice-Gesellschaft H&M" gehandelt hat, ergibt sich dies doch zumindest aus den Umständen, § 164 I S. 2 BGB.

b) Mit Vertretungsmacht

H müsste außerdem mit Vertretungsmacht gehandelt haben, § 164 I S. 1 BGB.

Der Gesellschaftsvertrag der „Partyservice-Gesellschaft H&M" enthält keine Regelung bezüglich der Vertretungsmacht des H. Folglich bestehen diesbezüglich Zweifel, so dass die Vorschrift des § 714 BGB herangezogen werden kann:

Danach ist H dann vertretungsberechtigt, wenn er geschäftsführungsbefugt ist.

Anmerkung: Bei § 714 BGB handelt es sich um eine sog. gesetzliche Auslegungsregel, was Sie an der Formulierung „im Zweifel" erkennen. Besonders häufig tauchen derartige Regelungen im Erbrecht auf. Merken Sie sich dabei insbesondere, dass die gesetzlichen Auslegungsregeln nur dann eingreifen, wenn sich kein anderer Wille gem. §§ 133, 157 BGB (bzw. im Erbrecht grds. nur gem. § 133 BGB) ermitteln lässt!

Gem. § 709 BGB sind die Gesellschafter grundsätzlich nur gemeinschaftlich zur Geschäftsführung berechtigt. Aus § 710 BGB ergibt sich jedoch, dass diese Vorschrift abdingbar ist, was vorliegend auch erfolgt ist. H ist folglich alleiniger Geschäftsführer und als solcher gem. § 714 BGB auch alleine vertretungsberechtigt.

Somit hat H die Gesellschaft wirksam vertreten, so dass zwischen ihr und G ein Kaufvertrag zu Stande gekommen ist.

Ergebnis: G kann von der Gesellschaft Zahlung des Kaufpreises i.H.v. 1.000 € verlangen.

IV. Lösung Frage 2

Anspruch des G gegen M auf Zahlung des Kaufpreises gem. § 433 II BGB

Möglicherweise kann G auch von M die Zahlung des Kaufpreises i.H.v. 1.000 € verlangen.

Problematisch ist insoweit, dass es im Recht der GbR keine Vorschriften gibt, aus denen sich die Frage der Haftung der Gesellschafter ableiten ließe.

Die Frage der Haftungsbegründung war daher lange Zeit umstritten.

1. Doppelverpflichtungslehre

Nach der früher herrschenden sog. *Doppelverpflichtungslehr*e bestand eine Haftung der Mitgesellschafter dann, wenn diese vom handelnden Gesellschafter wirksam vertreten worden sind, §§ 164 ff. BGB. Die Vertretungsmacht sollte sich aus dem Gesellschaftsvertrag ableiten lassen. Demnach verpflichtete der handelnde Gesellschafter die Gesellschaft und die Gesellschafter, so dass (auch) diese Vertragspartner wurden.

Diese Ansicht ist überholt.

Anmerkung: Damit handelte der Gesellschafter einer GbR der Doppelverpflichtungslehre zufolge gleichzeitig
1. als Organ der Gesellschaft gem. § 714 BGB,
2. als rechtsgeschäftlicher Vertreter der Mitgesellschafter gem. § 164 I BGB sowie
3. im eigenen Namen. (Demnach müsste man korrekterweise eigentlich von einer „Dreifachverpflichtungslehre" sprechen.)

2. Akzessorietätstheorie

Dahingegen geht die heute herrschende *Akzessorietätstheorie* davon aus, dass der handelnde Gesellschafter nur die GbR als solche verpflichtet. Die einzelnen Gesellschafter haften aber akzessorisch. Begründet wird dies über eine Analogie zu § 128 S. 1 HGB.

Bei Anwendung der kollektivistischen Theorie ist es im Grunde nur konsequent, eine Haftungsverfassung der GbR im Sinne einer akzessorischen Haftung der Gesellschafter für die Verbindlichkeiten der GbR zu vertreten.

Das ist insbesondere vor dem Hintergrund des fließenden Übergangs zwischen einer gewerblich tätigen GbR und einer OHG überzeugend.

Anmerkung: Auch hier gilt: Fassen Sie sich in der Klausur kurz und folgen Sie der Akzessorietätstheorie. Die Doppelverpflichtungslehre ist überholt!

Ergebnis: G steht auch gegen M ein Anspruch auf Zahlung des Kaufpreises zu, §§ 433 II BGB, 128 HGB analog.

V. Zusammenfassung

Sound: Die (Außen-)GbR ist nach der überzeugenden kollektivistischen Theorie teilrechtsfähig. Konsequenterweise ist bei der Frage, ob der Gläubiger einer GbR auch gegen die einzelnen Gesellschafter vorgehen kann, der *Akzessorietätstheorie* zu folgen: Danach haftet ein BGB-Gesellschafter ebenso wie ein OHG-Gesellschafter für die Gesellschaftsverbindlichkeiten kraft Gesetzes und akzessorisch.

hemmer-Methode: Früher wurde mitunter auch § 736 ZPO bemüht, um gegen den kollektivistischen Ansatz zu argumentieren. Auch § 736 ZPO steht aber der h.M. nicht entgegen: Diese Vorschrift lässt in Ausnahme zu § 124 II HGB zur Zwangsvollstreckung in das Vermögen der Gesellschaft einen Titel gegen sämtliche Gesellschafter genügen. § 736 ZPO kann also folgendermaßen gelesen werden: „Zur Zwangsvollstreckung in das Gesellschaftsvermögen einer GbR ist ein gegen alle Gesellschafter ergangenes Urteil (nicht mehr erforderlich, sondern vielmehr) *ausreichend*.

Die Feststellung, dass die GbR generell rechtsfähig ist, heißt aber nicht, dass sie per se jegliche Rechtsposition einnehmen kann. Insbesondere sehr lange umstritten war die Frage, ob die GbR als Eigentümerin im Grundbuch eingetragen werden kann.
Dies hatte der BGH nach langer Diskussion auf OLG-Ebene 2009 bejaht, Life&Law 03/2009, 158 ff. Der Gesetzgeber hat die Rechtsprechung mit § 899a BGB umgesetzt. Gem. § 47 II GBO besteht nun die Verpflichtung, die Gesellschafter mit in das Grundbuch einzutragen. Daran anknüpfend besteht eine Gutglaubenswirkung im Hinblick auf den Gesellschafterbestand gem. § 899a BGB. Zu den noch heute bestehenden Folgeproblemen vgl. vertiefend Hemmer/Wüst, Sachenrecht III, Rn. 85a.
Ist eine Klage gegen die Gesellschaft rechtskräftig abgewiesen worden, können sich die Gesellschafter darauf gem. § 129 I HGB analog berufen.
Im umgekehrten Fall, d.h. einer rechtskräftigen Klageabweisung bei einem Prozess gegen die Gesellschafter ist dies anders. Die Akzessorietät ist eine „Einbahnstraße“, so dass nicht das, was für die Gesellschafter gilt, ganz automatisch auch für die Gesellschaft gilt. Insoweit geht der BGH davon aus, dass die Gesellschaft in einer solchen Situation zulässig verklagt werden kann (Life&Law 08/2011, 549 ff.). Allerdings könnte aus einem Titel gegen die Gesellschaft dann auch nur gegen diese vollstreckt werden, also in das Gesellschaftsvermögen. Die Gesellschafter selbst sind durch die rechtskräftige Abweisung im Hinblick auf den gegen sie geführten Prozess geschützt.

VI. Zur Vertiefung

- Hemmer/Wüst, Basics Zivilrecht, Bd. 5, Rn. 32 ff.
- Hemmer/Wüst, Gesellschaftsrecht, Rn. 67 ff.
- Hemmer/Wüst, Gesellschaftsrecht, Karteikarten Nr. 25, 27, 28, 40.

Fall 5: Guter Rat ist teuer – oder nicht?

Sachverhalt:

Kurz nachdem Chris (C), Jo (J) und Lissy (L) ihr Zweites Juristisches Staatsexamen bestanden haben, beschließen die drei frisch gebackenen Rechtsanwälte, künftig zusammenzuarbeiten. Dabei soll jeder von ihnen die Geschäfte der Gesellschaft alleine führen dürfen.

Der erste Mandant Tili (T) bittet um die Erstellung eines Gutachtens. C nimmt sich seiner an. Dabei unterläuft ihm allerdings ein derart gravierender Fehler, dass T eine Vermögenseinbuße i.H.v. 100.000 € erleidet. Auf Grund von persönlichen Differenzen zwischen T und J möchte T von diesem seinen Schaden ersetzt bekommen.

Frage: *Ist J dem T aus vertraglichen Ansprüchen zum Schadensersatz verpflichtet?*

I. Einordnung

Die Struktur der Haftung der Gesellschafter einer GbR ist letztlich stets dieselbe. Sie müssen in der Klausur zunächst prüfen, ob es einen Anspruch gegen die Gesellschaft gibt. Wenn ja, haften dafür auch die Gesellschafter als Gesamtschuldner.

Im vorliegenden Fall soll dies anhand vertraglicher Sekundäransprüche verdeutlicht werden. Auch hier wird die Frage nach der Haftung des Gesellschafters für die Verbindlichkeiten der GbR relevant.

II. Gliederung

Anspruch des T gegen J gem. §§ 280 I, 634 Nr. 4, 633 BGB i.V.m. § 128 S. 1 HGB analog

Vor.:

a) Gesellschaftsverbindlichkeit

aa) Schuldverhältnis
Werkvertrag zwischen der Gesellschaft und T, § 631 BGB?
GbR ist teilrechtsfähig
Wirksame Vertretung durch C, §§ 164 ff. i.V.m. §§ 709, 710, 714 BGB (+)

⇨ Werkvertrag und Schuldverhältnis folglich (+)

bb) Pflichtverletzung
(+), s.o.

cc) Vertretenmüssen, § 280 I S. 2 BGB
(+), da Zurechnung des Verschuldens des Gesellschafters C an die GbR

dd) Kausaler Schaden (+)
damit Gesellschaftsverbindlichkeit (+)

b) Haftung des J
J = Gesellschafter der GbR
Gem. der Akzessorietätstheorie damit Haftung (+), § 128 S. 1 BGB analog

Ergebnis: Anspruch (+)

III. Lösung

Anspruch des T gegen J gem. §§ 280 I, 634 Nr. 4, 633 BGB i.V.m. § 128 S. 1 HGB analog

Nach der Akzessorietätstheorie könnte T gegen J einen Schadensersatzanspruch gem. §§ 280 I, 634 Nr. 4, 633 BGB i.V.m. § 128 S. 1 HGB analog haben.

a) Gesellschaftsverbindlichkeit

Voraussetzung hierfür ist zunächst das Vorliegen einer Gesellschaftsverbindlichkeit. Diese könnte in einem Schadensersatzanspruch des J gegen die GbR gem. §§ 631, 634 Nr. 4, 280 I BGB zu sehen sein.

aa) Schuldverhältnis

Zwischen T und der GbR müsste ein Schuldverhältnis vorliegen.

Nach der überzeugenden Lehre von der Teilrechtsfähigkeit kann die GbR Träger von Rechten und Pflichten sein und ist somit möglicher Anspruchsgegner.

Anmerkung: In der Klausur genügt eine derart kurze Feststellung der Teilrechtsfähigkeit der GbR in der Regel, da dieser Ansatz absolut herrschend ist. Vgl. Sie zu einer ausführlicheren Argumentation Hemmer/Wüst, die wichtigsten Fälle zum Gesellschaftsrecht, Fall 4.

Fraglich ist, welchen Charakter der geschlossene Vertrag im Einzelnen hat.

Gegenstand eines Anwaltsvertrages ist grds. die Besorgung von Geschäften, § 675 BGB.

Hier sind zusätzlich die Vorschriften von Dienst- bzw. Werkvertrag von Bedeutung, je nachdem ob ein Erfolg geschuldet ist oder nicht, vgl. Wortlaut des § 675 BGB.

Fraglich ist jedoch, ob es sich vorliegend um einen Werkvertrag handelt. Richtiger Vertragstyp könnte nämlich auch der Dienstvertrag sein.

Sowohl beim Werk- als auch beim Dienstvertrag wird eine Tätigkeit gegen Entgelt erbracht und ein bestimmter Erfolg erwartet.

Entscheidend für die Abgrenzung ist, ob die Gegenleistung maßgeblich für das *bloße Tätigwerden* (Dienstvertrag) oder aber für den *Erfolg* geschuldet ist (Werkvertrag).

Geht es um die Erstellung eines Rechtsgutachtens, so wird die Vergütung maßgeblich im Hinblick auf das fertige Endprodukt geleistet (vgl. Palandt/Putzo, BGB, Einf. v § 611 Rn. 21). Damit ist vorliegend der Werkvertrag richtiger Vertragstyp.

Anmerkung: Anders aber dann, wenn der Rechtsanwalt z.B. mit der Prozessführung beauftragt wird. In diesem Fall wird das Entgelt maßgeblich für die Führung des Prozesses und damit eine bloße Tätigkeit geschuldet. Richtiger Vertragstyp ist folglich der Dienstvertrag. Freilich geht es auch in diesem Fall um die Herbeiführung eines bestimmten Erfolges, nämlich eines möglichst günstigen Prozessausgangs.
Damit wird deutlich, dass die häufig getroffene Abgrenzung „geschuldete Leistung = Dienstvertrag, geschuldeter Erfolg = Werkvertrag“ für sich genommen nicht ganz korrekt ist.

Damit läge dann ein Werkvertrag und folglich auch ein Schuldverhältnis zwischen T und der GbR vor, wenn diese wirksam durch C vertreten wurde, §§ 164 ff. BGB.

Es kann davon ausgegangen werden, dass C eine eigene Willenserklärung im Namen der Gesellschaft abgegeben hat, § 164 I BGB.

Seine Vertretungsmacht ergibt sich aus §§ 709, 710, 714 BGB (vgl. Fall 4).

Damit hat C die GbR wirksam vertreten, so dass ein Werkvertrag zwischen T und der GbR zu Stande kam. Ein Schuldverhältnis liegt somit vor.

bb) Pflichtverletzung

Außerdem müsste eine Pflicht aus dem Schuldverhältnis verletzt worden sein. Gem. § 633 I BGB muss der Unternehmer dem Besteller das Werk frei von Sach- und Rechtsmängeln verschaffen. Indem das Rechtsgutachten fehlerhaft erstellt ist, eignet es sich weder für die gewöhnliche Verwendung noch weist es eine Beschaffenheit auf, die bei Werken der gleichen Art üblich ist. Das Gutachten ist folglich sachmangelhaft gem. § 633 II S. 2 Nr. 2 BGB, so dass die Pflicht i.S.d. § 633 I BGB verletzt worden ist.

Anmerkung: Ebenso wie im Kaufrecht ist zunächst die Vereinbarung der Parteien maßgeblich für die Frage, ob das Werk mangelhaft ist oder nicht (Vorrangigkeit des subjektiven Mangelbegriffs), § 633 II S. 1 BGB.
Lediglich dann, wenn eine derartige Beschaffenheitsvereinbarung fehlt, kommt es auf eine von den Parteien vorausgesetzte Verwendung (II S. 2 Nr. 1) oder aber schließlich die gewöhnliche Verwendung (II S. 2 Nr. 2) an. Halten Sie sich bei der Prüfung der Mangelhaftigkeit des Werks grundsätzlich an diese vom Gesetz vorgegebene Prüfungsreihenfolge!
Ist allerdings wie im vorliegenden Fall derart offensichtlich, dass ein Mangel i.S.d. § 633 II S. 2 Nr. 2 BGB vorliegt, so kann dies auch relativ kurz festgestellt werden. Lernen Sie schon frühzeitig, die richtigen Schwerpunkte in der Klausur zu setzen und keine „Besinnungsaufsätze“ zu schreiben!

cc) Vertretenmüssen, § 280 I S. 2 BGB

Außerdem müsste die GbR diese Pflichtverletzung zu vertreten haben, § 280 I S. 2 BGB.

Dies ist dann der Fall, wenn ihr das Verschulden des Gesellschafters C zuzurechnen ist.

Nach h.M. erfolgt die entsprechende Zurechnung über § 31 BGB analog. Dies ist die logische Konsequenz aus der Anerkennung der Teilrechtsfähigkeit.

hemmer-Methode: I.R.d. § 280 I BGB kommt auch einmal § 278 BGB als Zurechnungsnorm in Betracht. Dies dann, wenn nicht ein Gesellschafter, sondern ein Angestellter der GbR handelt. Mangels Organstatus kann § 31 BGB hier auch keine analoge Anwendung finden.

dd) Kausaler Schaden

Schließlich müsste T einen kausalen Schaden erlitten haben. Auf Grund des fehlerhaften Rechtsgutachtens musste er eine Vermögenseinbuße i.H.v. 100.000 € hinnehmen, so dass das Vorliegen eines kausalen Schadens zu bejahen ist.

Damit steht T gegen die GbR ein Anspruch auf Schadensersatz aus §§ 631, 634 Nr. 4, 280 I BGB zu, so dass eine Gesellschaftsverbindlichkeit besteht.

b) Haftung des J

Als Gesellschafter der GbR muss J nach der Akzessorietätstheorie für die Gesellschaftsverbindlichkeit analog § 128 S. 1 HGB haften.

Ergebnis

Nach der Akzessorietätstheorie steht T gegen J ein Schadensersatzanspruch gem. §§ 631, 634 Nr. 4, 280 I BGB i.V.m. § 128 S. 1 HGB analog zu.

IV. Zusammenfassung

Sound: Folgt man der Akzessorietätstheorie, ist ein vertraglicher Sekundäranspruch unproblematisch zu bejahen. Der Gesellschafter haftet akzessorisch zur Gesellschaftsverbindlichkeit. Ein Vertretenmüssen der Gesellschaft ergibt sich über die Zurechnung des Verschuldens des Gesellschafters (§ 31 BGB analog bzw. § 278 BGB bei Nichtgesellschaftern).

hemmer-Methode: Wäre J in dem Zeitpunkt, in dem T das Gutachten in Auftrag gegeben hat, noch kein Gesellschafter gewesen, sondern erst später eingetreten, käme nach der Doppelverpflichtungslehre eine Inanspruchnahme des J mangels Mitverpflichtung nicht in Betracht. Anderes würde nur dann gelten, wenn J die früher begründeten Verbindlichkeiten etwa durch einen Schuldbeitritt übernommen hätte. Bei konsequenter Anwendung der Akzessorietätstheorie wäre eine Haftung des J hingegen gem. § 130 I HGB analog zu bejahen. Der BGH nimmt die Haftung des neu eingetretenen Gesellschafters auch für Altschulden an und begründet dies zum einen mit der Gesetzeskonformität bei den Personengesellschaften (der BGH lässt allerdings ausdrücklich dahin stehen, ob sich die Haftung des eingetretenen GbR-Gesellschafters gerade aus *§ 130 HGB analog* ergibt).
Zum anderen wird damit argumentiert, dass der eingetretene Gesellschafter mit seinem Beitritt einen Zugriff auf das Gesellschaftsvermögen erlange und fortan daran beteiligt sei. Ein schutzwürdiges Vertrauen, nicht für Altschulden haften zu müssen, sei nicht erkennbar.

V. Zur Vertiefung

- Hemmer/Wüst, Basics Zivilrecht, Bd. 5, Rn. 129 ff.
- Hemmer/Wüst, Gesellschaftsrecht, Rn. 131 ff.
- Hemmer/Wüst, Gesellschaftsrecht, Karteikarten Nr. 41, 42.
- Zu § 130 HGB analog bei der GbR: Life&Law 07/2003, 453 ff.

Fall 6: Nomen est omen

Sachverhalt:

Die bisher erfolglosen Tolpatsch (T) und Simpel (S) schließen sich zu einer „Speditions-Gesellschaft" zusammen. Den Transport der Güter wollen sie selbst vornehmen. Eine Eintragung ins Handelsregister erfolgt nicht, auch erfordert der Geschäftsbetrieb keine kaufmännische Einrichtung.

Auf einer der ersten Fahrten, die T unternimmt, übersieht er dummerweise den Berger (B), der gerade dabei war, die Straße auf einem Fußgängerüberweg zu überqueren. B wird vom LKW des T erfasst und erleidet daraufhin einen komplizierten Beinbruch, der eine aufwendige ärztliche Behandlung erforderlich macht. B verlangt nun sowohl von T als auch von S Schadensersatz.

Frage: *Zu Recht? Vorschriften aus dem StVG sind nicht zu prüfen!*

I. Einordnung

Nicht nur i.R.v. vertraglichen Schadensersatzansprüchen, sondern auch bei Ansprüchen aus unerlaubter Handlung ergeben sich Besonderheiten bei Ansprüchen gegen die Gesellschafter. Der Gesellschafter, der selbst unerlaubt gehandelt hat, haftet unproblematisch nach den allgemeinen Vorschriften, so dass die Frage nach dem Bestehen einer Gesellschaft an dieser Stelle noch völlig irrelevant ist. Bei der Inanspruchnahme des anderen Gesellschafters, der nicht gehandelt hat, müssen hingegen die Doppelverpflichtungslehre und die Akzessorietätstheorie diskutiert werden. Diese gelangen hier zu unterschiedlichen Ergebnissen, so dass dann der Meinungsstreit entschieden werden muss.

II. Gliederung

1. Ansprüche des B gegen T

a) Schadensersatzanspruch gem. § 823 I BGB

Vor.:

aa) Rechtsgutsverletzung
(+), Verletzung von Körper und Gesundheit

bb) Kausalität (+)

cc) Rechtswidrigkeit (+)

dd) Verschulden
(+), Fahrlässigkeit i.S.d. § 276 II BGB

ee) Schaden
(+), ärztliche Behandlungskosten, § 249 I, II BGB, sowie Schmerzensgeld, § 253 II BGB

⇨ Anspruch (+)

b) Schadensersatzanspruch gem. § 823 II BGB i.V.m. § 26 I StVO bzw. § 229 StGB

Vor.:

aa) Vorliegen eines Schutzgesetzes
(+), § 26 I StVO und § 229 StGB

bb) Verstoß gegen das Schutzgesetz (+)

cc) Weitere Voraussetzungen
(+), Kausalität, Rechtswidrigkeit und Verschulden sind gegeben (s.o.).

dd) Schaden (+)

⇨ Anspruch (+)

2. Ansprüche des B gegen S

a) Schadensersatzanspruch gem. § 823 I BGB

(-), keine Haftung für fremdes Verschulden

b) Schadensersatzanspruch gem. § 823 II BGB i.V.m. § 26 I StVO bzw. § 229 StGB

(-), keine Haftung für fremdes Verschulden

c) Schadensersatzanspruch gem. § 831 I BGB

(-), T ≠ Verrichtungsgehilfe des S

d) Schadensersatzanspruch gem. § 823 I BGB i.V.m. § 31 BGB analog i.V.m. § 128 S. 1 HGB analog (bzw. § 823 II BGB i.V.m. § 31 BGB analog i.V.m. § 26 I StVO bzw. § 229 StGB i.V.m. § 128 S. 1 HGB analog)

Vor.:

aa) Gesellschaftsverbindlichkeit

(1) gem. § 823 I BGB
GbR ist teilrechtsfähig
(P): Zurechnung des deliktischen Handelns eines Gesellschafters an die GbR gem. § 31 BGB analog?

(a) Anwendbarkeit
BGH: (+), da Konsequenz aus der Anerkennung der Teilrechtsfähigkeit der GbR

(b) Vor.:
Handlung i.R.d. zurechnungsbegründenden Wirkungskreises (+)
Deliktisches Handeln des T ist der GbR damit zuzurechnen
Anspruch des B gegen die GbR gem. § 823 I BGB (+)

(2) gem. § 823 II BGB i.V.m. § 26 I StVO bzw. § 229 StGB (+)
Gesellschaftsverbindlichkeit damit (+)

bb) Haftung des S, § 128 S. 1 HGB analog?

Akzessorietätstheorie
Akzessorische Haftung grds. (+)
ABER: Streitig bei deliktischen Ansprüchen

(a) e.A.: (-) Arg.:
Haftung für fremde Delikte nur i.R.d. § 831 BGB
Daher keine Anwendung des **§ 128 S. 1 HGB analog**

(b) BGH: (+) Arg.:
GbR kann sich „über Nacht“ ohne Publizitätsakt in OHG umwandeln

Gedanke des Gläubigerschutzes
Überzeugend, da kein Grund ersichtlich, weshalb die Haftung der GbR anders als diejenige der OHG behandelt werden sollte

Haftung des S daher (+)

Ergebnis:
Anspruch des B gegen S daher (+)

III. Lösung

1. Ansprüche des B gegen T

Anmerkung: Beachten Sie den vor allem im Deliktsrecht geltenden ungeschriebenen Grundsatz, zunächst die Ansprüche des Geschädigten gegen den *unmittelbaren* Schädiger zu prüfen. Beginnen Sie daher mit der Prüfung der Ansprüche gegen den handelnden T und vermeiden Sie so eine komplizierte und unübersichtliche Inzidentprüfung. Oftmals ist ein klarer Klausuraufbau schon die „halbe Miete“. Der Korrektor kann die einzelnen Punkte einfach „abhaken“ und ist Ihnen bereits aus diesem Grund wohlgesonnen!

a) Schadensersatzanspruch gem. § 823 I BGB

B könnte gegen T einen Anspruch auf Schadensersatz gem. § 823 I BGB haben.

aa) Rechtsgutsverletzung

Voraussetzung hierfür ist zunächst das Vorliegen einer Rechtsgutsverletzung.

Indem T den B angefahren hat, erlitt dieser einen Beinbruch und folglich eine Verletzung der Rechtsgüter Körper und Gesundheit. Eine Rechtsgutsverletzung i.S.d. § 823 I BGB ist damit gegeben.

bb) Kausalität

Die Handlung des T müsste hierfür kausal gewesen sein. Hätte T den B nicht angefahren, so wäre dieser nicht an Körper und Gesundheit verletzt worden. Kausalität ist daher zu bejahen.

Anmerkung: Sie erinnern sich sicher daran, dass zu der Frage nach der Kausalität drei verschiedene Theorien vertreten werden: Die *Äquivalenztheorie* (*conditio sine qua non*), die *Adäquanztheorie* und schließlich die *Lehre vom Schutzzweck der Norm*. Relevant werden diese Theorien aber nur dann, wenn die Kausalität – insbesondere aus Wertungsgründen – problematisch ist (z.B. bei den sog. „Herausforderungsfällen"). Wiederholen Sie dazu Hemmer/Wüst, Deliktsrecht I, Rn. 64 ff. Vorliegend ist die Kausalität derart offensichtlich, dass eine Darstellung sämtlicher Theorien fehl am Platz wäre. Denken Sie stets daran, in der Klausur ein Rechtsgutachten und keinen wissenschaftlichen Aufsatz zu schreiben!

cc) Rechtswidrigkeit

Außerdem müsste T rechtswidrig gehandelt haben.

T hat hier einen Fußgängerüberweg übersehen und somit gegen § 26 I StVO verstoßen.

Damit ist die Rechtswidrigkeit sowohl nach der *Lehre vom Erfolgsunrecht* als auch nach der *Lehre vom Handlungsunrecht* zu bejahen.

Anmerkung: Auch zur Rechtswidrigkeit werden verschiedene Ansichten vertreten: Nach der sog. Lehre vom Erfolgsunrecht wird die Rechtswidrigkeit durch den Tatbestand indiziert. Die sog. Lehre vom Handlungsunrecht bejaht die Rechtswidrigkeit hingegen nur dann, wenn der Handelnde gegen eine Ge- oder Verbotsnorm verstoßen oder eine Verkehrssicherungspflicht verletzt hat. Während bei vorsätzlicher Begehung automatisch ein Verstoß gegen die Gesetze vorliegt und damit die Rechtswidrigkeit zu bejahen ist, muss bei fahrlässiger Begehung eine positive Feststellung erfolgen. Nur in diesen Fällen sind unterschiedliche Ergebnisse der beiden Lehren denkbar.

dd) Verschulden

T müsste auch schuldhaft gehandelt haben. Indem er den Fußgängerüberweg übersah, hat er die im Verkehr erforderliche Sorgfalt außer Acht gelassen und folglich fahrlässig gehandelt, vgl. § 276 II BGB.

ee) Schaden

T muss damit den dem B entstandenen Schaden ersetzen.

Die Höhe richtet sich dabei nach den §§ 249 ff. BGB.

Somit kann B einerseits Ersatz der angefallenen ärztlichen Behandlungskosten, § 249 I, II BGB, andererseits ein angemessenes Schmerzensgeld, § 253 II BGB, verlangen.

Ergebnis: B steht gegen T ein Schadensersatzanspruch gem. § 823 I BGB zu.

b) Schadensersatzanspruch gem. § 823 II BGB i.V.m. § 26 I StVO bzw. § 229 StGB

B könnte auch einen Schadensersatzanspruch aus § 823 II BGB i.V.m. § 26 I StVO bzw. § 229 StGB gegen T haben.

aa) Vorliegen eines Schutzgesetzes

Zunächst ist das Vorliegen eines Schutzgesetzes zu Gunsten des verletzten B erforderlich. Als Schutzgesetze kommen hier sowohl § 26 I StVO als auch § 229 StGB in Betracht.

Unter einem Schutzgesetz versteht man jede Rechtsnorm im materiellen Sinn, die nach ihrem Sinn und Zweck zumindest auch den Schutz des Einzelnen bezweckt.

Außerdem muss der Verletzte in den persönlichen wie auch den sachlichen Schutzbereich des Schutzgesetzes fallen.

Anmerkung: So sanktioniert § 248b StGB beispielsweise den unbefugten Gebrauch eines Fahrzeuges und stellt folglich nur ein Schutzgesetz zu Gunsten des Fahrzeughalters bzw. des berechtigten Fahrers dar, nicht hingegen zu Gunsten anderer Verkehrsteilnehmer, die bei einem durch das unbefugt gebrauchte Fahrzeug verursachten Unfall zu Schaden gekommen sind!

§ 26 I StVO zielt darauf ab, Leib und Leben der Fußgänger an besonderen Überwegen vor den Gefahren herannahender Autos zu schützen. § 229 StGB dient dem Schutz des Einzelnen vor Eingriffen in seine körperliche Integrität. Hier erlitt B an einem Fußgängerüberweg durch einen heranfahrenden LKW eine Körperverletzung. Damit stellen beide Vorschriften Schutzgesetze zu Gunsten des B dar.

bb) Verstoß gegen das Schutzgesetz

Indem T den Fußgängerweg übersah und den B fahrlässigerweise (s.o.) mit dem Auto erfasste und hierbei verletzte, hat er sowohl gegen § 26 I StVO als auch gegen § 229 I StGB verstoßen.

cc) Weitere Voraussetzungen

Kausalität ist zu bejahen, außerdem handelte T rechtswidrig und schuldhaft (s.o.).

dd) Schaden

Die Höhe des Schadens bemisst sich nach den Arztkosten, § 249 I, II BGB, und einem angemessenen Schmerzensgeld, § 253 II BGB.

Ergebnis: B kann auch aus § 823 II BGB i.V.m. § 26 I StVO bzw. § 229 StGB Schadensersatz von T verlangen.

2. Ansprüche des B gegen S

a) Schadensersatzanspruch gem. § 823 I BGB

B könnte gegen S einen Schadensersatzanspruch aus § 823 I BGB haben.

B wurde in rechtswidriger Weise in seinen Rechtsgütern Körper und Gesundheit verletzt (s.o.). Allerdings geschah dies nicht durch ein Handeln des S, so dass diesen hieran grundsätzlich kein Verschulden trifft.

Damit kommt eine Haftung des S nur dann in Betracht, wenn ihm das Verschulden des B zuzurechnen ist.

Allerdings kann natürlichen Personen untereinander ein fremdes Verschulden weder gem. § 278 BGB noch gem. § 31 BGB (analog) zugerechnet werden.

Ergebnis: B steht folglich kein Schadensersatzanspruch gegen S gem. § 823 I BGB zu.

b) Schadensersatzanspruch gem. § 823 II BGB i.V.m. § 26 I StVO bzw. § 229 StGB

Aus denselben Gründen kommt auch ein Schadensersatzanspruch gem. § 823 II BGB i.V.m. § 26 I StVO bzw. § 229 StGB nicht in Betracht.

c) Schadensersatzanspruch gem. § 831 I BGB

Möglicherweise hat B gegen S einen Schadensersatzanspruch aus § 831 I BGB.

Voraussetzung hierfür ist jedoch zunächst, dass T Verrichtungsgehilfe des S war. Dabei ist derjenige zu einer Verrichtung bestellt, dem von einem anderen, zu dem er in einem gewissen Abhängigkeitsverhältnis steht, eine Tätigkeit übertragen worden ist.

T und S haben vereinbart, sich zum Zwecke eines gemeinsamen Speditionsunternehmens zusammenzuschließen. Mangels Eintragung in das Handelsregister und auf Grund des geringen Geschäftsbetriebs haben die beiden damit eine GbR gem. § 705 BGB gegründet, in der sie gleichberechtigte Gesellschafter sind.

Ein Weisungsverhältnis ist folglich zu verneinen, T war im Zeitpunkt des Unfalls kein Verrichtungsgehilfe des S.

Ergebnis: Auch ein Anspruch aus § 831 I BGB scheidet aus.

d) Schadensersatzanspruch gem. § 823 I BGB i.V.m. § 31 BGB analog i.V.m. § 128 S. 1 HGB analog

(Bzw. § 823 II BGB i.V.m. § 31 BGB analog i.V.m. § 26 I StVO bzw. § 229 StGB i.V.m. § 128 S. 1 HGB analog)

Schließlich könnte B einen Schadensersatzanspruch gegen S gem. § 823 I BGB, § 31 BGB analog i.V.m. § 128 S. 1 HGB analog haben.

Voraussetzung hierfür ist zum einen das Bestehen einer Gesellschaftsverbindlichkeit, zum anderen eine akzessorische Haftung des S.

aa) Gesellschaftsverbindlichkeit

Zunächst müsste eine Verbindlichkeit der Gesellschaft bestehen.

(1) Gem. § 823 I BGB i.V.m. § 31 BGB analog

In Betracht kommt zunächst ein Anspruch des B gegen die GbR gem. § 823 I BGB.

Dies setzt voraus, dass der GbR das deliktische Verhalten ihres Gesellschafters T zuzurechnen ist. Eine derartige Zurechnung könnte über § 31 BGB analog möglich sein.

(a) Anwendbarkeit

§ 31 BGB analog müsste jedoch überhaupt bei der GbR anwendbar sein.

Eine frühere Auffassung verneinte dies. Begründet wurde dies damit, dass die GbR nicht hinreichend rechtlich verselbständigt sei.

In seiner Entscheidung vom 24.2.2003 erkannte der BGH ausdrücklich die Anwendbarkeit des § 31 BGB analog auf die GbR an.

Dies erscheint als konsequente Fortführung der Anerkennung der Lehre von der Teilrechtsfähigkeit überzeugend. Außerdem ist § 31 BGB gem. § 89 BGB auch bei der nicht körperschaftlich organisierten Stiftung anwendbar.

(b) Voraussetzung

Weiterhin müssten die Voraussetzungen des § 31 BGB erfüllt sein. Dies ist dann der Fall, wenn T dem B gegenüber auf Grund einer in Ausführung der ihm zustehenden Verrichtungen begangenen Handlung zum Schadensersatz verpflichtet ist.

T verletzte den B auf einer seiner für das Speditionsunternehmen durchgeführten Fahrten, so dass diesem Erfordernis Genüge geleistet ist.

Anmerkung: Merken Sie sich: Ebenso wie i.R.d. §§ 278, 831 BGB genügt ein Handeln „bei Gelegenheit“ nicht!

Damit kann der GbR das deliktische Verhalten des T zugerechnet werden. B steht folglich ein Schadensersatzanspruch gegen die GbR gem. § 823 I BGB i.V.m. § 31 BGB analog zu.

(2) Gem. § 823 II BGB i.V.m. § 31 BGB analog i.V.m. § 26 I StVO bzw. § 229 StGB

Außerdem hat B gegen die GbR einen Schadensersatzanspruch aus § 823 II BGB i.V.m. § 31 BGB analog i.V.m. § 26 I StVO bzw. § 229 StGB.

Damit ist das Bestehen einer Gesellschaftsverbindlichkeit zu bejahen.

bb) Haftung des S

Weiterhin müsste S für die Verbindlichkeit der GbR haften.

Die Akzessorietätstheorie bejaht *grundsätzlich* eine Haftung für Ansprüche gegen die Gesellschaft, und zwar unabhängig davon, worin der Haftungsgrund der Gesellschaft zu erblicken ist.

Allerdings ist unter den Vertretern dieser Theorie wiederum streitig, ob dies auch bei deliktischen Verbindlichkeiten gelten soll.

(a) e.A.: (-)

So wird dies teilweise mit der Begründung verneint, dass dem deutschen Privatrecht eine Haftung für fremde Delikte mit Ausnahme des § 831 BGB fremd sei. Außerdem wird angeführt, dass auf Grund der unterschiedslosen Strenge des handelsrechtlichen § 128 HGB den vielgestaltigen Erscheinungsformen der GbR nicht Rechnung getragen werde und folglich keine vergleichbare Interessenlage gegeben sei, die für eine analoge Anwendung aber erforderlich ist.

(b) BGH: (+)

Der BGH bejaht hingegen eine akzessorische Haftung des Gesellschafters auch bei deliktischen Verbindlichkeiten. Einerseits wird der Gläubigerschutz angeführt: Anders als bei rechtsgeschäftlich begründeten Verbindlichkeiten könnten sich die Gläubiger einer gesetzlichen Verbindlichkeit ihren Schuldner gerade nicht aussuchen.

Daher müsse in diesem Fall erst recht das Privatvermögen der Gesellschafter als Haftungsmasse zur Verfügung stehen.

Andererseits könne sich die GbR „über Nacht“ ohne Publizitätsakt in eine OHG umwandeln.

Eine unterschiedliche Behandlung der beiden Gesellschaftsformen wäre mit der Rechtssicherheit nicht vereinbar.

Da nach der Anerkennung der Teilrechtsfähigkeit der GbR kein Grund dafür ersichtlich ist, weshalb die Haftung der GbR anders als diejenige der OHG behandelt werden sollte, erscheint die Auffassung des BGH überzeugend.

Folglich ist eine Haftung des S auch für die deliktischen Verbindlichkeiten der GbR zu bejahen.

Ergebnis

B steht gegen S ein Schadensersatzanspruch gem. § 823 I BGB i.V.m. § 31 BGB analog i.V.m. § 128 S. 1 HGB analog bzw. gem. § 823 II BGB i.V.m. § 31 BGB analog i.V.m. § 26 I StVO bzw. § 229 StGB i.V.m. § 128 S. 1 HGB analog zu.

IV. Zusammenfassung

Sound: Das deliktische Handeln eines Gesellschafters wird der GbR über § 31 BGB analog zugerechnet. Folglich kann der Geschädigte grundsätzlich Ersatz sowohl von dem deliktisch handelnden Gesellschafter als auch von der GbR als solcher verlangen.

Nach der Rechtsprechung des BGH steht dem Geschädigten darüber hinaus auch ein deliktischer Anspruch gegen die *anderen* Gesellschafter zu.

hemmer-Methode: Sie sehen, dass Ihnen gesellschaftsrechtliche Probleme fast nie isoliert begegnen. Das Gesellschaftsrecht taucht vielmehr häufig als Besonderheit zum Bürgerlichen Recht an den entsprechenden Stellen im bekannten Prüfungsschema auf.

Es ist daher enorm wichtig, die bürgerlich-rechtlichen Grundlagen sicher zu beherrschen, um so ein Verständnis für die Ausnahmen zu entwickeln. Dann sind Sie auch in der Lage, die gesellschaftsrechtlichen Ausnahmen „mit links“ zu meistern!

V. Zur Vertiefung

- Hemmer/Wüst, Basics Zivilrecht, Bd. 5, Rn. 136 ff.
- Hemmer/Wüst, Deliktsrecht I, Rn. 64 ff., 79 ff., 117 ff.
- Hemmer/Wüst, Gesellschaftsrecht, Rn. 135 ff.
- Hemmer/Wüst, Gesellschaftsrecht, Karteikarten Nr. 41, 42.

Fall 7: Auf gute Zusammenarbeit!

Sachverhalt:

Leo (L) und Theo (T) betreiben gemeinsam einen kleinen Kiosk. Die beiden haben vereinbart, dass jeder die Geschäfte alleine führen kann. Eine Eintragung im Handelsregister ist nicht erfolgt, auch ist auf Grund des geringen Geschäftsbetriebes eine kaufmännische Einrichtung nicht erforderlich.

Eines Tages kommt der unter Größenwahnsinn leidende L zu der Erkenntnis, dass die Kioskbude nicht repräsentativ genug sei und man daher in das neu errichtete Einkaufszentrum umziehen solle. Angesichts der enorm hohen Miete widerspricht T. Wie schon in der Vergangenheit entschließt sich L, im Alleingang zu handeln: Bereits am nächsten Tag einigt er sich „als allein zur Geschäftsführung des Kiosks berechtigter Gesellschafter" mit Manni (M), der keine Kenntnis von dem Widerspruch des T hat, über die Anmietung der neuen Geschäftsräume.

Frage: *Steht M ein Anspruch auf Zahlung der Miete gegen „den Kiosk" zu?*

I. Einordnung

Im Gesellschaftsrecht müssen Sie die Geschäftsführung sauber von der Vertretung trennen. Während die Geschäftsführung zum Innenverhältnis gehört, betrifft die Vertretung das Außenverhältnis. Bei der GbR besteht allerdings die Besonderheit, dass die Vertretungsbefugnis nach der gesetzlichen Regelung des § 714 BGB an die Geschäftsführungsbefugnis gekoppelt ist. Die Personengesellschaften der OHG und KG differenzieren hingegen strikt zwischen Geschäftsführung und Vertretung (siehe die Fälle 12, 13).

II. Gliederung

Anspruch des M gegen „den Kiosk" auf Zahlung der Miete gem. § 535 II BGB

Vor.:

1. Kiosk als möglicher Anspruchsgegner?

a) Rechtscharakter der Gesellschaft
OHG, §§ 105 ff. BGB?
Kiosk ≠ Handelsgewerbe i.S.d. § 1 II HGB
Eintragung in das Handelsregister (-)
Damit: Kiosk ≠ OHG

⇨ Kiosk ist daher eine GbR gem. §§ 705 ff. BGB

b) (Teil-)Rechtsfähigkeit der GbR (+)
Kiosk ist folglich möglicher Anspruchsgegner

2. Wirksamer Mietvertrag
Einigung zwischen L und M hinsichtlich der Anmietung der Räume
Damit Wirkung für und gegen den Kiosk, wenn wirksame Vertretung durch H, §§ 164 ff. BGB

a) Eigene WE im Namen des Kiosks (+)

b) Mit Vertretungsmacht?

aa) Grds. Einzelvertretungsmacht, vgl. §§ 709, 710, 714 BGB
(P): Widerspruch des T
Beschränkung der Geschäftsführungsbefugnis, § 711 S. 2 BGB

bb) Auswirkung auf die Vertretungsmacht?
(+), wenn dem Widerspruch Außenwirkung zukommt

(1) a.A.: Außenwirkung (+)
Arg.: Konsequente Fortführung des Grundgedankens des § 714 BGB
Organschaftliche Vertretungsmacht des L daher (-)

(2) h.M.: Außenwirkung (-)
Arg.:
Rechtssicherheit
Schutz des anderen Gesellschafters über die Grundsätze des Missbrauchs der Vertretungsmacht ausreichend

⇨ Vertretungsmacht des K daher (+)

⇨ Vorliegen eines wirksamen Mietvertrages (+)

Ergebnis: Anspruch (+)

III. Lösung

Anspruch des M gegen den Kiosk auf Zahlung der Miete gem. § 535 II BGB

M könnte gegen den Kiosk einen Anspruch auf Zahlung der Miete gem. § 535 II BGB haben. Dazu müsste zwischen beiden ein wirksamer Mietvertrag gem. § 535 BGB vorliegen.

1. Kiosk als möglicher Anspruchsgegner?

Zunächst ist allerdings fraglich, ob der Kiosk überhaupt Träger von Rechten und Pflichten und damit möglicher Anspruchsgegner sein kann.

a) Rechtscharakter der Gesellschaft

Gem. § 124 I HGB könnte der Kiosk dann ohne weiteres Träger von Rechten und Pflichten sein, wenn es sich dabei um eine OHG i.S.d. §§ 105 ff. HGB handelte.

L und T haben sich zum Zweck des gemeinsamen Betriebs eines Kiosks zusammengeschlossen. Damit haben sie grundsätzlich eine GbR i.S.d. § 705 BGB gegründet.

Auch ohne Eintragung in das Handelsregister wäre der Kiosk dann eine OHG, wenn er ein Handelsgewerbe i.S.d. § 1 II HGB darstellte, § 105 I, II HGB. Auf Grund des geringen Geschäftsbetriebes ist eine kaufmännische Einrichtung allerdings nicht erforderlich, so dass es sich bei dem Kiosk nicht um ein Handelsgewerbe i.S.d. § 1 II HGB handelt.

Folglich ist der Kiosk keine OHG, sondern vielmehr eine GbR.

b) Lehre von der Teilrechtsfähigkeit

Nach der überzeugenden Lehre von der Teilrechtsfähigkeit (bzw. nach der kollektivistischen Lehre) ist die Teilrechtsfähigkeit einer GbR zu bejahen (siehe Fall 4).

Der Kiosk ist damit möglicher Anspruchsgegner.

2. Wirksamer Mietvertrag, § 535 BGB

Weiterhin ist erforderlich, dass zwischen M und dem Kiosk ein wirksamer Mietvertrag vorliegt, § 535 BGB.

M hat sich mit L über die Vermietung der Räume an den Kiosk geeinigt. Damit ist dann ein wirksamer Mietvertrag zwischen M und dem Kiosk zu Stande gekommen, wenn der Kiosk wirksam von L vertreten wurde, §§ 164 ff. BGB.

a) Eigene WE in fremdem Namen

L hat eine eigene Willenserklärung im Namen des Kiosks abgegeben, vgl. § 164 I S. 1 BGB.

b) Mit Vertretungsmacht

Er müsste dabei allerdings auch mit Vertretungsmacht gehandelt haben.

aa) Grds. Einzelvertretungsmacht

Da L alleine zur Führung der Geschäfte des Kiosks befugt ist, steht ihm grundsätzlich auch eine organschaftliche Einzelvertretungsmacht zu, vgl. §§ 709, 710, 714 BGB (siehe Fall 4).

Anmerkung: Aber Achtung: Dass ein Gesellschafter Einzelvertretungsbefugnis hat, heißt nicht zwingend immer, dass er auch in Ausübung dieser Einzelvertretungsbefugnis handelt.
Soll erkennbar für Dritte der Vertrag auf Seiten der Gesellschaft nur zustande kommen, wenn alle Gesellschafter zustimmen, wird der Vertrag auch erst dann wirksam. Dies gilt selbst dann, wenn zuvor schon ein grds. einzelvertretungsbefugter Gesellschafter zugestimmt hat (BGH, Life&Law 02/2009, 92 ff.).

Allerdings hat der ebenfalls zur Geschäftsführung befugte T dem Abschluss des Mietvertrages im Vorfeld widersprochen. Gem. § 711 S. 2 BGB wurde damit eine diesbezügliche Geschäftsführungsbefugnis des L beschränkt.

bb) Auswirkung auf die Vertretungsmacht?

Es stellt sich die Frage, ob sich die Beschränkung der Geschäftsführungsbefugnis auch auf die Vertretungsmacht auswirkt. Dies wäre dann der Fall, wenn man eine Außenwirkung des Widerspruchs bejahte.

(1) a.A.: Außenwirkung (+)

Eine andere Ansicht befürwortet die Außenwirkung eines Widerspruchs. Nur so werde der Grundgedanke des § 714 BGB konsequent fortgeführt. Ein rein intern bleibender Widerspruch sei außerdem praktisch ohne Bedeutung, da der Schadensersatzanspruch gegen den handelnden Gesellschafter bei umfangreichen Geschäften häufig nicht realisierbar sei und daher keinen ausreichenden Schutz biete. Danach hatte L grundsätzlich auf Grund der Außenwirkung des Widerspruchs keine Vertretungsmacht.

(2) h.M.: Außenwirkung (-)

Die heute überwiegende Meinung verneint eine derartige Außenwirkung, solange der Geschäftsgegner den Vollmachtsmissbrauch nicht kennt. Dies wird damit begründet, dass sich der Geschäftspartner nicht um interne Auseinandersetzungen der Gesellschafter soll kümmern müssen. Außerdem müsse eine Lähmung der Gesellschaft durch einen widersprechenden Gesellschafter verhindert werden.

Dieser Ansicht zufolge handelte L folglich mangels Außenwirkung des Widerspruchs mit Vertretungsmacht (so zuletzt BGH, Life&Law 02/2009, 92 ff.).

Anmerkung: Die besseren Argumente sprechen für die h.M. Denn ließe man eine Außenwirkung des Widerspruchs zu, so bedeutete dies eine erhebliche Beeinträchtigung des Verkehrsschutzes. Über die Grundsätze des Missbrauchs der Vertretungsmacht können die Gesellschaft und damit auch die anderen Gesellschafter, die für die Verbindlichkeiten der Gesellschaft einstehen müssen (siehe Fall 4), ausreichend geschützt werden.

L hat den Kiosk damit wirksam vertreten, so dass zwischen M und dem Kiosk ein wirksamer Mietvertrag gem. § 535 BGB zu Stande kam.

Ergebnis: M kann vom Kiosk Zahlung der Miete gem. § 535 II BGB verlangen.

IV. Zusammenfassung

Sound: Nach h.M. wirkt sich ein im Innenverhältnis der Gesellschafter einer GbR ergangener Widerspruch zwar auf die Geschäftsführungsbefugnis aus, § 711 S.2 BGB. Eine Außenwirkung mit der Folge, dass auch die Vertretungsmacht beschränkt wäre, ist allerdings im Interesse des Verkehrsschutzes zu verneinen.

hemmer-Methode: Sind die beiden Gesellschafter einer GbR nur gemeinsam zur Führung der Geschäfte befugt, so besteht grundsätzlich auch im Außenverhältnis lediglich Gesamtvertretungsmacht, vgl. § 714 BGB. Handelt ein Gesellschafter alleine, so ist der mit einem Dritten im Namen der GbR geschlossene Vertrag daher mangels Vertretungsmacht zunächst schwebend unwirksam, vgl. § 177 I BGB, sofern nicht die Grundsätze der Duldungs- oder Anscheinsvollmacht eingreifen.
Der Vertrag wird jedoch mit ex tunc-Wirkung wirksam, vgl. § 184 I BGB, wenn er vom Vertretenen genehmigt wird. Die selbst handlungsunfähige GbR muss dabei wiederum durch ihre Gesellschafter vertreten werden, die auch in dieser Hinsicht nur als Gesamtvertreter handeln können. Denkbar ist nun, dass derjenige Gesellschafter, der ursprünglich ohne Vertretungsmacht gehandelt hat, die Genehmigung verweigert, während der andere mit dem Vertragsabschluss hoch zufrieden ist und zustimmt. Es stellt sich die Frage, ob dann eine wirksame Genehmigung erteilt wurde. Zur Vermeidung von sinnwidrigen Ergebnissen muss allerdings davon ausgegangen werden, dass der handelnde Gesellschafter mit seiner Willenserklärung i.R.d. Vertragsschlusses zugleich konkludent die Genehmigung erteilt. Die spätere Verweigerung ist dann mangels Widerrufsmöglichkeit unbeachtlich.

V. Zur Vertiefung

- Hemmer/Wüst, Gesellschaftsrecht, Rn. 81 ff.
- Hemmer/Wüst, Gesellschaftsrecht, Karteikarten Nr. 28, 29.
- BGH, Life&Law 02/2009, 92 ff. zum Umfang der Vertretungsmacht sowie zur Außenwirkung des Widerspruchs.

Fall 8: Auch Kleinvieh macht Mist

Sachverhalt:

Die beiden Brüder Wladi (W) und Vitali (V) wollen ihr spärliches Taschengeld aufbessern. W ist 17 Jahre alt, V ist 19. Sie beschließen daher, gemeinsam mit ihrem Vater Klitscher (K) einen kleinen Fahrradreparaturservice ins Leben zu rufen, der in der elterlichen Garage vorwiegend durch W und V betrieben werden soll. Beim Vertragsschluss wird W von K vertreten. Zur Anschaffung der erforderlichen Werkzeuge soll jeder von ihnen einen Beitrag i.H.v. 100 € leisten. Sodann nehmen die drei den Reparaturbetrieb auf.

Frage: *Besteht zwischen W, V und K eine Gesellschaft?*

I. Einordnung

Die Gründung einer GbR erfolgt im Wege einer rechtsgeschäftlichen Einigung. Dabei finden auf den Gesellschaftsvertrag grundsätzlich die Regelungen aus dem allgemeinen Zivilrecht Anwendung, insbesondere auch die Vorschriften, nach denen ein Vertrag nichtig oder anfechtbar ist. Grundsätzlich ist ein unwirksamer Vertrag nach den §§ 812 ff. BGB rückabzuwickeln. Ist die Gesellschaft jedoch bereits – unter Umständen seit Jahren – tätig geworden, sind diese Fehlerfolgen nicht immer sachgerecht: Zum einen lässt sich meist schwer ermitteln, welcher Gesellschafter welche Leistungen an die Gesellschaft erbracht hat. Zum anderen bedürfen auch die Gläubiger der Gesellschaft eines Schutzes. Aus diesem Grund wurde die *Lehre von der fehlerhaften Gesellschaft* entwickelt.

II. Gliederung

Bestehen einer Gesellschaft?

1. OHG, §§ 105 ff. HGB
(-), da weder Eintragung noch Betrieb eines Handelsgewerbes gem. § 1 II HGB

2. GbR, §§ 705 ff. BGB

a) Gemeinsamer Zweck
(+), gemeinsamer Betrieb der Reparaturwerkstätte

b) Beitragspflicht
(+), Einlage i.H.v. 100 €

c) Wirksamer Gesellschaftsvertrag?
(P): Wirksame Vertretung durch K?

aa) Eigene WE des K im Namen des W (+)

bb) Mit Vertretungsmacht?

W = minderjährig und damit beschränkt geschäftsfähig, §§ 2, 106 BGB

Grds. Gesamtvertretungsmacht der Eltern, §§ 1626 I, 1629 II S. 1 BGB

Konkludente Ermächtigung der Mutter zur Einzelvertretung des K?

Kann dahin stehen, wenn:

cc) Unzulässigkeit der Vertretung

(a) K ist selbst Vertragspartner

Vertretung durch K ist daher grds. nicht möglich, vgl. §§ 1629 II S. 1, 1795 II, § 181 BGB

Ausnahmen:

(1) Gestattung (-)

(2) Erfüllung einer Verbindlichkeit (-)

(3) Teleologische Reduktion
(-), da nicht lediglich rechtlich vorteilhaftes RG

(4) Rechtsfolge
Vertrag schwebend unwirksam, § 177 BGB analog; Ergänzungspfleger erforderlich, § 1909 BGB; sofern W volljährig wird, Genehmigung durch ihn möglich

(b) Zweck auf Erwerbsgeschäft gerichtet
Gem. §§ 1643, 1822 Nr. 3 BGB ist *zusätzlich* eine Genehmigung des Vormundschaftsgerichts erforderlich

⇨ Gesellschaftsvertrag somit jedenfalls nicht wirksam, GbR (-) zw. W, K und V

3. Fehlerhafte Gesellschaft

Vor.:

a) Fehlerhafter Gesellschaftsvertrag (+)

b) Invollzugsetzung des Gesellschaftsvertrages (+)

c) Keine Einschränkung durch vorrangige Schutzzwecke
Schutz beschränkt Geschäftsfähiger absolut vorrangig
W gehört zum Kreis der schutzwürdigen Personen
Fehlerhafte Gesellschaft zwischen V, W und K (-)

4. Fehler*freie* Gesellschaft zwischen V und K?
§ 139 BGB: Im Zweifel Gesamtnichtigkeit
Bestehen von Zweifeln?
(+), Idee ging von V *und* W gemeinsam aus, daher wohl kaum GbR allein zwischen V und K

⇨ Vertrag damit nichtig

⇨ Fehler*freie* Gesellschaft zwischen V und K (-)

Ergebnis: fehler*hafte* Gesellschaft zwischen V und K (+), W ≠ Gesellschafter

III. Lösung

Vorliegend ist fraglich, ob W, V und K eine Gesellschaft gegründet haben.

1. OHG, §§ 105 ff. HGB

Die Gründung einer OHG i.S.d. § 105 I HGB scheidet vorliegend aus. Zwar stellt der Reparaturbetrieb ein Gewerbe dar. Jedenfalls ist nach Art oder Umfang kein in kaufmännischer Weise eingerichteter Geschäftsbetrieb erforderlich, so dass es sich um kein Handelsgewerbe i.S.d. § 1 II HGB handelt. Ebenso wenig ist eine Eintragung in das Handelsregister erfolgt, vgl. § 105 II HGB.

2. GbR, §§ 705 ff. BGB

V, W und K könnten jedoch eine GbR i.S.d. §§ 705 ff. BGB gegründet haben.

a) Gemeinsamer Zweck

In dem gemeinsamen Betrieb eines Fahrradreparaturservices ist ein gemeinsamer Zweck i.S.d. § 705 BGB zu sehen.

b) Beitragsleistung

V, W und K haben eine Beitragsleistung i.H.v. 100 € pro Person vereinbart.

c) Wirksamer Gesellschaftsvertrag

Schließlich müssten die drei einen wirksamen Gesellschaftsvertrag geschlossen haben, § 705 BGB.

V, W und K waren sich darüber einig, zum Zweck des gemeinsamen Reparaturbetriebs zusammenzuarbeiten.

Damit stellt sich hier lediglich die Frage, ob W bei Vertragsschluss wirksam von K vertreten wurde, §§ 164 ff. BGB.

aa) Eigene WE im Namen des W

Laut Sacherhalt hat K den W bei Vertragsschluss vertreten und folglich eine eigene Willenserklärung in dessen Namen abgegeben, § 164 I S. 1 BGB.

bb) Mit Vertretungsmacht

K müsste außerdem mit Vertretungsmacht gehandelt haben, § 164 I S. 1 BGB.

W ist erst 17 Jahre alt und somit gem. §§ 2, 106 BGB beschränkt geschäftsfähig. Gem. §§ 1626 I, 1629 II S. 1 BGB steht den Eltern daher grundsätzlich (gesetzliche) Gesamtvertretungsmacht zu. Analog § 125 II S. 2 HGB kann ein Elternteil den anderen jedoch ermächtigen, allein für das Kind zu handeln.

Aus praktischen Erwägungen wird man bei Geschäften des täglichen Lebens von einer stillschweigenden Ermächtigung ausgehen.

K hat hier alleine gehandelt. Ob der Abschluss des hier vorliegenden Gesellschaftsvertrages noch zu den Geschäften des täglichen Lebens zählt und somit von einer konkludenten Ermächtigung der Mutter des W zur Einzelvertretung des K auszugehen ist, erscheint höchst fraglich.

cc) Unzulässigkeit der Vertretung?

Dies kann jedoch letztlich offen bleiben, wenn eine Vertretung durch K aus anderen Gründen nicht zulässig ist.

(a) Auch K ist Partner des Vertrages, so dass er seinen Sohn W grundsätzlich nicht vertreten kann, vgl. §§ 1629 II S. 1, 1795 II, § 181 BGB. Anderes würde nur dann gelten, wenn § 181 BGB nicht einschlägig wäre.

(1) Gestattung

Eine Gestattung, die im Übrigen nicht in einer etwa erteilten familiengerichtlichen Genehmigung zu sehen wäre, ist vorliegend nicht ersichtlich, vgl. § 181 BGB.

Anmerkung: Auch W hätte dem K keine wirksame rechtsgeschäftliche Gestattung erteilen können, da der Abschluss eines Gesellschaftsvertrages nicht lediglich rechtlich vorteilhaft ist, vgl. § 107 BGB.

(2) In Erfüllung einer Verbindlichkeit

Ebenso wenig stellt der Abschluss eines Gesellschaftsvertrages ein Rechtsgeschäft in Erfüllung einer Verbindlichkeit dar, vgl. § 181 a.E. BGB.

(3) Teleologische Reduktion

Schließlich wird dann eine Ausnahme vom Vertretungsverbot des § 181 BGB gemacht, wenn das Rechtsgeschäft für den Vertretenen lediglich rechtlich vorteilhaft ist.

Der Abschluss eines Gesellschaftsvertrages ist jedoch auch mit der Übernahme von Pflichten, beispielsweise der Beitragspflicht, verbunden.

Eine teleologische Reduktion scheidet im vorliegenden Fall daher aus, so dass die Vertretung des W durch K unzulässig war.

(4) Rechtsfolge

Der Gesellschaftsvertrag ist in diesen Fällen nach h.M. analog § 177 BGB schwebend unwirksam. Da die Eltern an der Vertretung gehindert sind, müsste ein Ergänzungspfleger bestellt werden, der den Vertrag genehmigen müsste, § 1909 BGB. Sollte W zwischenzeitlich volljährig werden, könnte die Genehmigung durch ihn erfolgen.

(b) Problematisch ist zudem, dass der Zweck auf den Betrieb eines Erwerbsgeschäfts gerichtet ist. Gem. §§ 1643, 1822 Nr. 3 BGB ist *zusätzlich* die Genehmigung des Vertrages durch das Vormundschaftsgericht erforderlich. Solange diese nicht vorliegt, ist der Vertrag auch aus diesem Grund schwebend unwirksam gem. § 1829 I BGB.

Der Gesellschaftsvertrag ist daher aus zwei Gründen nicht wirksam zustande gekommen.

W, V und K haben somit keine wirksame GbR gegründet.

3. Fehlerhafte Gesellschaft

Möglicherweise besteht zwischen V, W und K eine sog. fehlerhafte Gesellschaft.

a) Fehlerhafter Gesellschaftsvertrag

Die erste Voraussetzung, das Vorliegen eines fehlerhaften Gesellschaftsvertrages, ist gegeben (s.o.).

b) Invollzugsetzung des Gesellschaftsvertrages

Der Gesellschaftsvertrag müsste weiterhin bereits in Vollzug gesetzt worden sein.

Anmerkung: Ist dies nicht der Fall, gibt es mangels besonderer Rückabwicklungsschwierigkeiten keinen Grund, die Vorschriften des allgemeinen Zivilrechts nicht anzuwenden!

Diesem Erfordernis ist jedenfalls dann Genüge geleistet, wenn die Gesellschaft Rechtsbeziehungen zu Dritten aufgenommen hat, wie etwa durch eine Kontoeröffnung, Anmietung von Geschäftsräumen etc. V, W und K haben bereits mit dem Betrieb der Reparaturwerkstatt begonnen, so dass der Gesellschaftsvertrag in Vollzug gesetzt worden ist.

c) Keine Einschränkung durch vorrangige Schutzzwecke

Die Grundsätze der fehlerhaften Gesellschaft sind allerdings dann nicht anwendbar, wenn die Rechtsfolgen dieser Grundsätze mit vorrangigen Interessen in Widerspruch treten.

Vorliegend ist der Gesellschaftsvertrag im Grunde deshalb nicht wirksam, weil W beschränkt geschäftsfähig ist. Ansonsten hätte W die Vertretung gestatten können bzw. den schwebend unwirksamen Vertrag im Nachhinein genehmigen können. Als Minderjähriger gehört W zum Kreis der schutzwürdigen Personen, deren Interessen vorrangig sind.

Anmerkung: Vorrangige Schutzzwecke liegen auch dann vor, wenn der Gesellschaftsvertrag aus dem Grund nichtig ist, weil er gegen ein gesetzliches Verbot verstößt (§ 134 BGB) oder in besonders grobem Maße sittenwidrig ist (§ 138 I BGB). Die Lehre von der fehlerhaften Gesellschaft steht diesen vorrangigen Interessen entgegen, so dass eine Anwendung ausscheidet.

Zwischen V, W und K ist folglich keine fehlerhafte Gesellschaft entstanden.

Anmerkung: W kann damit seine bereits geleistete Einlage i.H.v. 100 € gem. § 985 BGB bzw. §§ 812 ff. BGB zurückfordern. Ebenso hat er eine Beteiligung am Gewinn, sofern angefallen, gem. §§ 812 ff. BGB herauszugeben.
Eine andere Ansicht will dem Minderjährigen die Vorteile seiner Gesellschafterstellung belassen, ihn aber von damit einhergehenden Nachteilen ausschließen (sog. hinkender Gesellschafter).
Folge wäre dann, dass es keinen vorrangigen Schutzzweck mehr gäbe, an der die fehlerhafte Gesellschaft scheitern könnte. Nach überzeugender Ansicht stellt ein Rechtsgeschäft jedoch eine Einheit dar so dass eine Aufteilung in „gute" und „schlechte" Folgen nicht möglich ist. Im Übrigen würde der Rechtsverkehr in nicht hinnehmbarer Weise getäuscht.

4. Fehler*freie* Gesellschaft zwischen V und K?

Schließlich könnte wenigstens zwischen V und K eine fehler*freie Rumpfgesellschaft* entstanden sein.

Die zwischen V, W und K getroffene Vereinbarung ist jedoch, zumindest was die Person des W anbelangt, nicht wirksam. Es stellt sich daher die Frage, ob zwischen V und K dennoch eine wirksame vertragliche Einigung vorliegt.

Gem. § 139 BGB ist dies nur dann der Fall, wenn V und K den Vertrag auch ohne Beteiligung des W geschlossen hätten.

Dabei ist zu berücksichtigen, dass die Idee von V und W gemeinsam ausging. Auch sollte der Reparaturservice maßgeblich von V und W betrieben werden. Daher bestehen zumindest erhebliche Zweifel daran, dass V und K den Gesellschaftsvertrag auch ohne W abgeschlossen hätten. Der Vertrag ist folglich gem. § 139 BGB nichtig.

Damit haben auch V und K keine fehlerfreie GbR gegründet. Mangels vorrangiger Schutzzwecke ist zwischen ihnen jedoch eine sog. fehlerhafte Gesellschaft entstanden.

Ergebnis: V und K haben eine fehlerhafte Gesellschaft gegründet. W ist kein Gesellschafter geworden.

Anmerkung: Wesentliche Rechtsfolge der fehlerhaften Gesellschaft ist zum einen, dass sie für die Vergangenheit sowohl im Innen- als auch im Außenverhältnis grundsätzlich als wirksam zu behandeln ist. Zum anderen ist die Gesellschaft mit Wirkung für die Zukunft vernichtbar.
Dabei muss die Geltendmachung des Nichtigkeitsgrundes in der Form geschehen, die das Gesetz für die Auflösung der Gesellschaft aus wichtigem Grund vorsieht:
Während bei der GbR eine Kündigungserklärung gem. § 723 BGB erforderlich ist, muss bei der OHG und KG eine Auflösungsklage erhoben werden, vgl. § 133 HGB bzw. §§ 133, 161 II HGB, sofern der Gesellschaftsvertrag keine abweichende Regelung enthält.

IV. Zusammenfassung

Sound: Ist der Gesellschaftsvertrag aus irgendeinem Grund unwirksam, müssen Sie stets an die Grundsätze der fehlerhaften Gesellschaft denken. Voraussetzung hierfür ist jedoch stets, dass der Gesellschaftsvertrag bereits in Vollzug gesetzt ist. Keine Anwendung finden die Grundsätze über die fehlerhafte Gesellschaft jedoch, wenn vorrangige Schutzzwecke eingreifen.

hemmer-Methode: Ähnlich wie der Gesellschaftsvertrag ist auch der *Arbeitsvertrag* ein von gegenseitigem Vertrauen gekennzeichnetes Dauerschuldverhältnis, bei dessen Rückabwicklung nach den Grundsätzen des allgemeinen Zivilrechts erhebliche Schwierigkeiten entstünden. Daher ist die Rechtsfigur des *fehlerhaften Arbeitsverhältnisses* entwickelt worden, die große Parallelen zur fehlerhaften Gesellschaft aufweist. Auch das fehlerhafte Arbeitsverhältnis muss in Vollzug gesetzt worden sein und ist dann nicht einschlägig, wenn bestimmte Wertungen wie Minderjährigkeit, § 134 oder § 138 BGB entgegenstehen. Sind die Voraussetzungen erfüllt, so ist auch das fehlerhafte Arbeitsverhältnis für die Vergangenheit als wirksam zu behandeln und lediglich für die Zukunft auflösbar.

V. Zur Vertiefung

- Hemmer/Wüst, Basics Zivilrecht, Bd. 5, Rn. 160 ff.
- Hemmer/Wüst, Gesellschaftsrecht, Rn. 31 ff.
- Hemmer/Wüst, Gesellschaftsrecht, Karteikarten Nr. 16, 17.
- Zu examensrelevanten Problemfeldern im Zusammenhang mit der fehlerhaften Gesellschaft vgl. Life&Law 01/2014, 54 ff.

Fall 9: Schein oder Sein?

Sachverhalt:

Berger (B) und Fischer (F) sind jeweils selbständige Handwerker. Um sich auf dem hart umkämpften Markt besser durchsetzen zu können, beschließen die beiden, fortan als „Berger & Fischer GbR“ aufzutreten. In Wirklichkeit denken B und F aber nicht daran, zusammenzuarbeiten.

B kauft wenig später beim Autohändler Huber (H) einen gebrauchten Lieferwagen zum Preis von 5.000 € und nimmt diesen sofort mit. Da B auf Grund seiner stadtbekannten Zahlungsunfähigkeit damit rechnet, dass H nicht mit ihm ins Geschäft gekommen wäre, handelt er im Namen der „Berger & Fischer GbR“. Als H nach einiger Zeit die Zahlung des Kaufpreises verlangt, hat B keinen Cent in der Tasche. H möchte daher gegen den solventen F vorgehen.

Frage: *Zu Recht?*

I. Einordnung

Denkbar ist, dass Personen nach außen hin als Mitglieder einer Gesellschaft auftreten, die sie in Wirklichkeit aber einverständlich nicht gegründet haben (sog. *Scheingesellschaft*). Aber selbst dann, wenn eine Gesellschaft tatsächlich existiert, könnte jemand den Rechtsschein hervorrufen, er sei Gesellschafter dieser Gesellschaft, was er ein Wirklichkeit aber nicht ist (sog. *Scheingesellschafter*). Auch in diesen Fällen muss der Rechtsverkehr geschützt werden. Gemäß dem in der *Lehre von der Scheingesellschaft und dem Scheingesellschafter* zum Ausdruck kommenden Verbot des *„venire contra factum proprium“* muss sich jemand, der „sich in bestimmter Weise geriert“, auch hinsichtlich der Rechtsfolgen seines Tuns so behandeln lassen (vgl. *Klunzinger*, Grundzüge des Gesellschaftsrechts, S. 61).

Anmerkung: Die *Lehre von der Scheingesellschaft und vom Scheingesellschafter* ist teilweise identisch mit der Figur des Scheinkaufmanns, die Ihnen aus dem Handelsrecht bekannt sein müsste. Haben Sie die Grundsätze also einmal verstanden, haben Sie einen doppelten Lernerfolg!
Wichtig ist insbesondere die Abgrenzung zur fehlerhaften Gesellschaft, die – wenigstens gedanklich – zunächst angeprüft werden sollte. Fehlt es aber an der auf eine Gesellschaft gerichteten Einigung (z.B. auf Grund von § 117 BGB) oder überwiegen vorrangige Schutzzwecke, so sind die Grundsätze der fehlerhaften Gesellschaft nicht anwendbar. In diesen Fällen kommen die Grundsätze der Scheingesellschaft in Betracht!

II. Gliederung

Anspruch des H gegen F auf Zahlung des Kaufpreises gem. § 433 II BGB i.V.m. § 128 S. 1 HGB analog i.V.m. den Grundsätzen der Scheingesellschaft

Akzessorietätstheorie: handelnder Gesellschafter verpflichtet nur die GbR, aber akzessorische Haftung der anderen Gesellschafter in Analogie zu § 128 S. 1 HGB

a) Haftung des F gem. § 433 II BGB i.V.m. § 128 S. 1 HGB analog (-), da weder Gesellschaftsverbindlichkeit existiert, noch F Gesellschafter ist **b) Haftung des F nach den Grundsätzen der Scheingesellschaft?** **aa) Vor.:** **(1) Rechtsscheintatbestand** (+), B erklärt ausdrücklich, für eine aus B und F bestehende GbR handeln zu wollen **(2) Zurechenbarkeit** **(P):** F selbst hat den Rechtsschein nicht gesetzt Jedenfalls: Zustimmung zu Verhalten des B ⇨ Daher: Zurechenbarkeit (+) **(3) Gutgläubigkeit des H** (+), da weder positive Kenntnis noch grob fahrlässige Unkenntnis (str.) **(4) Kausalität** (+), da Handeln des H im Vertrauen auf den Rechtsschein **bb) Rechtsfolgen** Gleichstellung des Rechtsscheins mit der Wirklichkeit F haftet wie Gesellschafter für die Verbindlichkeit einer bestehenden GbR gem. § 433 II BGB, § 128 HGB **Ergebnis:** Anspruch (+)

III. Lösung

Anspruch des H gegen F auf Kaufpreiszahlung gem. § 433 II BGB i.V.m. § 128 S. 1 HGB analog i.V.m. den Grundsätzen der Scheingesellschaft

Nach der absolut herrschenden Akzessorietätstheorie haftet ein Gesellschafter einer GbR akzessorisch für die Verbindlichkeiten der Gesellschaft.

a) Haftung des F gem. § 433 II BGB i.V.m. § 128 S. 1 HGB analog

Eine Haftung des F gem. § 433 II BGB i.V.m. § 128 S. 1 HGB analog scheidet jedoch mangels Bestehens einer Gesellschaftsverbindlichkeit aus. Außerdem ist F kein Gesellschafter einer GbR.

b) Haftung des F nach den Grundsätzen der Scheingesellschaft?

F könnte jedoch nach den Grundsätzen der Scheingesellschaft haften.

aa) Voraussetzungen

Dazu müssten zunächst die Voraussetzungen der *Lehre von der Scheingesellschaft* gegeben sein.

(1) Rechtsscheintatbestand

Erforderlich ist das Vorliegen eines Scheintatbestandes, also des Rechtsscheins einer in Wirklichkeit nicht bestehenden Gesellschaft. B erklärt hier ausdrücklich, für die „Berger & Fischer GbR“ handeln zu wollen. Ein Scheintatbestand liegt damit vor.

(b) Zurechenbarkeit

Dieser Rechtsschein müsste dem hiervon möglicherweise betroffenen F zugerechnet werden können.

Dies könnte aus dem Grund fraglich sein, da nicht F selbst, sondern B den Rechtsschein gesetzt hat. Allerdings waren B und F sich darüber einig, als „Berger & Fischer GbR“ am Markt aufzutreten, so dass F mit dem Verhalten des B einverstanden war. Eine Zurechenbarkeit ist folglich zu bejahen.

Anmerkung: Streng genommen muss hinsichtlich des Rechtsscheins in diesen Fällen genau differenziert werden, ob der in Anspruch genommene Scheingesellschafter sowohl zurechenbar den Rechtsschein für die Existenz der Gesellschaft, als auch im Hinblick auf seine Gesellschafterstellung gesetzt hat (BGH, Life&Law 10/2010, 669 ff.; 12/2012, 867 ff.). Das ist vorliegend aber durch das Einvernehmen hinsichtlich des Auftretens als „B & F GbR" gewahrt.

(c) Gutgläubigkeit des H

H hatte weder positive Kenntnis noch grob fahrlässige Unkenntnis und war damit gutgläubig hinsichtlich des gesetzten Rechtsscheins.

Anmerkung: In Analogie zu §§ 173, 405 BGB dürfte die Gutgläubigkeit auch bei *einfach* fahrlässiger Unkenntnis zu verneinen sein.
Da andererseits die Anforderungen an die Gutgläubigkeit auch nicht unangemessen hoch sein dürfen, ist es sachgerecht, einfache Fahrlässigkeit nur bei Evidenz der wahren Rechtslage anzunehmen.
Eine Nachforschungspflicht des Dritten besteht grundsätzlich nicht, es sei denn, es besteht ein besonderer Anlass zu Misstrauen oder gesteigerter Vorsicht.

(d) Kausalität

Schließlich müsste der Rechtsschein für die Handlung des H kausal gewesen sein, d.h. das Vertrauen auf den Rechtsschein der Gesellschaft müsste H zum Abschluss des Kaufvertrags veranlasst haben.

Auf Grund der stadtbekannten Zahlungsunfähigkeit des B wäre H mit ihm persönlich wohl nicht ins Geschäft gekommen.

Indem H mit der „Berger & Fischer GbR" zu kontrahieren glaubte, ging er davon aus, neben dem B auch die GbR und den F in Anspruch nehmen und seine Forderung so durchsetzen zu können.

Folglich ist ein Handeln des H im Vertrauen auf den Rechtsschein zu bejahen.

Die Voraussetzungen der Lehre von der Scheingesellschaft liegen damit vor.

(2) Rechtsfolgen

Rechtsfolge ist die Gleichstellung des Rechtsscheins mit der Wirklichkeit.

F muss sich daher behandeln lassen, als sei er Gesellschafter einer wirklich existenten GbR. Damit haftet F gem. § 128 S. 1 HGB analog für die Verbindlichkeiten der „Berger & Fischer GbR".

Anmerkung: Nach h.M. ist die Scheingesellschaft nur Zurechnungssubjekt, d.h. notwendige Voraussetzung, um auf die Gesellschafter zugreifen zu können.
Einen Anspruch gegen die Gesellschaft selbst zu bejahen, macht keinen Sinn, denn es fehlt an einem Gesellschaftsvermögen, also an einer Haftungsmasse, aus der sich ein Gläubiger befriedigen könnte.

Ergebnis

H steht ein Anspruch gegen F auf Zahlung des Kaufpreises zu.

IV. Zusammenfassung

Sound: Für die Haftung als Scheingesellschafter ist es nicht ausreichend, dass die Voraussetzungen der Lehre von der Scheingesellschaft und vom Scheingesellschafter vorliegen.

Rechtsfolge ist lediglich die Gleichstellung des Rechtsscheins mit der Wirklichkeit. Darüber hinaus müssen die anderen Tatbestandsmerkmale der §§ 128 ff. (171 ff.) HGB erfüllt sein. Der Vertragspartner soll über diese Grundsätze zwar geschützt, aber auch nicht besser gestellt werden!

hemmer-Methode: Bei einer Personenhandelsgesellschaft kann der Rechtsschein auch dadurch entstehen, dass die Scheingesellschaft als solche oder aber eine Person als Gesellschafter einer wirklich bestehenden Personenhandelsgesellschaft in das Handelsregister eingetragen und bekannt gemacht wird. In diesen Fällen ist unmittelbar § 15 III HGB einschlägig, der als gesetzlich normierter Fall des Rechtsscheins lex specialis zur Lehre von der Scheingesellschaft und vom Scheingesellschafter ist. Sind die Voraussetzungen des § 15 III HGB erfüllt, ergibt sich die Rechtsfolge unmittelbar aus dem Gesetz: Der Dritte kann sich auf die eingetragene Tatsache berufen und der Scheingesellschafter haftet nach §§ 15 III, 128 S. 1 bzw. § 171 HS 1 HGB.

Beachten Sie ferner: Besteht tatsächlich eine Gesellschaft, kommt eine Haftung dann in Betracht, wenn jemand gar nicht Gesellschafter ist, aber der Anschein einer Gesellschafterstellung besteht. Die Prüfung reduziert sich dann auf die Prüfung der Voraussetzungen eines Scheingesellschafters. Dieser haftet bei Zurechenbarkeit des Rechtsscheins und bei Vorliegen der übrigen Voraussetzungen wie ein Gesellschafter. Der BGH beschränkt diese Haftung allerdings auf Verbindlichkeiten, die typisch für die jeweilige Gesellschaft sind. So hat er die Haftung eines Scheinsozius einer RA-GbR auf solche Verbindlichkeiten beschränkt, die aus anwaltstypischen rechtsberatenden oder rechtsvertretenden Tätigkeiten resultieren, vgl. Life&Law 10/2008, 658 ff.

Die Haftung als Scheingesellschafter kommt auch gegen einen bereits ausgeschiedenen Gesellschafter in Betracht, der ja grundsätzlich nur dann für Altverbindlichkeiten haftet, wenn er den Anschein erweckt, er sei immer noch Gesellschafter, BGH, Life&Law 05/2012, 330 ff.

V. Zur Vertiefung

- Hemmer/Wüst, Basics Zivilrecht, Bd. 5, Rn. 170 ff.
- Hemmer/Wüst, BGB-AT I, Rn. 248.
- Hemmer/Wüst, Gesellschaftsrecht, Rn. 229 ff.
- Hemmer/Wüst, Gesellschaftsrecht, Karteikarten Nr. 63, 64.

Fall 10: Ende gut, alles gut...?

Sachverhalt:

Die drei Ärzte A, B und C haben bereits vor einigen Jahren eine Praxisgemeinschaft gegründet. Als A der Posten eines Chefarztes einer Privatklinik angeboten wird, zögert er nicht lange und nimmt das Angebot an. Infolgedessen kündigt er seine „Mitgliedschaft“ in der Praxis auf.

Wenig später tritt P mit einer Schadensersatzforderung an die Praxisgemeinschaft heran: Dem behandelnden Arzt B war während eines operativen Eingriffs ein Kunstfehler unterlaufen. Die Ärzte weigern sich jedoch, den geforderten Betrag zu zahlen. Daraufhin verklagt P die Praxisgemeinschaft.

Frage: *Ist die Klage zulässig?*

I. Einordnung

Gesellschaftsrechtliche Fragestellungen werden nicht nur im Zusammenhang mit dem Bürgerlichen Recht relevant, sondern können Ihnen auch im Rahmen einer zivilprozessrechtlichen Zulässigkeitsprüfung begegnen. Dabei ist die Frage nach der Parteifähigkeit der GbR, insbesondere in den verschiedenen Phasen der Auseinandersetzung, von Bedeutung.

II. Gliederung

Zulässigkeit der Klage

1. Parteifähigkeit

a) § 50 I ZPO
(+), wenn Rechtsfähigkeit gegeben

aa) Rechtscharakter der Praxisgemeinschaft
GbR i.S.d. §§ 705 ff. BGB

bb) Rechtsfähigkeit
(+) gem. der Lehre von der Teilrechtsfähigkeit
Damit auch Parteifähigkeit (+)

b) Auswirkung der Kündigung?
Sofortiges Erlöschen der GbR?
§ 730 I BGB: Auflösung führt zur Abwicklung gem. §§ 731-735 BGB
Gesellschaft besteht bis zur Vollbeendigung fort

⇨ Hier: Abwicklung noch nicht abgeschlossen

⇨ Parteifähigkeit damit weiterhin (+)

2. Prozessfähigkeit
(-), daher Vertretung durch Gesellschafter, § 51 I ZPO i.V.m. §§ 709, 710, 714 BGB

Ergebnis: Zulässigkeit (+)

III. Lösung

Zulässigkeit der Klage

Die Klage ist zulässig, wenn die Voraussetzungen gegeben sind.

1. Parteifähigkeit

Problematisch ist zunächst, ob die Praxisgemeinschaft parteifähig ist.

Anmerkung: Anders als im öffentlichen Recht, wo Sie die Zulässigkeit anhand eines bestimmten Schemas prüfen und grundsätzlich jeden Punkt, wenn auch kurz, erwähnen, ist es bei der zivilprozessrechtlichen Zulässigkeitsprüfung üblich, *nur* die *problematischen* Punkte anzusprechen. Zeigen Sie also, dass Sie über Problembewusstsein verfügen und heben Sie sich so vom Großteil der anderen Klausurbearbeiter ab!

a) § 50 I ZPO

Gem. § 50 I ZPO ist eine Partei dann parteifähig, wenn sie rechtsfähig ist.

aa) Rechtscharakter der Praxisgemeinschaft

Es stellt sich daher zunächst die Frage nach dem Rechtscharakter der Praxisgemeinschaft. Es könnte sich dabei um eine GbR i.S.d. §§ 705 ff. BGB handeln.

A, B und C haben sich hier zum Zwecke der Gründung einer Gemeinschaftspraxis zusammengeschlossen. Dabei ist nach allgemeiner Lebenserfahrung davon auszugehen, dass jeder von ihnen zur Leistung eines Beitrags, etwa in Form von Startkapital, verpflichtet war. Folglich haben die drei mit der Praxisgemeinschaft eine GbR gegründet.

bb) Rechtsfähigkeit

Weiterhin müsste die GbR rechtsfähig sein.

Nach der inzwischen auch vom BGH anerkannten Lehre von der Teilrechtsfähigkeit ist die Teilrechtsfähigkeit der GbR und damit auch deren Parteifähigkeit zu bejahen.

Anmerkung: Hier *müssen* Sie die Diskussion zur Rechtsfähigkeit der GbR bringen! An dieser Stelle sei aber auf die ausführliche Darstellung im Rahmen von Fall 4 verwiesen. Keineswegs genügt dabei eine bloße Berufung auf den BGH, der sich im Übrigen in seiner Entscheidung vom 29.1.2001 auch explizit für die Parteifähigkeit der GbR ausgesprochen hat. Auch der BGH ist nicht unfehlbar, so dass letztlich nur sachliche Argumente überzeugen können.

b) Auswirkung der Kündigung?

Möglicherweise wirkt sich jedoch die Kündigung des Gesellschafters A auf die Parteifähigkeit der Praxisgemeinschaft aus.

Dies wäre insbesondere dann der Fall, wenn die Kündigung zum sofortigen Erlöschen der Gesellschaft führte.

Durch die Kündigung eines Gesellschafters wird die Gesellschaft aufgelöst, vgl. §§ 723, 724 BGB.

Anmerkung: Weitere Auflösungsgründe der GbR sind: der in §§ 723 I, 724 S. 2 BGB vorausgesetzte Zeitablauf; die Kündigung durch einen Privatgläubiger, § 725 BGB; die Erreichung oder das Unmöglichwerden des Gesellschaftszwecks, § 726 BGB; der Tod eines Gesellschafters, § 727 BGB; die Insolvenz eines Gesellschafters, § 728 BGB; ein Auflösungsbeschluss, §§ 311 I, 241 I BGB; die Vereinigung aller Gesellschaftsanteile in *einer* Hand.

Gem. § 730 I BGB hat die Auflösung der GbR grundsätzlich die Auseinandersetzung unter den Gesellschaftern zur Folge.

Man spricht insofern auch von einer Abwicklung bzw. Liquidation der Gesellschaft, die sich nach den Vorschriften der §§ 732-735 BGB richtet, vgl. § 731 BGB. Dies bedeutet, dass die Auflösung alleine noch nicht mit dem endgültigen Erlöschen der Gesellschaft gleichzusetzen ist. Vielmehr ist der Zweck der Abwicklung an die Stelle des ursprünglichen Gesellschaftszwecks getreten, so dass weiterhin eine GbR i.S.d. §§ 705 ff. BGB besteht, die demnach Gläubigerin bzw. Schuldnerin *und* Partei eines Prozesses sein kann.

Anmerkung: Es sind damit **drei** Phasen der Auseinandersetzung zu unterscheiden:
1. Auflösung = *Beginn* der Auseinandersetzung, vgl. § 730 I BGB
2. Liquidation = *Abwicklung* der Auseinandersetzung, §§ 731-735 BGB
3. Vollbeendigung (Erlöschen) = *Ende* der Auseinandersetzung

Vorliegend ist die Auseinandersetzung noch nicht beendet, so dass die Praxisgemeinschaft weiterhin als GbR fortbesteht. Die Kündigung als solche wirkt sich demnach nicht auf die Parteifähigkeit aus.

2. Prozessfähigkeit

Die Praxisgemeinschaft müsste darüber hinaus prozessfähig sein. Darunter versteht man die Fähigkeit, einen Prozess selbst oder durch einen rechtsgeschäftlich bestellten Vertreter zu führen. Im Falle der Prozessunfähigkeit tritt die gesetzliche Vertretung an ihre Stelle, die sich regelmäßig nach bürgerlichem Recht richtet, vgl. § 51 I ZPO.

Die GbR ist als solche prozessunfähig. Folglich muss sie im Prozess durch ihre Gesellschafter vertreten werden, wobei die §§ 709, 710, 714 BGB zu beachten sind.

Ergebnis

Die Klage ist zulässig.

IV. Zusammenfassung

Sound: Während der Abwicklung besteht die Gesellschaft mit geändertem Gesellschaftszweck, dem Abwicklungszweck, fort und kann damit weiterhin Gläubigerin bzw. Schuldnerin sein. Die Gesellschaft ist folglich auch in diesem Stadium teilrechtsfähig und somit parteifähig.

hemmer-Methode: Während eines *Aktiv*prozesses (Gesellschaft = Klägerin) kann keine Vollbeendigung eintreten, da in der geltend gemachten Klageforderung noch Liquidationsmasse zu sehen ist, hinsichtlich derer im Fall des Obsiegens eine Auseinandersetzung erforderlich ist. Streitig ist jedoch, ob die Vollbeendigung einer Gesellschaft während eines *Passiv*prozesses (Gesellschaft = Beklagte) eintreten kann. Eine Auffassung verneint dies mit der Begründung, dass die Gesellschaft, wenn sie obsiegt, einen Kostenerstattungsanspruch gem. § 91 ZPO und damit auseinandersetzungsfähiges Vermögen hat.

Außerdem dürfe sich die Gesellschaft nicht durch die endgültige Verteilung ihres Vermögens der Haftung und dem Prozess entziehen. Überzeugend ist jedoch die andere Auffassung, nach der die Vollbeendigung auch während eines Passivprozesses eintreten kann: Denn ist kein haftendes Gesellschaftsvermögen mehr vorhanden, nützt dem Kläger ein stattgebendes Urteil nicht viel. Außerdem wäre es widersinnig, wenn der Kläger im Prozess ein der Klage stattgebendes Urteil mit der Begründung verlangte, den Prozess möglicherweise zu verlieren, was den Kostenerstattungsanspruch der Gesellschaft und damit auseinandersetzungsfähiges Vermögen zur Folge hätte.

Tritt während eines Passivprozesses die Vollbeendigung einer Gesellschaft ein, ist die Gesellschaft nicht mehr existent und folglich auch nicht mehr parteifähig. Die gegen sie gerichtete Klage wird unzulässig.

Zur Vermeidung einer Klageabweisung durch Prozessurteil (§ 91 ZPO!) hat der Kläger nun zwei Möglichkeiten: Entweder erklärt er die Hauptsache für erledigt, stellt seinen Leistungsantrag also in einen Feststellungsantrag gem. § 256 ZPO um, oder aber er ändert die Klage, indem er nun die Gesellschafter verklagt.

V. Zur Vertiefung

- Hemmer/Wüst, Basics Zivilrecht, Bd. 5, Rn. 212 ff.
- Hemmer/Wüst, Gesellschaftsrecht, Rn. 65, 258 ff.
- Hemmer/Wüst, Gesellschaftsrecht, Karteikarte Nr. 22.
- Hemmer/Wüst, Zivilprozessrecht I, Rn. 181 ff.

Kapitel II: Die OHG (Offene Handelsgesellschaft)

Fall 11: Selbst ist die Frau

Sachverhalt:

Als der Kaufmann Alfons (A) das Zeitliche segnet, wird er von seinen beiden Töchtern Edeltraud (E) und Irmgard (I) beerbt. Die beiden führen den Baustoffgroßhandel des Vaters in ungeteilter Erbengemeinschaft unter der bisherigen Firma fort.

Frage: *Haben E und I eine OHG gegründet?*

I. Einordnung

Die OHG ist als sog. Personenhandelsgesellschaft eine handelsrechtliche Sonderform der GbR, die auf die besonderen Bedürfnisse des Handelsverkehrs zugeschnitten ist.

Anmerkung: Rufen Sie sich die Besonderheiten des kaufmännischen Rechtsverkehrs ins Gedächtnis! So sind zum einen die Einfachheit und Schnelligkeit der Geschäftsabwicklung und das damit zusammenhängende Bedürfnis nach Rechtssicherheit und -klarheit von großer Bedeutung. Zum anderen hat die gesteigerte Privatautonomie der Beteiligten einen gewichtigen Stellenwert.

Daraus folgt, dass auch für die Entstehung einer OHG die drei für die GbR konstitutiven Merkmale *Gesellschaftsvertrag*, *gemeinsamer Zweck* und *Beitragspflicht* vorliegen müssen, vgl. auch § 105 III HGB, der subsidiär auf die §§ 705 ff. BGB verweist.

Die Abgrenzung zwischen der OHG und der GbR erfolgt anhand des verfolgten Zwecks: als handelsrechtliche Sonderform erfordert die OHG das Vorliegen eines sog. *qualifizierten* Zwecks, der in dem Betrieb eines Handelsgewerbes unter gemeinschaftlicher Firma liegen muss, vgl. § 105 I HGB.

Erfordert das gemeinsam betriebene Gewerbe nach Art und Umfang keinen in kaufmännischer Weise eingerichteten Geschäftsbetrieb, kann dennoch eine OHG gegründet werden, sofern eine Eintragung in das Handelsregister erfolgt, vgl. § 105 II HGB.

Anmerkung: Eine weitere handelsrechtliche Sonderform der GbR ist die KG. Ebenso wie die OHG setzt die KG einen *qualifizierten* Zweck voraus. Der einzige Unterschied zur OHG besteht darin, dass bei einem oder einigen (jedoch nicht allen!) Gesellschaftern der KG die Haftung gegenüber den Gesellschaftsgläubigern auf den Betrag einer bestimmten Vermögenseinlage, die sog. Haftsumme, beschränkt ist. Näheres dazu jedoch im folgenden 3. Kapitel.

II. Gliederung

Gründung einer OHG?

Vor.:

1. **Qualifizierter Zweck**
   (+), da Betrieb eines Handelsgewerbes i.S.d. § 1 II HGB
2. **Gesellschaftsvertrag?**

a) **Ausdrücklich (-)**

b) **Konkludent?**

Vor.:

aa) **Kein formbedürftiges Leistungsversprechen**
Wohl (+)

bb) **Konkrete Anhaltspunkte**
Einvernehmliche Fortführung des Unternehmens durch E und I?

e.A.: (+)
Arg.:
Erbengemeinschaft entspricht nicht Bedürfnissen des Handelsverkehrs, vgl. §§ 2038 ff. BGB

a.A.: (-)
Arg.:
§§ 2038 II, 745 BGB ermöglichen Fortführung des Handelsgeschäfts

§ 27 HGB erlaubt Fortführung eines Handelsgeschäfts durch eine Erbengemeinschaft

Kein Rechtsformzwang zur Umwandlung der Erbengemeinschaft in Handelsgesellschaft

Überzeugend, daher keine Anhaltspunkte für konkludenten Gesellschaftsvertrag

Ergebnis: OHG (-)

III. Lösung

Gründung einer OHG

Fraglich ist, ob E und I eine OHG i.S.d. §§ 105 ff. HGB gegründet haben.

1. Qualifizierter Zweck

Erforderlich ist zunächst, dass E und I gemeinsam ein Handelsgewerbe i.S.d. § 1 II HGB betreiben wollen, vgl. § 105 I HGB (qualifizierter Zweck). Ein Baustoffgroßhandel stellt ein Gewerbe dar, dessen Art und Umfang einen in kaufmännischer Weise eingerichteten Geschäftsbetrieb erfordert. Folglich handelt es sich hierbei um ein Handelsgewerbe gem. § 1 II HGB. Das Vorliegen eines qualifizierten Zwecks ist somit zu bejahen.

2. Gesellschaftsvertrag

Weiterhin müssten E und I einen Vertrag zur Gründung der OHG geschlossen haben, vgl. § 105 III HGB i.V.m. § 705 BGB.

a) Ausdrücklich

Ein Vertrag wurde vorliegend nicht ausdrücklich geschlossen.

b) Konkludent?

Möglicherweise haben sich E und I jedoch konkludent über die Gründung einer OHG geeinigt.

aa) Kein formbedürftiges Leistungsversprechen

Zunächst ist erforderlich, dass der möglicherweise bestehende Vertrag kein formbedürftiges Leistungsversprechen enthält.

Mangels Einhaltung der erforderlichen Form durch einen konkludenten Vertragsschluss wäre ein solcher in diesem Fall jedenfalls unwirksam.

Anmerkung: Zwar ist der Gesellschaftsvertrag der OHG als solcher formfrei gültig. Verpflichtet sich ein Gesellschafter im Gesellschaftsvertrag allerdings dazu, der Gesellschaft ein Grundstück zu übereignen, so muss der Gesellschaftsvertrag der Form des § 311b I S. 1 BGB genügen.

Für ein derartiges formbedürftiges Leistungsversprechen liefert der vorliegende Sachverhalt jedoch keine Hinweise.

bb) Konkrete Anhaltspunkte

Weiterhin ist erforderlich, dass sich für die Annahme eines konkludenten Vertragsschlusses konkrete Anhaltspunkte aus dem Sachverhalt ergeben.

Fraglich ist hierbei, ob die einvernehmliche Fortführung des Baustoffgroßhandels unter der bisherigen Firma einen derartigen Anhaltspunkt darstellt.

(1) e.A.: (+)

Eine Ansicht bejaht dies und sieht in der Fortführung folglich den Abschluss eines konkludenten OHG-Gesellschaftsvertrags, dessen In-Kraft-Treten aufschiebend befristet ist bis zum Ablauf der Dreimonatsfrist des § 27 II HGB.

Begründet wird dies vor allem damit, dass die Erbengemeinschaft den Bedürfnissen des Handelsverkehrs nicht entspreche und daher die Gründung einer OHG derart notwendig sei, dass sie mit der Fortführung des Unternehmens gleichsam automatisch gewollt sei:

So verfüge die Erbengemeinschaft nicht über handlungsfähige Organe und sei rechtlich nicht verselbständigt, vgl. insbesondere die Vorschriften der §§ 2038 ff. BGB.

(2) a.A.: (-)

Demgegenüber verneint eine andere Ansicht eine derartige Interpretation. Zwar erkennt auch sie an, dass die §§ 2038 ff. BGB nicht optimal auf die Bedürfnisse des Handelsverkehrs zugeschnitten sind.

Jedenfalls gehe aus § 27 HGB hervor, dass das Handelsrecht die Fortführung eines Handelsunternehmens durch eine Erbengemeinschaft vorsehe. Die Erbengemeinschaft werde gerade nicht auf Grund eines Rechtsformzwangs zur Umwandlung in eine Handelsgesellschaft gezwungen, sondern könne vielmehr ein Handelsgeschäft – sogar zeitlich unbegrenzt – fortführen. Dieser Ansicht ist auf Grund ihrer überzeugenden Argumente der Vorzug zu geben. Damit stellt die Tatsache der bloßen Fortführung des Baustoffgroßhandels durch E und I keinen ausreichend konkreten Anhaltspunkt für die Annahme eines konkludenten Vertragsschlusses dar.

Folglich liegt kein auf die Gründung einer OHG gerichteter Gesellschaftsvertrag i.S.d. § 105 III HGB i.V.m. § 705 BGB vor.

Ergebnis: E und I haben keine OHG gegründet.

IV. Zusammenfassung

Sound: Führen die Erben einvernehmlich das Handelsgewerbe des Erblassers unter Beibehaltung der bisherigen Firma fort, ist darin nicht die Gründung einer OHG zu sehen.

hemmer-Methode: Hätten E und I den Baustoffgroßhandel hingegen unter der neuen Firma „Edeltraud & Irmgard Baustoff-OHG“ fortgeführt, so wäre in der neuen Firma ein konkreter Anhaltspunkt für de n konkludenten Abschluss eines Gesellschaftsvertrages zu sehen. Anderes würde dann gelten, wenn E und I den Firmenzusatz „in Erbengemeinschaft“ (vgl. § 22 HGB) verwandt hätten. Dann hätten sie nach außen deutlich gemacht, das Unternehmen in Erbengemeinschaft und gerade nicht in Form einer OHG fortführen zu wollen. Konkrete Anhaltspunkte für den Abschluss eines stillschweigenden Vertragsschlusses lägen dann gerade nicht vor.

V. Zur Vertiefung

- Hemmer/Wüst, Gesellschaftsrecht, Rn. 59.
- Hemmer/Wüst, Gesellschaftsrecht, Karteikarte Nr. 20.

Fall 12: Kein Sinn für Klasse

Sachverhalt:

Gundula (G), Henriette (H) und Josefine (J) sind Gesellschafterinnen der „G, H & J-OHG". Im Gesellschaftsvertrag ist vereinbart, dass nur G die Gesellschaft nach außen vertreten kann, dabei aber nur gemeinsam mit der Prokuristin Paula (P) handeln darf. Eine Eintragung der Vertretungsregelung ins Handelsregister fand nicht statt.

Auf einer Automesse kann G beim Anblick eines nagelneuen feuerroten Porsches nicht widerstehen und kauft diesen im Namen der OHG. Sowohl H als auch J sind entsetzt, P verweigert ihre Zustimmung. Der Verkäufer Valentin (V) verlangt von der OHG Zahlung des Kaufpreises.

Frage: *Steht V ein Anspruch auf Zahlung des Kaufpreises gegen die OHG zu?*

I. Einordnung

Bei den Personenhandelsgesellschaften hat die Geschäftsführungsbefugnis grundsätzlich keine Auswirkung auf die Vertretungsmacht. Damit wird dem im Handelsverkehr gesteigerten Interesse des Verkehrsschutzes Rechnung getragen: Außenstehende Dritte sind damit nicht von internen, für sie nicht erkennbaren Abmachungen der Gesellschafter untereinander abhängig. Gem. § 125 I HGB gilt vielmehr grundsätzlich das *Prinzip der Einzelvertretung: Jeder einzelne* (unbeschränkt haftende) Gesellschafter kann Willenserklärungen mit Wirkung für und gegen die OHG bzw. KG abgeben. Abweichungen bedürfen der Eintragung in das Handelsregister, vgl. §§ 106 II Nr. 4, 107 HGB.

II. Gliederung

Anspruch des V gegenüber der OHG auf Zahlung des Kaufpreises gem. § 433 II BGB

Vor.:

1. **OHG als möglicher Anspruchsgegner?**
   (+) gem. § 124 I HGB
2. **Wirksamer Kaufvertrag zwischen V und der OHG, § 433 BGB**
   (+), wenn wirksame Vertretung der OHG durch G, §§ 164 ff. BGB

a) **Eigene WE (+)**

b) **Im Namen der OHG (+)**

c) **Mit Vertretungsmacht?**

aa) **Prinzip der Einzelvertretung, § 125 I HGB**
Danach Vertretungsmacht der G (+)

bb) **Abweichende Regelung im Gesellschaftsvertrag, § 125 III HGB?**
Sog. *unechte Gesamtvertretung*
(P): Zulässigkeit?
Grds. (+), vgl. § 125 III HGB

(1) **Verstoß gegen Grundsatz der Selbstorganschaft?**

OHG ist nur durch gemeinsames Handeln der Gesellschafterin G mit der Prokuristin P handlungsfähig

Nichtgesellschafterin kann durch Verweigerung der Zustimmung großen Einfluss nehmen

⇨ Damit Verstoß gegen Grundsatz der Selbstorganschaft (+)

(2) **Rechtsfolge**
Gesellschaftsvertragliche Regelung ist nichtig

(a) § 139 BGB
Nichtigkeit des gesamten Vertrags? (-), nach Parteiwille soll Gesellschaftsvertrag ansonsten wirksam sein, vgl. § 139 BGB

(b) **ergänzende Vertragsauslegung**
Infolge unzulässiger Vertretungsregelung Lücke im Gesellschaftsvertrag
Grds. § 125 I HGB an Stelle der unwirksamen vertraglichen Regelung

ABER: ergänzende Vertragsauslegung ergibt, dass *echte Gesamtvertretung* gewollt ist

⇨ Vertretungsmacht der G damit (-)

cc) § 15 I HGB?

(1) Vor.:

(a) Abweichende Vertretungsregelung = eintragungspflichtige Tatsache (+)

(b) Nichteintragung bzw. Nichtbekanntmachung (+)

(c) Guter Glaube des V (+)

(2) Rechtsfolge
G gilt als vertretungsberechtigt, § 125 I i.V.m. § 15 I HGB
Kaufvertrag zwischen V und der OHG damit wirksam

Ergebnis: Anspruch (+)

III. Lösung

Anspruch des V gegenüber der OHG auf Zahlung des Kaufpreises gem. § 433 II BGB

V könnte gegen die OHG ein Anspruch auf Kaufpreiszahlung gem. § 433 II BGB zustehen.

1. OHG als möglicher Anspruchsgegner?

Gem. § 124 I HGB kann die OHG Träger von Rechten und Pflichten und damit Vertragspartner und Anspruchsgegner sein.

Anmerkung: Auf Grund der Vorschrift des § 124 I HGB ist der Streit um die Teilrechtsfähigkeit der Gesamthandsgemeinschaften des Gesellschaftsrechts, zu denen auch die OHG und KG zählen, hier von keiner praktischen Bedeutung. Relevanz erlangt er nur im Hinblick auf die dogmatische Einordnung des § 124 I HGB.

2. Wirksamer Kaufvertrag zwischen V und der OHG, § 433 BGB

Zwischen der OHG und V müsste ein wirksamer Kaufvertrag über den Porsche zu Stande gekommen sein, § 433 BGB.

G hat sich mit V über den Ankauf des Porsches geeinigt. Damit liegt dann ein Kaufvertrag zwischen V und der OHG vor, wenn diese wirksam durch G vertreten wurde, §§ 164 ff. BGB.

a) Eigene WE

G hat eine eigene Willenserklärung, gerichtet auf den Kauf des Porsches, abgegeben, § 164 I S. 1 BGB.

b) Im Namen der OHG

Selbst wenn G nicht ausdrücklich im Namen der OHG gehandelt hat, so ergibt sich dies doch zumindest aus den Umständen, vgl. § 164 I S. 2 BGB.

c) Mit Vertretungsmacht?

G müsste weiterhin mit Vertretungsmacht gehandelt haben.

aa) Prinzip der Einzelvertretungsmacht, § 125 I HGB

Gem. § 125 I HGB steht grundsätzlich jedem Gesellschafter einer OHG Einzelvertretungsmacht zu.

Danach hätte G hier mit Vertretungsmacht gehandelt.

bb) Abweichende Regelung im Gesellschaftsvertrag, § 125 III HGB?

Allerdings gilt dies nur, soweit der Gesellschaftsvertrag keine abweichende Regelung enthält, vgl. § 125 I HS 2 HGB.

Laut Gesellschaftsvertrag darf G nur gemeinsam mit P handeln.

Gem. § 125 III HGB scheint eine derartige Vereinbarung zulässig zu sein.

Danach kann im Gesellschaftsvertrag bestimmt werden, dass die Gesellschafter, wenn nicht mehrere zusammen handeln, nur in Gemeinschaft mit einem Prokuristen zur Vertretung der Gesellschaft ermächtigt sein sollen (sog. *unechte Gesamtvertretung*).

(1) Verstoß gegen Grundsatz der Selbstorganschaft

Es stellt sich gleichwohl die Frage, ob die hier getroffene gesellschaftsvertragliche Regelung nicht möglicherweise unzulässig ist. Dies wäre dann der Fall, wenn sie gegen den bei den Personengesellschaften geltenden sog. *Grundsatz der Selbstorganschaft* verstieß.

Dieser besagt, dass eine Gesellschaft stets durch ihre Gesellschafter handlungsfähig sein muss (vgl. auch den Gesetzestext des § 125 III S. 1 HGB: „...wenn nicht mehrere zusammen handeln...“).

Anmerkung: Bei den Körperschaften (Verein, GmbH, AG) gilt hingegen der sog. *Grundsatz der Drittorganschaft*: die Gesellschaftsorgane müssen *keine* Mitglieder der Gesellschaft sein und daher erst *bestellt* werden. So besteht der Vorstand einer AG häufig aus über betriebswirtschaftliche Kenntnisse verfügenden Nicht-Gesellschaftern!

Im Falle einer unechten Gesamtvertretung ist dies aber nur dann der Fall, wenn *daneben* eine Einzel- oder Gesamtvertretungsmacht der anderen Gesellschafter besteht.

Anmerkung: Neben der unechten Gesamtvertretung gibt es die sog. *echte Gesamtvertretung*: Entweder nur alle Gesellschafter oder zumindest mehrere Gesellschafter können zusammen auftreten, vgl. § 125 II HGB. Dabei können die zur Gesamtvertretung berechtigten Gesellschafter auch einen oder einzelne von ihnen zur Vornahme bestimmter Geschäfte oder bestimmter Arten von Geschäften ermächtigen, § 125 II S. 2 HGB.

Vorliegend bestimmt der Gesellschaftsvertrag, dass nur die Gesellschafterin G zur Vertretung befugt ist, und zwar stets gemeinsam mit der Prokuristin (P). Verweigerte P ihre Zustimmung zu den von G vorgenommenen Rechtsgeschäften, so hätte im Endeffekt ein Nichtgesellschafter erheblichen Einfluss auf die Geschicke der Gesellschaft.

Dies ist jedoch nicht vereinbar mit dem Grundsatz der Selbstorganschaft.

Anmerkung: Anderes würde dann gelten, wenn außerdem die Gesellschafterinnen H und/oder J entweder alleine oder gemeinsam zur Vertretung der Gesellschaft berechtigt wären. Der Grundsatz der Selbstorganschaft wäre in diesem Fall nicht verletzt.

(2) Rechtsfolge

Auf Grund des Verstoßes gegen den Grundsatz der Selbstorganschaft ist die Regelung des Gesellschaftsvertrags unzulässig und damit nichtig.

(a) § 139 BGB

Gem. § 139 BGB ist damit der *gesamte* Gesellschaftsvertrag nichtig, wenn nicht anzunehmen ist, dass er auch ohne den nichtigen Teil vorgenommen sein würde.

Aus dem Parteiwillen von G, H und J kann nicht darauf geschlossen werden, dass die Gesellschaft mit der alleinigen Vertretungsberechtigung der G gemeinsam mit einer Prokuristin stehen und fallen sollte. Vielmehr kann angenommen werden, dass die drei auch bei Unwirksamkeit dieser Regelung die Gründung der OHG und damit die Wirksamkeit des Gesellschaftsvertrags wollten.

Folglich ist der Gesellschaftsvertrag trotz der Unwirksamkeit der Vertretungsregelung nicht nichtig, sondern wirksam, vgl. § 139 BGB.

(b) Ergänzende Auslegung

Fraglich ist, wie die hinsichtlich der Vertretungsregelung entstandene ausfüllungsbedürftige Lücke zu schließen ist.

Häufig können dabei die gesetzlichen dispositiven Regeln herangezogen werden. Gem. § 125 I HGB würde grundsätzlich das Prinzip der Einzelvertretung gelten.

Nach dem Gesellschaftsvertrag dürfen aber weder H noch J die OHG vertreten. Zwar soll G vertretungsberechtigt sein, aber nur gemeinsam mit P. Damit ergibt die Auslegung des Vertrags, dass nach dem Parteiwillen das Prinzip der Einzelvertretung gerade nicht gewollt ist. Vielmehr sind die Grundsätze der *ergänzenden Auslegung* heranzuziehen: Wäre den Gesellschafterinnen die Unwirksamkeit ihrer Vertretungsregelung bewusst gewesen, hätten sie (entweder ausschließlich, jedenfalls aber zusätzlich zur unechten Gesamtvertretung) vernünftigerweise eine *echte Gesamtvertretung* vereinbart, vgl. auch § 125 II HGB. Der Gesellschaftsvertrag ist folglich in diesem Sinne auszulegen.

G war damit jedenfalls nicht alleine vertretungsberechtigt, so dass grundsätzlich ein Handeln ohne Vertretungsmacht vorliegt.

Anmerkung: Infolge der Verweigerung der Genehmigung durch P und des fehlenden Einverständnisses der anderen Gesellschafterinnen ist der zunächst schwebend unwirksame Vertrag grundsätzlich endgültig unwirksam, § 177 I BGB (vgl. dazu aber hemmer-Methode Fall 7).

cc) § 15 I HGB?

Etwas anderes könnte sich aber dadurch ergeben, dass die echte Gesamtvertretung nicht im Handelsregister eingetragen war. Möglicherweise kann die OHG sich aus diesem Grund dem V gegenüber nicht darauf berufen, vgl. § 15 I HGB.

(1) Voraussetzungen

(a) Eintragungspflichtige Tatsache

Im Interesse des Verkehrsschutzes muss die Vertretungsmacht der Gesellschafter (und im Übrigen auch jede spätere Änderung) zur Eintragung in das Handelsregister angemeldet werden, vgl. §§ 106 II Nr. 4, 107 HGB.

Folglich stellt die Regelung der echten Gesamtvertretung eine eintragungspflichtige Tatsache i.S.d. § 15 I HGB dar.

(b) Nichteintragung bzw. Nichtbekanntmachung

Die echte Gesamtvertretung wurde weder in das Handelsregister eingetragen noch bekannt gemacht.

(c) Guter Glaube des V

V müsste gutgläubig gewesen sein. Er hatte keine positive Kenntnis von der vom Prinzip der Einzelvertretung abweichenden Vertretungsregelung. Sein guter Glaube ist damit zu bejahen.

Folglich liegen die Voraussetzungen des § 15 I HGB vor.

Anmerkung: Wiederholen Sie die möglichen Problemfelder, die Ihnen im Zusammenhang mit der Rechtsscheinhaftung des Handelsregisters begegnen können (Hemmer/Wüst, Die Fälle, Handelsrecht, Fälle 15-20).

(2) Rechtsfolge

Somit wird das Vertrauen des V auf das „Schweigen“ des Handelsregisters geschützt. Die OHG kann sich daher dem V gegenüber nicht darauf berufen, es habe nur Gesamtvertretungsmacht bestanden. Vielmehr gilt zu Gunsten des V das Prinzip der Einzelvertretungsmacht.

Folglich ist G gem. § 15 I HGB als vertretungsberechtigt zu behandeln.

Damit ist der Kaufvertrag zwischen V und der OHG wirksam zu Stande gekommen.

Ergebnis: V steht gegenüber der OHG ein Anspruch auf Kaufpreiszahlung gem. § 433 II BGB zu.

IV. Zusammenfassung

Sound: Die Vertretung einer OHG durch einen Gesellschafter zusammen mit einem Prokuristen ist nur dann zulässig, wenn daneben eine Einzel- oder echte Gesamtvertretung der anderen Gesellschafter besteht. Ansonsten ist eine derartige gesellschaftsvertragliche Regelung wegen Verstoßes gegen den Grundsatz der Selbstorganschaft nichtig.

hemmer-Methode: Bestimmt der Gesellschaftsvertrag Gesamtvertretungsmacht, müssen bei der Abgabe von Willenserklärungen für die Gesellschaft sämtliche gesamtvertretungsberechtigte Gesellschafter mitwirken (sog. *Aktiv*vertretung). Bei der sog. *Passiv*vertretung genügt jedoch die Abgabe der Willenserklärung gegenüber einem zur Gesamtvertretung berechtigten Gesellschafter, § 125 II S. 3, III S. 2 HGB. Möchte die OHG beispielsweise einen Mietvertrag über ihre Geschäftsräume kündigen, so müssen sämtliche zur Gesamtvertretung berechtigten Gesellschafter mitwirken bzw. zustimmen. Im umgekehrten Fall genügt es dagegen, wenn der Vermieter die Kündigungserklärung an einen gesamtvertretungsberechtigten Gesellschafter schickt.

V. Zur Vertiefung

- Hemmer/Wüst, Basics Zivilrecht, Bd. 5, Rn. 257.
- Hemmer/Wüst, Gesellschaftsrecht, Rn. 95 ff.
- Hemmer/Wüst, Gesellschaftsrecht, Karteikarten Nr. 31, 33, 34.

Fall 13: „Freudiges“ Wiedersehen

Sachverhalt:

A und B betreiben gemeinsam eine Autovermietung. Als A für einige Zeit abwesend ist, nutzt der notorisch zahlungsunfähige B die Gunst der Stunde und veräußert das gesamte Unternehmen an C. Der Unternehmenskauf ist bereits vollständig abgewickelt, als der völlig überraschte A zurückkehrt.

***Frage:** Ist der Kaufvertrag wirksam?*

I. Einordnung

Während § 125 HGB die Frage regelt, *wer* zur Vertretung der OHG berechtigt ist (*persönlicher Umfang*), enthält § 126 HGB eine Normierung des *sachlichen Umfangs* der Vertretungsmacht.

II. Gliederung

Wirksamkeit des Kaufvertrags

1. **OHG als mögl. Vertragspartner (+)**
2. **Wirksame Vertretung der OHG durch B, §§ 164 ff. BGB**

a) **Eigene WE (+)**

b) **Im Namen der OHG (+)**

c) **Mit Vertretungsmacht?**

aa) **Persönlicher Umfang**
(+), Prinzip der Einzelvertretung, § 125 I HGB

bb) **Sachlicher Umfang**
§ 126 I HGB
Alle gerichtlichen und außergerichtlichen Geschäfte
Auch Veräußerung des gesamten Unternehmens? H.M. (-)
Vertretungsmacht folglich (-)

Ergebnis: Wirksamkeit (-); schwebend unwirksam

III. Lösung

Wirksamkeit des Kaufvertrags

B hat sich mit C über den Verkauf des Unternehmens geeinigt.

Fraglich ist, ob dadurch ein wirksamer Kaufvertrag gem. § 433 BGB zu Stande gekommen ist.

1. OHG als möglicher Vertragspartner

Trägerin des Unternehmens und damit Verkäufer könnte eine zwischen A und B bestehende Gesellschaft sein.

Indem A und B beschlossen haben, gemeinsam eine Autovermietung zu betreiben, haben sie sich gesellschaftsvertraglich geeinigt. Dabei ist der Zweck ihres Zusammenschlusses auf den Betrieb eines Handelsgewerbes i.S.d. § 1 II HGB gerichtet, so dass A und B eine OHG i.S.d. §§ 105 ff. HGB gründeten.

Gem. § 124 I HGB kann die OHG Träger von Rechten und Pflichten und damit auch Vertragspartner sein.

Anmerkung: Beachten Sie, dass bei einem Unternehmenskauf Kaufgegenstand das Unternehmen als solches ist.

Verwechseln Sie dieses nicht mit der Gesellschaft oder dem Kaufmann, die Träger des Unternehmens und damit Verkäufer sind!

2. Wirksame Vertretung durch B

B müsste die OHG wirksam vertreten haben, §§ 164 ff. BGB.

a) Eigene WE

Er hat eine eigene WE abgegeben, § 164 I S. 1 BGB.

b) Im Namen der OHG

Selbst wenn B nicht ausdrücklich im Namen der OHG gehandelt hat, ergibt sich dies doch zumindest aus den Umständen, § 164 I S. 2 BGB.

c) Mit Vertretungsmacht

B müsste weiterhin mit Vertretungsmacht gehandelt haben, § 164 I S. 1 BGB.

aa) Persönlicher Umfang

Gem. § 125 I HGB gilt das Prinzip der Einzelvertretung. Mangels gesellschaftsvertraglicher Abweichungen ist B damit berechtigt, die OHG alleine zu vertreten.

bb) Sachlicher Umfang

Fraglich ist aber, ob B auch das gesamte Unternehmen veräußern durfte.

Gem. § 116 I HGB umfasst die *Geschäftsführungsbefugnis* nur die Vornahme von Handlungen, die der gewöhnliche Betrieb des Handelsgewerbes mit sich bringt.

Die Veräußerung des gesamten Unternehmens stellt eine außergewöhnliche Handlung dar, die nicht von der Geschäftsführungsbefugnis erfasst wäre.

Anders als bei der GbR, bei der im Zweifel die Geschäftsführungsbefugnis und die Vertretungsmacht auch im Hinblick auf den sachlichen Umfang übereinstimmen, vgl. § 714 BGB (sog. *Gleichlauf von Geschäftsführungsbefugnis und Vertretungsmacht*), ist der Umfang der Vertretungsmacht bei den Personenhandelsgesellschaften *unabhängig* von der Geschäftsführungsbefugnis.

Gem. § 126 I HGB (bzw. §§ 161 II, 126 I HGB) erstreckt sich der Umfang der Vertretungsmacht auf alle gerichtlichen und außergerichtlichen Handlungen. Demnach bestünde wegen des umfassenden Charakters in der Formulierung des § 126 I BGB jedenfalls Vertretungsmacht für den vorliegenden Fall, auch wenn die Geschäftsführungsbefugnis fehlt. Es handelte sich insoweit um einen Fall des Missbrauchs der Vertretungsmacht.

Fraglich ist, ob dieses Ergebnis überzeugt. Denn über den Kopf eines Gesellschafters hinweg könnte das gesamte Unternehmen veräußert werden. Dies zöge zwar im Innenverhältnis eine Schadensersatzhaftung nach sich. Allerdings wäre das Geschäft nach außen hin wirksam.

Das Ergebnis könnte man aus Gründen des Verkehrsschutzes rechtfertigen, damit ein Dritter nicht mit dem Einschätzungsrisiko betraut ist, ob ein Geschäft noch von der Rechtsmacht gedeckt ist oder nicht.

Andererseits stellt sich die Frage, inwieweit bei der Veräußerung des gesamten Unternehmens eine Gewährung von Verkehrsschutz erforderlich ist.

Denn einem Erwerber muss klar sein, dass der andere Gesellschafter ggfs. Einwände gegen dieses Rechtsgeschäft hat.

Der BGH (NJW 1995, 596 f.; das gilt auch für eine KG, bei der nicht über den Kopf des Kommanditisten hinweg veräußert werden darf!) geht daher davon aus, dass alle Gesellschafter der Veräußerung zustimmen müssen, weil es sich um ein Grundlagengeschäft handelt. Begründen kann man dies damit, dass faktisch der Gesellschaftszweck von „Betreiben“ auf „Einstellen“ geändert wird.

Anmerkung: Ebenso wie der Prokurist *kann* der Gesellschafter einer OHG daher im Außenverhältnis regelmäßig mehr, als er im Innenverhältnis *darf*. Er kann die Gesellschaft daher grundsätzlich auch dann wirksam verpflichten, wenn er seine Geschäftsführungsbefugnis überschreitet.

Anderes gilt bei Grundlagengeschäften und dann, wenn die Grundsätze vom Missbrauch der Vertretungsmacht eingreifen (Evidenz und Kollusion).

B handelte somit ohne Vertretungsmacht, so dass die Voraussetzungen einer wirksamen Stellvertretung gem. §§ 164 ff. BGB nicht vorliegen.

Ergebnis:

Der Kaufvertrag war zunächst schwebend unwirksam und wird nach Verweigerung der Genehmigung endgültig unwirksam.

IV. Zusammenfassung

Sound: Die Einzelvertretungsbefugnis gem. § 125 I HGB gilt nicht für die Veräußerung des betriebenen Unternehmens.

hemmer-Methode: Gem. § 126 II HGB ist eine Beschränkung des Umfangs der Vertretungsmacht Dritten gegenüber nicht wirksam. Da diese regelmäßig keinen Einblick in die inneren Strukturen der Gesellschaft haben, sollen sie durch klare Verhältnisse im Rechtsverkehr geschützt werden. Schließt die Gesellschaft jedoch mit einem Gesellschafter ein Rechtsgeschäft, passt diese ratio legis nicht: Der Gesellschafter hat ja gerade Einblick in das interne Gefüge der Gesellschaft! § 126 II HGB ist in diesem Fall daher auf Grund einer teleologischen Reduktion nicht anwendbar. Die Beschränkung der Vertretungsmacht entfaltet folglich Wirkung, vgl. § 105 III HGB i.V.m. § 714 BGB.

V. Zur Vertiefung

- Hemmer/Wüst, Basics Zivilrecht, Bd. 5, Rn. 258 ff.
- Hemmer/Wüst, Gesellschaftsrecht, Rn. 98 ff.
- Hemmer/Wüst, Gesellschaftsrecht, Karteikarte Nr. 35.

Fall 14: Was ich nicht weiß, macht mich nicht heiß

Sachverhalt:

Herbie (H) und Axel (A) sind Inhaber der „Gebrauchtwagen-OHG". H ist für den Ankauf der Kfz zuständig. Als eines Tages die Rentnerin Renate (R) einen Jahreswagen kauft, gibt sie ihren alten Golf in Zahlung. R weist dabei darauf hin, dass der Golf Öl verliert und die Ölwanne daher rissig sein müsse.

Bevor der Golf repariert ist, taucht Jungunternehmer Uli (U) auf, der auf der Suche nach einem Fahrzeug für sein erst kürzlich eröffnetes Unternehmen ist. Der für den Verkauf der Autos zuständige A, der keine Ahnung von der Reparaturbedürftigkeit des Golfs hat, preist das Fahrzeug an. Man wird sich schnell handelseinig. U kauft den Golf zu einem Preis von 6.000 €, wobei ein Gewährleistungsausschluss vereinbart wird. Als U kurz darauf bemerkt, dass der Golf Öl verliert, verlangt er, dass dies in Ordnung gebracht werde. H und A erklären jedoch, die ganze Sache ginge sie nichts mehr an. Daraufhin erklärt U den Rücktritt vom Kaufvertrag.

Frage: *Zu Recht?*

I. Einordnung

Eine Gesellschaft ist selbst nicht handlungsfähig, sondern nimmt durch ihre Vertretungsorgane am Rechtsverkehr teil. § 166 I BGB bestimmt lediglich, dass es im Fall der Vertretung hinsichtlich der Kenntnis und des Kennenmüssens bestimmter Umstände auf die Person des Vertreters ankommt. Da der Vertragspartner einer Gesellschaft nicht schlechter stehen darf, als wenn er mit einer natürlichen Person kontrahiert hätte, stellt sich die Frage, unter welchen Voraussetzungen sich eine Gesellschaft auch dasjenige Wissen zurechnen lassen muss, das nicht bei den unmittelbar am Vertragsschluss beteiligten Personen vorhanden ist.

II. Gliederung

Rücktritt, §§ 437 Nr. 2, 434, 323 BGB

Vor.:

1. **Kaufvertrag, § 433 BGB**
   Kaufvertrag zwischen U und der OHG?

a) **OHG als möglicher Vertragspartner (+)**

b) **Wirksame Vertretung der OHG durch A, §§ 164 ff. BGB (+)**
   Kaufvertrag damit (+)

2. **Mangel**
   (+), gem. § 434 I S. 2 Nr. 2 BGB

3. **Kein Ausschluss der Mängelrechte**
   Hier: vertraglicher Gewährleistungsausschluss
   (P): Wirksamkeit?

a) **§§ 474 ff. BGB (-)**
   Wirksamkeit gem. § 444 BGB?
   Grds. (+), Ausnahme? Garantie (-)
   Arglist?

Vor.:

aa) Kenntnis

(P): A selbst hatte keine Kenntnis
ABER: H wusste von dem Mangel
Zurechnung des Wissens nach den *Grundsätzen der Wissenszurechnung* (+)

bb) Voluntatives Element (+)

4. **Erfolglose Fristsetzung**
   (-), aber Entbehrlichkeit, vgl. § 323 II Nr. 1 BGB
5. **Erheblichkeit, § 323 V S. 2 BGB (+)**

Ergebnis: Rücktrittsrecht (+)

III. Lösung

Rücktritt, §§ 437 Nr. 2, 434, 323 BGB

U erklärt dann zu Recht, vom Vertrag zurückzutreten, wenn ihm ein Rücktrittsrecht zusteht. Ein solches Recht könnte sich aus §§ 437 Nr. 2, 434, 323 BGB ergeben.

1. Kaufvertrag, § 433 BGB

Zunächst ist erforderlich, dass ein Kaufvertrag vorliegt, § 433 BGB.

Vorliegend könnte ein Kaufvertrag zwischen der OHG und U zu Stande gekommen sein.

a) OHG als möglicher Vertragspartner

Gem. § 124 I HGB ist die OHG Träger von Rechten und Pflichten und damit möglicher Vertragspartner.

b) Wirksame Vertretung durch A

A hat sich mit U über den Verkauf des Golfs geeinigt. Damit ist dann ein Kaufvertrag gem. § 433 BGB zwischen U und der OHG zu Stande gekommen, wenn diese wirksam durch A vertreten wurde.

A hat eine eigene Willenserklärung abgegeben. Ein Handeln im Namen der OHG ergibt sich zumindest aus den Umständen, vgl. § 164 I S. 2 BGB.

Schließlich handelte A mit Vertretungsmacht, §§ 125 I, 126 I HGB. Damit hat er die OHG wirksam vertreten, so dass zwischen der OHG und U ein Kaufvertrag gem. § 433 BGB über den Golf zu Stande gekommen ist.

2. Mangel, § 434 BGB

Der Golf müsste weiterhin mangelhaft sein. Eine Beschaffenheitsvereinbarung ist hier nicht getroffen worden, so dass das Fahrzeug nicht mangelhaft i.S.d. § 434 I S. 1 BGB ist.

In Betracht kommt jedoch das Vorliegen eines Sachmangels i.S.d. § 434 I S. 2 Nr. 2 BGB. Im Zeitpunkt der Übergabe und damit des Gefahrübergangs, vgl. § 446 S. 1 BGB, verlor der Golf Öl und eignete sich damit nicht für die gewöhnliche Verwendung. Der Käufer eines Fahrzeugs kann vielmehr davon ausgehen, dass die Ölwanne in Ordnung ist. Folglich ist der Golf mangelhaft i.S.d. § 434 I S. 2 Nr. 2 BGB.

3. Kein Ausschluss der Mängelrechte

Fraglich ist jedoch, ob das Rücktrittsrecht des U nicht möglicherweise infolge einer vertraglichen Vereinbarung ausgeschlossen ist. Voraussetzung hierfür ist, dass der vereinbarte Gewährleistungsausschluss wirksam ist.

a) §§ 474 ff. BGB?

Ein derartiger Ausschluss wäre jedenfalls dann unwirksam, wenn es sich bei dem zwischen U und der OHG geschlossenen Kaufvertrag um einen Verbrauchsgüterkauf i.S.d. §§ 474 ff. BGB handelte, § 476 I BGB.

Dann müsste U Verbraucher i.S.d. § 13 BGB sein.

U ist jedoch Unternehmer und kaufte den Golf für seine berufliche Tätigkeit. Damit ist die Verbrauchereigenschaft des U zu verneinen, der vorliegende Kaufvertrag ist kein Verbrauchsgüterkauf. Damit ist der Gewährleistungsausschluss nicht bereits nach § 475 I BGB unwirksam.

b) Wirksamkeit gem. § 444 BGB?

Der zwischen U und der OHG bestehende Gewährleistungsausschluss ist folglich in den Grenzen des § 444 BGB zulässig: Danach ist ein vertraglicher Gewährleistungsausschluss nur dann unbeachtlich, wenn der Verkäufer den Mangel arglistig verschwiegen oder eine Garantie für die Beschaffenheit der Sache übernommen hat.

Eine Garantieübernahme seitens der OHG für die Mangelfreiheit des Golfs ist vorliegend nicht erfolgt.

Die OHG könnte den Mangel des Golfs, die Risse in der Ölwanne, allerdings arglistig verschwiegen haben.

aa) Kenntnis vom Mangel

Dies setzt zunächst voraus, dass die OHG den Mangel kannte.

Die OHG wurde bei Vertragsschluss wirksam durch A vertreten. Damit ist im Hinblick auf die Frage nach der Kenntnis des Mangels gem. § 166 I BGB grundsätzlich auf die Person des Vertreters A abzustellen. A wusste nicht, dass die Ölwanne des Golfs rissig war, so dass demnach grundsätzlich auch die OHG gutgläubig hinsichtlich der Mangelfreiheit war.

Allerdings hatte H, der den Wagen der R damals in Zahlung genommen hatte, Kenntnis von dem Mangel.

H jedoch war am Vertragsschluss der OHG mit U nicht beteiligt, so dass sein Wissen über § 166 I BGB nicht zugerechnet werden kann.

Hätte A den Golf damals auch von R in Zahlung genommen und demnach davon gewusst, dass der Golf Öl verlor, so hätte er bei dem Verkauf an U auch Kenntnis von dem Mangel gehabt. Die OHG scheint also aus dem Grund, dass sie infolge ihrer Organisation das Wissen „arbeitsteilig aufspalten“ kann, besser zu stehen, U hingegen schlechter.

Da ein derartiges Ergebnis unbillig wäre, hat die Rechtsprechung die *Grundsätze der Wissenszurechnung* entwickelt: Zunächst wird festgestellt, dass eine Gesellschaft sog. Informationsorganisationspflichten hat, wonach alle wichtigen Informationen aktenmäßig erfasst und zur rechten Zeit an die richtige Stelle weitergeleitet werden müssen. Im Falle einer Pflichtverletzung muss sich die Gesellschaft grundsätzlich so behandeln lassen, als hätte sie das fragliche Wissen in dem entscheidenden Zeitpunkt zur Verfügung gehabt.

Anmerkung: Damit hat der BGH die früheren Zurechnungsgrundsätze für juristische Personen weiter entwickelt. Salopp formuliert waren dies „Ein faules Ei verdirbt den ganzen Brei“ und „Einmal gewusst, immer gewusst“. Während der erste Grundsatz anerkanntermaßen auch auf Personenhandelsgesellschaften und die GbR übertragbar war, lehnte die Rechtsprechung eine Übertragung des zweiten Grundsatzes ab).

Damit eine derartige Zurechnung nicht uferlos wird, müssen allerdings zwei Voraussetzungen erfüllt sein: *Erstens* muss es sich um Wissen handeln, das aus dem Grund aktenmäßig hätte festgehalten werden müssen, weil es in einem späteren Zeitpunkt noch relevant werden konnte.

Zweitens muss für den Vertreter ein zumutbarer Anlass bestanden haben, sich des in seiner Organisation gespeicherten Wissens im maßgeblichen Zeitpunkt zu vergewissern.

Die Tatsache, dass ein Auto Öl verliert, ist bis zum Zeitpunkt der Reparatur eine – vor allem im Falle eines späteren Weiterverkaufs – derart wichtige Information, dass sie typischerweise aktenmäßig festzuhalten gewesen wäre.

Indem A nur für den Verkauf, H hingegen für den Ankauf der Autos zuständig ist, hätte für A ein zumutbarer Anlass bestanden, sich bei H nach dem Zustand der Fahrzeuge zu erkundigen.

Die Voraussetzungen der Wissenszurechnung sind folglich erfüllt, so dass die OHG so behandelt wird, als hätte sie im Zeitpunkt des Vertragsschlusses mit U Kenntnis von der Mangelhaftigkeit des Golf gehabt.

bb) Voluntatives Element

Weiterhin ist erforderlich, dass die OHG den Mangel verschwiegen hat, damit U den Kaufvertrag abschließt, obwohl er es bei Kenntnis der Umstände nicht getan hätte.

Dieses sog. *voluntative Element* fehlte bei A. Sind jedoch die Voraussetzungen der Wissenszurechnung erfüllt, ist automatisch auch das voluntative Merkmal zu bejahen. Die bloße Wissenszurechnung würde den Käufer noch nicht ausreichend schützen.

Ein arglistiges Verschweigen des Mangels seitens der OHG ist folglich zu bejahen, so dass der vertragliche Gewährleistungsausschluss unbeachtlich ist, vgl. § 444 BGB.

4. Erfolglose Fristsetzung

Dem Käufer steht grundsätzlich nur dann ein Rücktrittsrecht zu, wenn er dem Verkäufer eine Frist zur Nacherfüllung gesetzt hat, die erfolglos abgelaufen ist, vgl. § 323 I BGB.

U hat der OHG vorliegend keine derartige Frist gesetzt. Allerdings liegt in der Erklärung, „die ganze Sache ginge sie nichts mehr an", eine ernsthafte und endgültige Verweigerung der Nacherfüllung. Eine Fristsetzung ist damit gem. § 323 II Nr. 1 BGB entbehrlich.

5. Erheblichkeit des Mangels

Risse in der Ölwanne, die zu einem Ölverlust führen, stellen schließlich einen erheblichen Mangel dar, vgl. § 323 V S. 2 BGB.

Ergebnis: U kann vom Vertrag zurücktreten.

IV. Zusammenfassung

Sound: Der Vertragspartner einer Gesellschaft darf nicht besser oder schlechter stehen, als wenn er mit einer natürlichen Person kontrahiert hätte. Aus diesem Grund wurden die *Grundsätze der Wissenszurechnung* entwickelt: Werden Informationsorganisationspflichten verletzt, muss sich die Gesellschaft so behandeln lassen, als ob sie das fragliche Wissen in dem entscheidenden Zeitpunkt zur Verfügung gehabt hätte.
Dabei muss es sich zum einen um typischerweise aktenmäßig festgehaltenes Wissen handeln. Zum anderen muss für den Vertreter ein zumutbarer Anlass zur Informationseinholung bestanden haben.

hemmer-Methode: Die Grundsätze der Wissenszurechnung sind nicht nur im Zusammenhang mit dem vertraglichen Gewährleistungsausschluss relevant, sondern erlangen insbesondere auch i.R.d. §§ 119, 123, 179 III, 442 S.2, 819 I, 892, 932 und 990 BGB sowie § 15 HGB Bedeutung.

V. Zur Vertiefung

- Hemmer/Wüst, Gesellschaftsrecht, Rn. 104 ff.
- Hemmer/Wüst, Gesellschaftsrecht, Karteikarten Nr. 36-38.
- Veräußern Ehegatten ein Grundstück und handelt der eine als Vertreter des anderen, können sich beide gem. § 444 BGB nicht auf einen Haftungsausschluss berufen, wenn der Handelnde den Mangel nicht kannte, sondern nur der andere, BGH, Life&Law 11/2016, 761 ff.

Fall 15: Drum prüfe, wer sich ewig bindet

Sachverhalt:

X und Y sind Inhaber einer OHG, die auf die Herstellung hochwertiger medizinischer Geräte spezialisiert ist. Obwohl die Lieferkapazitäten der Gesellschaft auf Grund anderweitiger Verpflichtungen ausgeschöpft sind, nimmt X einen Großauftrag der städtischen Privatklinik (P) an. Trotz mehrfacher Mahnungen seitens der P führt der hierfür zuständige X den Vertrag nicht aus. Daraufhin möchte P die Gesellschafter X und Y in Anspruch nehmen.

Frage: *Steht P ein Anspruch auf Lieferung der Geräte gegen X und Y zu?*

I. Einordnung

Anders als bei der GbR enthält das HGB im Hinblick auf die Haftung der Gesellschafter einer OHG und KG eine gesetzliche Regelung: So bestimmt § 128 S. 1 HGB (bzw. §§ 161 II, 128 S. 1 HGB), dass die (persönlich haftenden) Gesellschafter für die Verbindlichkeiten der OHG (bzw. KG) haften. Damit gilt bereits zwingend kraft Gesetzes die i.R.d. GbR diskutierte Akzessorietätstheorie, so dass sich die Problematik um die Doppelverpflichtungslehre hier *nicht* stellt.

Gem. § 128 S. 2 HGB kann eine Haftungsbeschränkung der Gesellschaftsgläubiger nur im Wege einer rechtsgeschäftlichen Vereinbarung erreicht werden. Ansonsten ist ein unter den Gesellschaftern getroffener Haftungsausschluss im Außenverhältnis unwirksam. Gleichwohl entfaltet er im Innenverhältnis dahingehend Wirkung, dass dem hiervon betroffenen Gesellschafter ein Freistellungsanspruch gegenüber den anderen Gesellschaftern zukommt.

II. Gliederung

Anspruch der P gegen X und Y gem. §§ 433 I S. 1 BGB, 128 S. 1 HGB

Vor.:

1. **Verbindlichkeit der OHG**
   (+), Übergabe und Übereignung der Geräte gem. § 433 I S. 1 BGB
2. **Haftung der Gesellschafter X und Y**
   Grds. (+), § 128 S. 1 HGB
   Inhalt der Haftung?

a) **e.A.: Haftungstheorie**
   Geldersatz

b) **h.M..: Erfüllungstheorie**
   Lieferung der Geräte

c) **Vertragliche Beschränkung?**
   Gesellschafter sollen nur auf Geldersatz haften, §§ 133, 157 BGB
   Streit damit unerheblich

Ergebnis: Anspruch auf Lieferung der Geräte (-), lediglich Haftung auf Geldersatz

III. Lösung

Anspruch der P gegen X und Y gem. §§ 433 I S. 1 BGB, 128 S. 1 HGB

P steht möglicherweise gegen X und Y ein Anspruch auf Übergabe und Übereignung der medizinischen Geräte gem. §§ 433 I S. 1 BGB, 128 S. 1 HGB zu.

1. Gesellschaftsverbindlichkeit

Zunächst ist das Bestehen einer Gesellschaftsverbindlichkeit erforderlich.

In Betracht kommt hier ein Anspruch der P gegen die OHG gem. § 433 I S. 1 BGB.

X hat sich mit P über die Lieferung von medizinischen Geräten geeinigt. Dadurch könnte ein Kaufvertrag gem. § 433 BGB zu Stande gekommen sein.

Gem. § 124 S. 1 HGB ist die OHG Träger von Rechten und Pflichten und damit möglicher Vertragspartner.

X müsste die OHG bei Vertragsschluss wirksam vertreten haben, §§ 164 ff. BGB.

X hat eine eigene Willenserklärung abgegeben und dabei, wenn nicht ausdrücklich, so doch zumindest aus den Umständen ersichtlich im Namen der OHG gehandelt, vgl. § 164 I S. 2 BGB. Seine Vertretungsmacht ergibt sich aus §§ 125 I, 126 I HGB. Damit liegen die Voraussetzungen einer wirksamen Stellvertretung vor, so dass zwischen P und der OHG ein Kaufvertrag gem. § 433 BGB zu Stande kam. Folglich besteht eine Verbindlichkeit der OHG gem. § 433 I S. 1 BGB.

Anmerkung: Das Zustandekommen des Kaufvertrages zwischen der OHG und P ist offensichtlich unproblematisch und damit kein Schwerpunkt des Falles. Halten Sie sich daher nicht zu lange bei der Prüfung dieses Punktes auf! Dennoch sollten Sie auch nicht in einem einzigen Satz feststellen „Eine Verbindlichkeit der OHG gem. § 433 I S. 1 BGB liegt vor.“ Trainieren Sie daher frühzeitig das Lösen von Fällen, um so ein Gefühl für das richtige Maß an Ausführlichkeit bzw. Knappheit zu bekommen!

2. Haftung der Gesellschafter X und Y

Grundsätzlich müssen die Gesellschafter X und Y für die Verbindlichkeit der OHG gegenüber P einstehen, vgl. § 128 S. 1 HGB.

Fraglich ist jedoch der *Inhalt* der Verpflichtung.

a) e.A.: Haftungstheorie

Nach der sog. *Haftungstheorie* schuldet der Gesellschafter dem Gläubiger der Gesellschaft nie naturale Erfüllung, sondern stets nur Geldersatz. Begründet wird diese Auffassung damit, dass die Gesellschaftsverbindlichkeit aus der Sphäre der Gesellschaftsorganisation stamme und daher auch nur mit deren Mitteln erfüllt werden müsse.

Eine andere Regelung beeinträchtigte den Gesellschafter zu sehr in seiner gesellschafts*freien* Privatsphäre.

Danach müssten X und Y der P nur Geldersatz leisten.

b) h.M.: Erfüllungstheorie

Die von der h.M. vertretene sog. *Erfüllungstheorie* geht hingegen davon aus, dass eine Identität zwischen der Gesellschafts- und Gesellschafterschuld besteht und der Gläubiger vom Gesellschafter daher inhaltlich dieselbe Leistung wie von der Gesellschaft verlangen kann.

Schließlich sei die Gesellschaft im Grunde nichts anderes als die Gesellschafter in ihrer gesamthänderischen Verbundenheit.

X und Y wären demnach zur Übergabe und Übereignung der Geräte verpflichtet.

c) Vertragliche Beschränkung

Eine Stellungnahme kann vorliegend jedoch dann dahin stehen, wenn der Kaufvertrag möglicherweise eine Regelung hinsichtlich des Inhaltes der Gesellschafterschuld enthält (Privatautonomie!). In diesem Fall wäre ein Rückgriff auf die beiden Theorien entbehrlich.

Nur die OHG ist auf die Herstellung der medizinischen Geräte spezialisiert. Damit ist für die Gläubigerin P erkennbar, dass die Leistung auch nur von der OHG erbracht werden kann. Dem Kaufvertrag ist daher im Wege der Auslegung, §§ 133, 157 BGB, zu entnehmen, dass nur die Gesellschaft zur Erfüllung in Natur verpflichtet sein soll. X und Y haften lediglich auf Geldersatz.

Anmerkung: Eine derartige vertragliche Beschränkung liegt beispielsweise auch dann vor, wenn es um die Abgabe einer Willenserklärung oder die Leistung einer bestimmten Sache geht, die sich im Gesellschaftsvermögen befindet.

Folglich kann offen bleiben, welche Ansicht richtig ist.

Anmerkung: Indem Sie die verschiedenen Theorien kurz darstellen, zeigen Sie bereits ausreichende Kenntnisse. Ist der Streit nicht fallentscheidend, kann das Ergebnis (aber eben nur dieses) dahinstehen.

Fehlt es dagegen an einer vertraglichen Beschränkung wie vorliegend, müssen Sie sich entscheiden, welcher Ansicht Sie folgen. Dabei empfiehlt es sich, der Erfüllungstheorie zu folgen. Argumentieren Sie dazu wie folgt:
Der Zweck des § 128 S. 1 HGB besteht gerade darin, die Erfüllung der Verbindlichkeit sicherzustellen. Zum einen dient dies dem Interesse der Gläubiger, zum anderen aber auch demjenigen der Gesellschafter, deren Kreditfähigkeit so gesteigert ist. Wäre der Gläubiger von vornherein auf einen Geldersatzanspruch gegen den Gesellschafter festgelegt, wäre dies unvereinbar mit dem Zweck des § 128 S. 1 HGB.
Damit ist grundsätzlich der Erfüllungstheorie zu folgen. Handelt es sich allerdings um eine *nicht vertretbare* Leistung, ist danach zu differenzieren, ob der Gesellschafter der Gesellschaft gegenüber zur Leistung verpflichtet ist oder nicht. Ist dies der Fall, haftet er dem Gläubiger gegenüber auf Erfüllung.
Existiert eine solche Verpflichtung aber nicht, ist eine *Interessenabwägung* vorzunehmen. Dabei haftet der Gesellschafter nur dann auf Erfüllung in natura, wenn sein Interesse auf Freihaltung seiner Privatsphäre hinter dem Gläubigerinteresse zurückstehen muss.

Ergebnis: P kann von X und Y nur Geldersatz, nicht jedoch die Lieferung der Geräte verlangen.

IV. Zusammenfassung

Sound: Zum Inhalt der Haftung des Gesellschafters nach § 128 S. 1 HGB werden zwei unterschiedliche Positionen vertreten:
Nach der sog. *Erfüllungstheorie* kann der Gläubiger vom Gesellschafter dieselbe Leistung wie von der Gesellschaft verlangen. Der sog. *Haftungstheorie* zufolge schuldet der Gesellschafter dem Gläubiger der Gesellschaft generell nur Geldersatz.

hemmer-Methode: *Jeder* gem. § 128 S. 1 HGB in Anspruch genommene Gesellschafter (bzw. jeder gem. §§ 161 II, 128 S. 1 HGB in Anspruch genommene, *persönlich haftende* Gesellschafter) haftet den Gläubigern der OHG (bzw. der KG)
1. **persönlich,** d.h. mit seinem Privatvermögen;
2. **unbeschränkt**, d.h. mit seinem *gesamten* Vermögen und nicht nur mit der in die OHG bzw. KG eingebrachten Einlage;
3. **unmittelbar**, d.h. er muss die Gläubiger direkt befriedigen und nicht nur mittelbar über eine Nachschusspflicht in das Gesellschaftsvermögen;
4. **primär**, d.h. der Gesellschaftsgläubiger kann sich *sogleich* an den Gesellschafter wenden und muss nicht erst gegen die Gesellschaft vorgehen (keine „Einrede der Vorausklage“ wie etwa beim Bürgen!);
5. **gesamtschuldnerisch**, d.h. nicht nur anteilig (etwa in Höhe der Quote seiner Beteiligung am Gesellschaftsvermögen), sondern *in voller Höhe* der Verbindlichkeit;
6. **akzessorisch**, d.h. im Gleichlauf und in Abhängigkeit von der Verbindlichkeit der Gesellschaft (damit Auswirkung von rechtlichen Veränderung der Gesellschaftsverbindlichkeit, z.B. auf Grund von Leistungsstörungen, auf die Gesellschafterhaftung; vgl. dazu Fall 16).

V. Zur Vertiefung

- Hemmer/Wüst, Basics Zivilrecht, Bd. 5, Rn. 270 ff.
- Hemmer/Wüst, Gesellschaftsrecht, Rn. 140 ff.
- Hemmer/Wüst, Gesellschaftsrecht, Karteikarten Nr. 44, 45.

Fall 16: Besser spät als nie

Sachverhalt:

Krämer (K) und Lustig (L) betreiben ein Feinkostgeschäft in der Rechtsform einer OHG. Im Juni 2015 verkauft der Angestellte Ammer (A) dem Gourmet Guillaume (G), der ein kleines Restaurant alleine betreibt, 1 kg Trüffel. Die Trüffel sind allerdings verdorben, so dass einigen Stammgästen derart schlecht wird, dass sie das Restaurant für längere Zeit meiden. G erleidet infolgedessen einen Gewinnausfall i.H.v. 1.000 €. Da er viel zu tun hat, lässt er die Sache erst einmal auf sich beruhen.

Erst im Mai 2017 erklärt er gegenüber der OHG, dass die Trüffel damals verdorben waren und erhebt Klage beim zuständigen Amtsgericht. Dabei verlangt er von K persönlich Ersatz für den entgangenen Gewinn. Das Feinkostgeschäft selbst wird nicht verklagt. In der im August 2017 stattfindenden mündlichen Verhandlung beruft K sich auf Verjährung.

Frage: *Ist die Klage des G gegen K begründet?*

I. Einordnung

Wird ein Gesellschafter wegen einer Gesellschaftsverbindlichkeit in Anspruch genommen, so kann er dem Gläubiger selbstverständlich die in seiner Person begründeten Einwendungen entgegenhalten.

Gem. § 129 I HGB kann er darüber hinaus auch diejenigen Einwendungen geltend machen, die von der Gesellschaft erhoben werden können. Nach Sinn und Zweck des § 129 I HGB fallen darunter nicht nur rechtshindernde oder rechtsvernichtende Einwendungen, sondern über den Wortlaut hinaus auch *Einreden* der Gesellschaft.

II. Gliederung

Anspruch des G gegen K auf Schadensersatz gem. §§ 280 I, 437 Nr. 3, 434 BGB i.V.m. § 128 S. 1 HGB

Vor.:

1. Anspruch entstanden

a) Verbindlichkeit der OHG
Gem. §§ 280 I, 437 Nr. 3, 434 BGB?
Vor.:

aa) Schuldverhältnis
(+), da Kaufvertrag, § 433 BGB

bb) Pflichtverletzung
(+), Verletzung der Pflicht gem. § 433 I S. 2 BGB

cc) Vertretenmüssen, § 280 I S. 2 BGB
(+), Zurechnung des Verschuldens des A gem. § 278 BGB

dd) Erfordernis der erfolglosen Fristsetzung?
(-), da Anspruch auf Schadensersatz *neben* der Leistung, § 280 I BGB

ee) Kausaler Schaden (+)
Gesellschaftsverbindlichkeit damit (+)

Haftung des Gesellschafters K
grds. (+), vgl. § 128 S. 1 HGB
Anspruch des G gegen K damit entstanden

2. Anspruch durchsetzbar?

a) (P): Verjährung, § 214 I BGB?
Grds. (+), da im August bereits Verjährung, vgl. § 438 I Nr. 3, II BGB

b) Evtl. Hemmung der Verjährung?
Durch Klage, § 204 I Nr. 1 BGB?
ABER: nur gegen K persönlich
Keine Doppelwirkung, so dass *Gesellschaftsverbindlichkeit* verjährt ist

c) § 129 I HGB?
(-), da keine Schutzbedürftigkeit; außerdem Aushöhlung des Wahlrechts des Gläubigers. Damit: Keine Verjährung, Anspruch ist durchsetzbar

Ergebnis: Anspruch (+)

III. Lösung

Anspruch des G gegen K auf Zahlung von Schadensersatz gem. §§ 280 I, 437 Nr. 3, 434 BGB i.V.m. § 128 S. 1 HGB

Die Klage des G gegen K ist dann begründet, wenn G gegenüber K einen Anspruch auf Schadensersatz gem. §§ 280 I, 437 Nr. 3, 434 BGB i.V.m. § 128 S. 1 HGB hat.

1. Anspruch entstanden

Dazu müsste der Anspruch zunächst entstanden sein.

Erforderlich hierfür ist zum einen das Vorliegen einer Verbindlichkeit der OHG, zum anderen eine Haftung des K.

a) Verbindlichkeit der OHG

Eine Verbindlichkeit der OHG läge dann vor, wenn sie G gegenüber zum Schadensersatz gem. §§ 280 I, 437 Nr. 3, 434 BGB verpflichtet wäre.

aa) Schuldverhältnis

Voraussetzung hierfür ist zunächst das Vorliegen eines Schuldverhältnisses, § 280 I BGB.

G hat sich mit A über den Ankauf von 1 kg Trüffeln geeinigt. Damit könnte G mit der OHG einen Kaufvertrag geschlossen haben, sofern diese wirksam von A vertreten wurde, §§ 164 ff. BGB.

Die OHG ist gem. § 124 I HGB Träger von Rechten und Pflichten und damit möglicher Vertragspartner.

A hat eine eigene Willenserklärung im Namen der OHG abgegeben (vgl. § 164 I S. 1, 2 BGB). Als Angestellter war er wohl zu derartigen Verkäufen rechtsgeschäftlich bevollmächtigt, § 167 I BGB. Jedenfalls ergäbe sich andernfalls eine Vertretungsmacht im Sinne einer Anscheinsvollmacht aus § 56 HGB.

Damit hat er mit Vertretungsmacht gehandelt und die OHG wirksam vertreten, so dass zwischen dieser und G ein Kaufvertrag gem. § 433 BGB zu Stande kam. Ein Schuldverhältnis liegt folglich vor.

bb) Pflichtverletzung

Weiterhin müsste die OHG eine Pflicht aus dem Schuldverhältnis verletzt haben.

In Betracht kommt hier die Verletzung der Pflicht des Verkäufers zur Lieferung einer mangelfreien Sache, § 433 I S. 2 BGB.

Eine Beschaffenheitsvereinbarung ist hier nicht getroffen worden, so dass kein Mangel i.S.d. § 434 I S. 1 BGB vorliegt. Allerdings waren die dem G verkauften Trüffel im Zeitpunkt der Übergabe und damit des Gefahrübergangs, § 446 S. 1 BGB, verdorben.

Dies ist nicht üblich, außerdem eignen sich die Trüffel damit nicht für ihre gewöhnliche Verwendung, die Zubereitung von Speisen. Die Trüffel waren daher gem. § 434 I S. 2 Nr. 2 BGB mangelhaft, so dass die OHG ihre Pflicht gem. § 433 I S. 2 BGB verletzt hat.

cc) Vertretenmüssen

Diese Pflichtverletzung müsste die OHG außerdem zu vertreten haben, § 280 I S. 2 BGB.

Die OHG selbst ist nicht verschuldensfähig. Möglicherweise muss sie sich jedoch ein Verschulden ihres Erfüllungsgehilfen A zurechnen lassen, § 278 BGB.

Der Verkauf verdorbener Ware entspricht nicht der im Verkehr erforderlichen Sorgfalt, so dass A fahrlässig gehandelt hat, § 276 II BGB. Dieses Verschulden wird der OHG gem. § 278 BGB zugerechnet, so dass ein Vertretenmüssen i.S.d. § 280 I S. 2 BGB zu bejahen ist.

Anmerkung: § 280 I S. 2 BGB stellt eine *Vermutung* für das Vertretenmüssen auf (vgl. Wortlaut „Das gilt nicht, wenn...“).
Damit muss die Frage des Vertretenmüssens grundsätzlich nicht positiv geprüft werden, sondern vielmehr danach gefragt werden, ob es dem Schuldner gelingt, die von § 280 I S. 2 BGB aufgestellte Vermutung zu widerlegen.
Da die Widerlegung der Vermutung jedenfalls dann nicht gelingen wird, wenn das Vertretenmüssen positiv bejaht wurde, bietet sich diese Vorgehensweise gerade dann an, wenn eine derartige Feststellung ohne größere Probleme gemacht werden kann.

dd) Erfolglose Fristsetzung?

Es stellt sich die Frage, ob G der OHG darüber hinaus eine angemessene Frist zur Nacherfüllung gesetzt haben müsste, die erfolglos verstrichen ist.

Dies ist aber nur dann der Fall, wenn G Schadensersatz *statt* der Leistung verlangt, vgl. § 281 BGB. Macht er hingegen Schadensersatz *neben* der Leistung geltend, ist eine Fristsetzung entbehrlich, § 280 I BGB. Die Abgrenzung richtet sich danach, ob eine hypothetische Nacherfüllung den Schaden beheben würde (Schadensersatz *statt* der Leistung) oder nicht (Schadensersatz *neben* der Leistung).

G begehrt Ersatz für den entgangenen Gewinn. Auch eine erneute Lieferung mangelfreier Trüffel könnte den Gewinnausfall nicht rückgängig machen. Folglich handelt es sich bei dem von G geltend gemachten Anspruch um einen Schadensersatzanspruch *neben* der Leistung. Eine Fristsetzung ist damit entbehrlich.

ee) Kausaler Schaden

Der eingetretene Schaden, der Gewinnausfall, ist kausal auf die Lieferung der mangelhaften Trüffel zurückzuführen.

Damit steht G ein Schadensersatzanspruch gem. §§ 280 I, 437 Nr. 3, 434 BGB gegenüber der OHG zu. Eine Gesellschaftsverbindlichkeit liegt folglich vor.

Auch ist der Anspruch nicht gem. § 377 HGB ausgeschlossen, weil es sich nicht um ein beiderseitiges Handelsgeschäft handelt. G ist nicht Kaufmann.

Haftung des K

Als Gesellschafter der OHG haftet K gem. § 128 S. 1 HGB akzessorisch für diese Gesellschaftsverbindlichkeit.

Demnach ist ein Anspruch des G gegen K gem. §§ 280 I, 437 Nr. 3, 434 BGB i.V.m. § 128 S. 1 HGB entstanden.

2. Anspruch durchsetzbar?

Der Schadensersatzanspruch müsste darüber hinaus durchsetzbar sein.

a) Verjährung, § 214 I BGB

K beruft sich vorliegend auf Verjährung. Damit könnte der Durchsetzung des Anspruchs ein dauerhaftes Leistungsverweigerungsrecht entgegenstehen, vgl. § 214 I BGB.

Gem. § 438 I Nr. 3 BGB verjährt der Schadensersatzanspruch des Käufers i.S.d. §§ 280 I, 437 Nr. 3 BGB binnen zwei Jahren. Dabei beginnt die Frist im Zeitpunkt der Übergabe (genannt Ablieferung, § 438 II BGB), vorliegend also im Juni 2015.

Die Verjährung ist demnach grundsätzlich im Juni 2017 eingetreten. K scheint sich im August 2017 daher zu Recht auf die Verjährung zu berufen.

b) Hemmung der Verjährung

Etwas anderes könnte sich aber daraus ergeben, dass G den K bereits im Mai 2017 verklagt hat.

Dadurch könnte die Verjährung gehemmt worden sein, vgl. § 204 I Nr. 1 BGB.

Allerdings hat G lediglich den Gesellschafter K verklagt, so dass die Verjährung nur ihm gegenüber rechtzeitig gehemmt wurde. Die Gesellschaftsverbindlichkeit ist demnach verjährt.

c) § 129 I HGB?

Fraglich ist, ob K sich gem. § 129 I HGB auf die Verjährung der Gesellschaftsschuld berufen kann.

Anmerkung: Hätte K *direkt* die OHG verklagt, würde diese gegenüber der Gesellschaft vorgenommene Hemmung der Verjährung durch Rechtsverfolgung grundsätzlich auch gegen den Gesellschafter wirken. Man spricht daher auch von der sog. *Doppelwirkung* des Hemmungstatbestandes.

Zwar ist die Gesellschafterschuld akzessorisch zur Gesellschaftsschuld und nicht umgekehrt, so dass der Klage gegen einen Gesellschafter gerade keine Doppelwirkung zukommt.

Nach überzeugender Ansicht kann sich der Gesellschafter in diesem Fall aber dennoch nicht auf § 129 I HGB berufen.

Der Schutzzweck der Verjährung, die Abwehr betagter Ansprüche sowie der Gedanke des Schuldnerschutzes und des Rechtsfriedens, kommt zu Gunsten des Gesellschafters nicht mehr zur Anwendung, da er ja gerade rechtzeitig in Anspruch genommen wurde.

Ansonsten wäre der Gläubiger gezwungen, zunächst eine möglicherweise vermögenslose Gesellschaft zu verklagen, nur um in einem anschließenden Prozess gegen den Gesellschafter vorzugehen.

Damit wäre sein in § 128 S. 1 HGB zum Ausdruck kommendes Wahlrecht, entweder die Gesellschaft oder aber auch sofort den Gesellschafter in Anspruch zu nehmen, ausgehöhlt. § 129 I HGB ist in diesem Fall daher infolge einer teleologischen Reduktion unanwendbar.

K darf sich folglich nicht auf die Verjährung der Gesellschaftsverbindlichkeit berufen.

Damit ist der Schadensersatzanspruch des G gegen K durchsetzbar.

Ergebnis: G steht gegen K ein Schadensersatzanspruch i.H.v. 1.000 € zu. Damit ist die Klage des G begründet.

IV. Zusammenfassung

Sound: Der in Anspruch genommene Gesellschafter kann sich sowohl auf eigene Einwendungen als auch gem. § 129 I HGB auf diejenigen der Gesellschaft berufen. Darunter fallen nach allgemeiner Ansicht neben Einwendungen i.e.S. auch die der Gesellschaft zustehenden Einreden.

hemmer-Methode: Gem. § 129 III HGB kann der Gesellschafter die Befriedigung des Gläubigers verweigern, solange dieser sich durch eine Aufrechnung gegen eine fällige Forderung der Gesellschaft befriedigen kann.
Nach allgemeiner Ansicht ist der Wortlaut des § 129 III HGB jedoch verfehlt und irreführend. Mit dem Sinn der Vorschrift ist vielmehr nur eine Auslegung dahingehend vereinbar, dass es auf die Gestaltungsbefugnis *der Gesellschaft* ankommt: Die Norm soll dem Gesellschafter lediglich versagen, *im eigenen Namen* über die Rechte der Gesellschaft zu verfügen: So kann der Gesellschafter zwar keine Aufrechnung erklären, jedoch seine Leistung an den Gläubiger verweigern. Die Frage, ob der Gläubiger aufrechnen kann, ist dagegen i.R.d. § 129 III HGB von keiner Bedeutung.
Zusammengefasst gilt daher Folgendes: Können *sowohl der Gläubiger als auch die Gesellschaft* aufrechnen, ist § 129 III HGB einschlägig. Kann *nur die Gesellschaft* aufrechnen, findet § 129 III HGB im Wege einer berichtigenden Auslegung ebenfalls Anwendung. § 129 III HGB greift allerdings - entgegen dem Wortlaut - dann nicht ein, wenn nur der Gläubiger aufrechnen kann (und die Gesellschaft daran beispielsweise auf Grund eines vereinbarten Aufrechnungsverbots oder gem. § 393 BGB gehindert ist). Der Gesellschafter kann dann keine Einrede erheben. Die Norm ist Ausfluss der akzessorischen Haftung: Steht der Gesellschaft keine Verteidigungsmöglichkeit zur Verfügung, soll auch der Gesellschafter keine haben.
Mit einer sehr interessanten Variante der Verteidigungsmöglichkeiten befasst sich folgender BGH-Fall (Life&Law 07/2011, 471 ff.). Gem. § 128 S. 2 HGB kann mit dem Gläubiger eine Regelung getroffen werden, durch welche von der generellen akzessorischen Haftung abgewichen werden kann (vgl. insoweit bereits Fall 15). Im vorliegenden Fall wurde vereinbart, dass ein Gesellschafter zu 70%, der andere zu 30 % für die Forderung der Gesellschaft haften soll. Beläuft sich z.B. die Schuld der Gesellschaft, haftet der eine Gesellschafter in Höhe von 700.000 €, der andere in Höhe von 300.000 €. Im vorliegenden Fall reduzierte sich sodann die Gesellschaftsschuld auf 200.000 €, so dass fraglich war, ob die Verteilung 70/30 sich nun an dieser Summe ausrichtet, oder ob insoweit immer noch die alte Forderung der Maßstab sein sollte. Im letzteren Fall würde jeder Gesellschafter für die 200.000 € einzustehen haben. Andernfalls beliefe sich die Haftung auf das Verhältnis 140.000 zu 60.000 €. Der BGH hat entschieden, dass diese Frage durch Auslegung der Vereinbarung i.S.d. § 128 S. 2 HGB zu erfolgen hat.

Gem. § 129 II HGB kann der Gesellschafter die Zahlung verweigern, solange der Gesellschaft eine Anfechtungsmöglichkeit zusteht. Der Begriff „solange“ bezieht sich zum einen auf die Anfechtungsfristen der §§ 121, 124 BGB. Zum anderen hat der Begriff aber auch eine prozessuale Komponente: Liegt gegenüber der Gesellschaft bereits ein rechtskräftiger Titel vor, ist eine wirksame Anfechtung nicht mehr möglich, denn die Gesellschaft könnte sich bei erklärter Anfechtung auf diese im Rahmen einer Vollstreckungsabwehrklage nicht mehr berufen, § 767 II ZPO. Gleiches gilt für § 129 III HGB, d.h. bei rechtskräftiger Verurteilung und einer im Zeitpunkt der letzten mündlichen Verhandlung bereits bestehenden Aufrechnungslage könnte die Gesellschaft sich im Rahmen einer Vollstreckungsabwehrklage auch mit einer Aufrechnung nicht mehr zur Wehr setzen. Dann hat auch der Gesellschafter keine Einrede mehr nach § 129 II, III HGB. Das gilt denknotwendig auch dann, wenn gar keine Vollstreckungsabwehrklage erhoben wurde, die Präklusion der Aufrechnung hat nicht nur verfahrensrechtliche, sondern auch materiellrechtliche Wirkung. Die Aufrechnung, die gleichwohl erklärt wird, wird so behandelt, als hätte die Erklärung nicht stattgefunden. Vgl. dazu BGH, Life&Law 11/2019, 744 ff.

V. Zur Vertiefung

- Hemmer/Wüst, Basics Zivilrecht, Bd. 5, Rn. 297 ff.
- Hemmer/Wüst, Gesellschaftsrecht, Rn. 240 ff.
- Hemmer/Wüst, Gesellschaftsrecht, Karteikarte Nr. 65.

Fall 17: Pechvogel

Sachverhalt:

Die „Bike & More-OHG“ handelt mit Fahrrädern und besteht aus den Gesellschaftern A, B und C. Im August 2017 verlangt D von C die Bezahlung eines der OHG im Dezember 2016 verkauften Mountainbikes. C weigert sich jedoch und beruft sich darauf, dass er bereits im Juli 2016 aus der OHG ausgeschieden sei. Eine Eintragung ins Handelsregister erfolgt allerdings erst im September 2017.

Frage: *Kann D von C Zahlung des Kaufpreises verlangen?*

I. Einordnung

Scheidet ein Gesellschafter aus einer OHG aus, so stellt sich die Frage, inwieweit er von den Gläubigern der OHG noch in Anspruch genommen werden kann. § 160 HGB regelt, dass er für die im Zeitpunkt seines Ausscheidens *bereits begründeten* Gesellschaftsverbindlichkeiten auch weiterhin haftet. Allerdings gilt dies nur dann, wenn der fällige Anspruch innerhalb von fünf Jahren nach dem Ausscheiden gerichtlich geltend gemacht wird. Damit ordnet § 160 HGB eine sog. *Ausschlussfrist* an: Während die Verjährung nur dazu führt, dass dem Schuldner ein Leistungsverweigerungsrecht zusteht (vgl. § 214 I BGB), auf das er sich berufen muss (Einrede!), endet die Ausschlussfrist automatisch mit dem Ende des Fristablaufs und ist damit von Amts wegen zu berücksichtigen (rechtsvernichtende Einwendung).

Anmerkung: § 736 II BGB verweist für die Haftung des ausgeschiedenen GbR-Gesellschafters auf die für Personenhandelsgesellschaften geltenden Vorschriften und folglich auch auf § 160 HGB. Das grundsätzlich geltende Spezialitätsverhältnis - OHG und KG als handelsrechtliche Sonderformen der GbR, vgl. § 105 III HGB - wird damit praktisch umgedreht!

II. Gliederung

Anspruch des D gegenüber C auf Zahlung des Kaufpreises gem. §§ 433 II BGB, 128 S. 1, 15 I HGB

Vor.:

1. Verbindlichkeit der OHG
(+), gem. § 433 II BGB

2. Haftung des C

a) gem. § 128 S. 1 HGB?
(-), da C nicht mehr Gesellschafter der OHG ist

b) gem. §§ 160 I, 128 S. 1 HGB?
(-), nur hinsichtlich bereits begründeter Verbindlichkeiten

c) gem. §§ 128 S. 1, 15 I HGB?

aa) Vor.:

(1) Ausscheiden = eintragungspflichtige Tatsache (+)

(2) Nichteintragung bzw. Nichtbekanntmachung (+)

(3) Gutgläubigkeit des D (+)

bb) Rechtsfolge
C gilt nach wie vor als Gesellschafter der OHG, Haftung daher (+)

Ergebnis: Anspruch (+)

III. Lösung

Anspruch des D gegenüber C auf Zahlung des Kaufpreises gem. §§ 433 II BGB, 128 S. 1, 15 I HGB

D könnte gegen C einen Anspruch auf Zahlung des Kaufpreises haben.

1. Verbindlichkeit der OHG

D hat der OHG, die gem. § 124 I HGB Träger von Rechten und Pflichten und damit auch Vertragspartner sein kann, sein Fahrrad verkauft, so dass zwischen ihnen ein wirksamer Kaufvertrag gem. § 433 BGB zu Stande gekommen ist. Damit besteht eine Verbindlichkeit der OHG in Form eines Zahlungsanspruchs gegenüber D, § 433 II BGB.

2. Haftung des C

Es stellt sich die Frage, ob auch C für die Verbindlichkeit der OHG haften muss.

a) Gem. § 128 S. 1 HGB?

Als Gesellschafter der OHG haftete er grundsätzlich gem. § 128 S. 1 HGB akzessorisch für die Verbindlichkeiten der Gesellschaft und damit auch für die Zahlungsforderung des D.

Allerdings ist C in dem Zeitpunkt, als D seine Forderung geltend macht, bereits aus der Gesellschaft ausgeschieden. Eine Haftung gem. § 128 S. 1 HGB scheidet damit aus.

b) Gem. §§ 160 I, 128 S. 1 HGB

§ 160 HGB enthält jedoch eine Regelung hinsichtlich der Haftung des ausgeschiedenen Gesellschafters. Danach haftet dieser weiterhin während eines Zeitraums von fünf Jahren für die Verbindlichkeiten der Gesellschaft. Allerdings gilt dies nur für sog. Altverbindlichkeiten der Gesellschaft, also für solche, die bereits im Zeitpunkt des Ausscheidens des Gesellschafters begründet waren.

D und die OHG haben den Kaufvertrag im Dezember 2016 geschlossen. Damit war die Verbindlichkeit der OHG im Juli 2016, als C aus der Gesellschaft ausschied, noch nicht begründet.

Folglich kommt auch eine Haftung des C gem. §§ 160 I, 128 S. 1 HGB nicht in Betracht.

c) Gem. §§ 128 S. 1, 15 I HGB?

Eine Haftung des C könnte sich aber aus §§ 128 S. 1, 15 I HGB ergeben.

aa) Voraussetzungen

Dazu müssten die Voraussetzungen des § 15 I HGB vorliegen.

(1) Eintragungspflichtige Tatsache

Gem. § 143 II HGB ist das Ausscheiden eines Gesellschafters aus der OHG eine eintragungspflichtige Tatsache.

(2) Nichteintragung bzw. Nichtbekanntmachung

Im Zeitpunkt des Vertragsschlusses war das Ausscheiden des C weder in das Handelsregister eingetragen noch bekannt gemacht.

(3) Gutgläubigkeit des D

D müsste außerdem gutgläubig gewesen sein.

Er hatte keine positive Kenntnis vom Ausscheiden des C aus der OHG. Damit ist sein guter Glaube zu bejahen.

bb) Rechtsfolge

Nach dem in § 15 I HGB enthaltenen Grundsatz der negativen Publizität wird das Vertrauen des D auf das (abstrakte) Schweigen des Handelsregisters geschützt. Daher kann C sich dem D gegenüber nicht auf sein Ausscheiden aus der OHG berufen und gilt vielmehr immer noch als deren Gesellschafter. Damit muss C für die Verbindlichkeit der OHG gegenüber D gem. §§ 128 S. 1, 15 I HGB haften.

Ergebnis: D kann von C die Zahlung des Kaufpreises gem. §§ 433 II BGB, 128 S. 1, 15 I HGB verlangen.

IV. Zusammenfassung

Sound: Für sog. **„Altschulden"** haftet der ausgeschiedene Gesellschafter gem. § 160 HGB dann, wenn sie im Zeitpunkt des Ausscheidens bereits begründet waren und außerdem vor Ablauf von fünf Jahren nach dem Ausscheiden fällig sind sowie daraus Ansprüche gegen den ausgeschiedenen Gesellschafter in bestimmter Weise, z.B. gerichtlich, geltend gemacht werden. Für sog. **„Neuschulden"** haftet der ausgeschiedene Gesellschafter jedoch höchstens aus Gründen des Rechtsscheins (§ 15 I HGB).

hemmer-Methode: Von der vorliegenden Problematik der Haftung des ausgeschiedenen Gesellschafters für Altverbindlichkeiten bzw. solche, die nach seinem Austritt entstanden sind, ist die Haftung eines neu eintretenden Gesellschafters für vor seinem Eintritt begründete Verbindlichkeiten abzugrenzen, § 130 HGB. Vgl. Sie dazu noch einmal die hemmer-Methode zu Fall 5.

V. Zur Vertiefung

- Hemmer/Wüst, Basics Zivilrecht, Bd. 5, Rn. 323 f.
- Hemmer/Wüst, Gesellschaftsrecht, Rn. 189 ff.
- Hemmer/Wüst, Gesellschaftsrecht, Karteikarte Nr. 55.

Fall 18: Geschenkt ist noch zu teuer

Sachverhalt:

Der verwitwete Fischer (F), Müller (M) und Schneider (S) sind Gesellschafter einer OHG. In ihrem Gesellschaftsvertrag haben sie vereinbart, dass im Falle des Todes des Gesellschafters F dessen Töchter Tina (T) und Dina (D) automatisch an seine Stelle treten sollen. F stirbt, ohne ein Testament zu hinterlassen. Sein Vermögen beläuft sich auf 500.000 €. Drei Tage später tritt das örtliche Bankhaus (B) an T heran und macht eine ihr gegen die OHG zustehende Zinsforderung i.H.v. 10.000 € geltend. Trotz Annahme der Erbschaft weigert T sich, die Forderung zu begleichen.

Frage: *Zu Recht?*

I. Einordnung

Stirbt der Gesellschafter einer OHG, führt dies grundsätzlich nicht zur Auflösung der Gesellschaft. Vielmehr scheidet der Gesellschafter mit seinem Tod aus der OHG aus, vgl. § 131 III Nr. 1 HGB. Freilich kann der Gesellschaftsvertrag eine andere Regelung enthalten.

Durch das Ausscheiden des Gesellschafters aus der OHG können dessen Erben nicht in die Gesellschafterstellung des Verstorbenen nachrücken. Dieses Einrücken ist mit dem tragenden Prinzip der Personengesellschaften, der Inanspruchnahme gegenseitigen Vertrauens, nicht vereinbar.

Da ein Gesellschafter aber möglicherweise zu Lebzeiten ein Interesse daran gehabt hat, dass eine bestimmte Person nach seinem Tod seine Nachfolge in der OHG antritt, gibt es verschiedene rechtliche Gestaltungsmöglichkeiten, die im Gesellschaftsvertrag, d.h. einvernehmlich, getroffen werden können: Die sog. *Eintrittsklausel*, die sog. *Nachfolgeklausel* und die sog. *qualifizierte Nachfolgeklausel*.

Anmerkung: Bei der Nachfolge im Todesfall können Ihnen gesellschaftsrechtliche Probleme in Kombination mit erbrechtlichen Fragestellungen begegnen. Nehmen Sie den vorliegenden Fall daher zum Anlass, insbesondere die gesetzliche / gewillkürte Erbfolge und die Erbenhaftung zu wiederholen (vgl. Hemmer/Wüst, Erbrecht, Rn. 16 ff., 48 ff., 216 ff.!

II. Gliederung

Anspruch des B gegen T gem. § 488 I S. 2 BGB i.V.m. § 128 S. 1 HGB

Vor.:

1. **Verbindlichkeit der OHG**
   (+), gem. § 488 I S. 2 BGB
2. **Haftung der T**
   Gem. § 130 I HGB?
   Vor.:

a) **T = Gesellschafterin der OHG**
   Wirkung der Klausel?

aa) ***Reine* Fortsetzungsklausel**
   (-), da T einrücken soll

bb) **Eintrittsklausel**
   (-), da *automatischer* Eintritt gewollt ist

cc) Nachfolgeklausel
(+), da automatischer Eintritt des Nachfolgers

(1) Zulässigkeit?
(+), da T und D einzige Erben des F sind

(2) Ausgestaltung der Nachfolge
T und D sind Gesellschafterinnen geworden, nicht die Erbengemeinschaft, vgl. § 139 I HGB
Gesellschafterstellung der T damit (+)

b) Haftung in voller Höhe der Forderung?

(P): Schutzvorschrift des § 139 II, III HGB würde ins Leere laufen

Daher: Berufung auf beschränkte Erbenhaftung (§§ 2058 ff. BGB) während der Schwebezeit, § 139 IV HGB analog

Nur Haftung mit Anteil am Nachlass (also bis zu 250.000 €)

Ergebnis: Anspruch (+)

III. Lösung

Anspruch des B gegen T gem. §§ 488 I S. 2 BGB i.V.m. § 128 S. 1 HGB

B könnte gegen T ein Anspruch auf Zahlung der ausstehenden Zinsforderung zustehen.

1. Verbindlichkeit der OHG

Zunächst müsste eine Verbindlichkeit der OHG vorliegen.

Die OHG, die auch nach dem Tod des Gesellschafters F fortbesteht, vgl. § 131 III S. 1 Nr. 1 HGB, ist gem. § 124 I HGB möglicher Träger von Rechten und Pflichten und kann damit Schuldner sein.

Die OHG ist B gegenüber zur Zahlung von Zinsen i.H.v. 10.000 € verpflichtet, so dass eine Verbindlichkeit der OHG besteht.

2. Haftung der T

Weiterhin müsste T hierfür einzustehen haben. Dies wäre dann der Fall, wenn sie gem. §§ 130 I, 128 S. 1 HGB akzessorisch für die Verbindlichkeit der Gesellschaft haften müsste.

a) T = Gesellschafterin der OHG

Voraussetzung dafür ist zunächst, dass T Gesellschafterin der OHG geworden ist.

F, M und S haben in ihrem Gesellschaftsvertrag vereinbart, dass nach dem Tod des F dessen Töchter T und D automatisch an seine Stelle treten sollen.

Fraglich ist, wie diese Klausel zu qualifizieren ist.

aa) *Reine* Fortsetzungsklausel

Es könnte sich dabei zunächst um eine sog. reine Fortsetzungsklausel handeln. Dies wäre dann der Fall, wenn die Gesellschafter vereinbart hätten, dass die OHG nach dem Tod des F durch M und S fortgeführt werden sollte.

Eine derartige Vereinbarung ist allerdings zum einen auf Grund der gesetzlichen Regelung des § 131 III Nr. 1 HGB überflüssig. Zum anderen ist eine Fortführung allein durch M und S gerade nicht beabsichtigt, da ja T und D eintreten sollen.

Damit stellt die Klausel keine reine Fortsetzungsklausel dar.

Anmerkung: Anderes gilt jedoch bei der GbR: Im Gegensatz zur OHG hat der Tod eines Gesellschafters einer GbR grundsätzlich deren Auflösung zur Folge, vgl. § 727 BGB (siehe auch Fall 10). Die GbR wandelt sich dann in eine Abwicklungsgesellschaft mit dem Zweck der Liquidation um. § 727 BGB ist allerdings dispositiv und kann daher durch eine *Fortsetzungsklausel* im Gesellschaftsvertrag abbedungen werden: Die GbR wird dann auch im Fall des Todes eines Gesellschafters durch die verbliebenen Gesellschafter fortgesetzt. Die Erben können grundsätzlich den dem ausgeschiedenen Gesellschafter gem. §§ 738-740 BGB zustehenden Abfindungsanspruch geltend machen, der mit dessen Tod gem. § 1922 BGB auf sie übergegangen ist.

bb) Eintrittsklausel

Die Klausel könnte eine sog. Eintrittsklausel darstellen. Dann müssten F, M und S im Gesellschaftsvertrag vereinbart haben, dass beim Tode des F dessen Töchter T und D dazu berechtigt sein sollten, in die Gesellschaft einzutreten. Sie müssten T und D also die Möglichkeit eingeräumt haben, die Mitgliedschaft durch ein Rechtsgeschäft unter Lebenden neu zu begründen.

F, M und S haben aber ausdrücklich vereinbart, dass T und auch D *automatisch* in die Gesellschaft eintreten sollten.

Einen Aufnahmevertrag, durch den dies erst noch zu vollziehen gewesen wäre, haben sie gerade nicht vorgesehen. Folglich stellt die Klausel auch keine Eintrittsklausel dar.

Anmerkung: Indem dem Dritten durch die sog. Eintrittsklausel ein eigenes Recht (aber keine Pflicht!) eingeräumt wird, nach dem Tod eines Gesellschafters mit den verbliebenen Gesellschaftern einen Aufnahmevertrag abzuschließen, handelt es sich bei dieser Klausel um einen Vertrag zu Gunsten Dritter von Todes wegen, §§ 328, 331 I BGB.

cc) Nachfolgeklausel

Möglicherweise ist die gesellschaftsvertragliche Vereinbarung zwischen F, M und S über die Nachfolge des F in der OHG im Sinne einer sog. *Nachfolgeklausel* zu verstehen. Davon spricht man dann, wenn einer der Miterben oder ein Dritter ohne weiteres in die Gesellschaft einrücken soll.

T und D sollen *automatisch* an die Stelle des F treten. Somit handelt es sich vorliegend um eine Nachfolgeklausel.

Anmerkung: Anders als bei der Eintrittsklausel wird dem Nachfolger durch die Nachfolgeklausel also nicht nur ein Anspruch auf den Abschluss eines Aufnahmevertrages, sondern der Gesellschaftsanteil selbst zugewandt.

(1) Zulässigkeit

T und D sind die einzigen Erben des F, § 1924 I BGB, insbesondere ist seine Ehefrau bereits verstorben.

Sowohl die sog. *gesellschaftsrechtliche Lösung*, die die Nachfolgeklausel allein vom gesellschaftsrechtlichen Standpunkt im Sinne eines Vertrages zu Gunsten Dritter beurteilt, als auch die sog. *erbrechtliche Lösung*, die die Nachfolge in die Gesellschafterstellung von der erbrechtlichen Lage abhängig macht, gelangen hier zur Zulässigkeit der in Frage stehenden Nachfolgeklausel.

Damit kann eine Stellungnahme dahin stehen.

Anmerkung: Hätten F, M und S also beispielsweise vereinbart, dass der Neffe Norbert (N) nach dem Tod des F in dessen Gesellschafterstellung eintreten sollte, stellte sich die Frage, ob eine derartige Regelung zulässig ist.
(1) Gesellschaftsrechtliche Lösung
Zunächst könnte man die Klausel völlig unabhängig von der erbrechtlichen Lage im Sinne eines Verfügungsvertrags zu Gunsten Dritter, §§ 328 ff. BGB, auffassen (sog. gesellschaftsrechtliche Lösung). Die Klausel, nach der N nach dem Tod des F dessen Nachfolge antreten soll, wäre demnach wirksam.
Dabei ist bereits fraglich, ob es einen Verfügungsvertrag zu Gunsten Dritter analog §§ 328 I, 331 I BGB überhaupt gibt. Dagegen spricht einerseits der Wortlaut des § 328 I BGB („fordern"), andererseits die systematische Stellung der §§ 328 ff. BGB im allgemeinen Schuldrecht. Jedenfalls zieht eine Gesellschafterstellung nicht nur Rechte, sondern auch Pflichten (z.B. §§ 128 ff. HGB) nach sich. Selbst wenn man davon ausgeht, dass es die Konstruktion eines Verfügungsvertrags zu Gunsten Dritter gibt, handelte es sich im vorliegenden Fall zugleich um einen unzulässigen Vertrag *zu Lasten* Dritter. Die gesellschaftsrechtliche Lösung ist folglich abzulehnen.
(2) Erbrechtliche Lösung
Überzeugend ist daher die sog. erbrechtliche Lösung der h.M., nach der die Nachfolge von der erbrechtlichen Lage abhängig ist: So bewirkt die Nachfolgeklausel lediglich, dass der Gesellschaftsanteil überhaupt *vererblich* wird.
Die tatsächliche Nachfolge bestimmt sich dann nach der Erbfolge des Verstorbenen.
Wird der als Nachfolger Benannte nicht Erbe, geht die Nachfolgeklausel folglich ins Leere. Die Klausel, nach der N die Nachfolge des F antreten soll, ist daher als unwirksam zu behandeln.

(2) Ausgestaltung der Nachfolge

Fraglich ist jedoch, ob sowohl T als auch D Gesellschafterinnen wurden oder ob nicht möglicherweise die aus T und D bestehende *Erbengemeinschaft* Gesellschafterin der OHG wurde.

Nach der gesellschaftsrechtlichen Lösung ist die Nachfolge völlig unabhängig von der Erbfolge, so dass T und D Gesellschafterinnen wurden.

Auch die erbrechtliche Lösung gelangt zu diesem Ergebnis: Danach ist gem. § 139 I HGB eine Ausnahme von dem Gesamthandsprinzip der §§ 2032 ff. BGB zu machen.

Damit wird nicht die Erbengemeinschaft Gesellschafterin. Vielmehr erwirbt jeder Miterbe im Wege der Sondererbfolge den Gesellschaftsanteil entsprechend seiner Beteiligung am Nachlass *unmittelbar* und *geteilt*.

Mit dem Tod des F wurden folglich dessen Töchter T und D automatisch Gesellschafterinnen der OHG.

b) Haftung in voller Höhe der Forderung

Außerdem müsste T zumindest in Höhe der Forderung haften müssen.

Gem. § 139 I, III HGB kann der Erbe innerhalb einer Dreimonatsfrist sein Verbleiben in der Gesellschaft davon abhängig machen, dass ihm unter Belassung des Gewinnanteils die Stellung eines Kommanditisten eingeräumt wird und die Einlage des Erblassers als Kommanditeinlage anerkannt wird (sog. Umwandlungsantrag).

Da in der Umwandlung der Stellung des Mitgesellschafters in die eines Kommanditisten eine Änderung des Gesellschaftsvertrages liegt, sind die restlichen Gesellschafter nicht verpflichtet, den Umwandlungsantrag anzunehmen, vgl. § 139 II HGB.

Im Falle einer Ablehnung ist der Erbe befugt, fristlos aus der Gesellschaft auszuscheiden, § 139 II HGB.

Würde der Erbe bereits während der Schwebezeit des § 139 III HGB voll haften müssen, würde die Schutzvorschrift des § 139 II, III HGB ins Leere gehen. Aus diesem Grund kann sich der Erbe bis zum Ablauf der dreimonatigen Frist in analoger Anwendung des § 139 IV HGB auf die beschränkte Erbenhaftung der §§ 2058 ff. BGB berufen.

Drei Tage nach dem Tod des F haben T und D mit Sicherheit noch keine Erbteilung vorgenommen, so dass T nur mit ihrem Anteil am Nachlass, der sich auf 250.000 € beläuft, haftet.

Damit muss sie die Forderung des B aber dennoch in voller Höhe von 10.000 € begleichen.

Ergebnis: B hat gegenüber T einen Anspruch auf Zahlung der ausstehenden Zinsen.

IV. Zusammenfassung

Sound: Die Gesellschafter können im Rahmen einer Nachfolgeklausel vereinbaren, dass die Gesellschaft nach dem Tod eines Gesellschafters mit dessen Erben fortgeführt werden soll (*erbrechtliche* Lösung). Sind mehrere Erben vorhanden, wird nicht die Erbengemeinschaft Gesellschafterin. Vielmehr erwirbt jeder Miterbe im Wege der Sondererbfolge einen seiner Erbquote entsprechenden Gesellschaftsanteil unmittelbar und geteilt und wird nach dieser Maßgabe automatisch Gesellschafter.

hemmer-Methode: Denkbar ist, dass die Nachfolgeklausel nicht alle Erben, sondern nur einen bzw. einzelne Erben zum Nachfolger bestimmt (sog. *qualifizierte Nachfolgeklausel*). Dabei treten nach h.M. von vornherein nur diejenigen Erben in die Gesellschafterstellung ein, die in der Klausel benannt sind. Die anderen Erben sind von der Sondererbfolge ausgeschlossen. Die Begünstigten treten in die *gesamte* Gesellschafterstellung ein, d.h. nicht nur anteilig in Höhe ihrer Erbquote. Dies hat zur Folge, dass den anderen Erben *kein* Ausgleichsanspruch gegen die Gesellschaft zusteht. Übersteigt der Wert der Beteiligung an der Gesellschaft jedoch die dem Begünstigten rechnerisch zustehende Erbquote, so ist er den anderen Miterben im Innenverhältnis gem. § 242 BGB bzw. §§ 2050 ff. BGB analog zum Ausgleich verpflichtet.

V. Zur Vertiefung

- Hemmer/Wüst, Gesellschaftsrecht, Rn. 205 ff.
- Hemmer/Wüst, Gesellschaftsrecht, Karteikarten Nr. 59-62.

Fall 19: Sport ist Mord

Sachverhalt:

Angie (A), Franzl (F), Guido (G) und Joschi (J) haben sich zu einer OHG zusammengeschlossen. Laut Gesellschaftsvertrag sind A, F und G zur Zahlung eines Beitrages i.H.v. 1.000 € verpflichtet, J hingegen, der des Sportes überdrüssig ist, soll der Gesellschaft sein Rennrad übereignen. Nachdem die OHG ihre Geschäfte aufgenommen hat, stellt sich heraus, dass das Rad irreparabel beschädigt und infolgedessen nur 100 € wert ist. Die Gesellschaft verlangt nun von J entweder die Zahlung von 900 € oder aber die vollen 1.000 € gegen Rückgabe des Fahrrads.

***Frage:** Zu Recht?*

I. Einordnung

Im Innenverhältnis werden aus Sicht der Gesellschaft *Sozialansprüche* (= Ansprüche der Gesellschaft gegen einen Gesellschafter) und *Sozialverpflichtungen* (= Verpflichtungen der Gesellschaft gegenüber einem Gesellschafter) unterschieden.

Ein möglicher Sozialanspruch stellt der Anspruch auf Beitragsleistung dar, zu dem die Gesellschafter einer OHG gem. § 105 III HGB i.V.m. §§ 705, 706 BGB verpflichtet sind. Art und Umfang der Beiträge ergeben sich aus dem Gesellschaftsvertrag.

Dabei versteht man unter Beiträgen im *weiteren* Sinne alle Arten von Leistungen, die die Gesellschafter zur Förderung des gemeinsamen Zwecks im Gesellschaftsvertrag versprechen (= Gegenstand der Beitrags*verpflichtung*). Dies können Geldzahlungen, die Übereignung von Sachen, die Überlassung von Patenten, der Erlass von Schulden, die Erbringung von Dienstleistungen, aber auch die Zurverfügungstellung von Kenntnissen und Erfahrungen sein. Sind die Beiträge geleistet, bezeichnet man sie als *Einlagen* (= Beiträge im *engeren* Sinne).

II. Gliederung

1. Anspruch der OHG auf Zahlung der Wertdifferenz gem. § 346 I i.V.m. §§ 437 Nr. 2, 441 I, IV BGB analog

Vor.:

a) Anwendbarkeit

aa) Direkt
(-), da Kaufvertrag (-)

bb) Analog?

Vor:

(1) Planwidrige Regelungslücke (+)

(2) Vergleichbare Interessenlage
(+), da Einbringung einer Sache in Gesellschaft gleichzusetzen ist mit Veräußerung einer Sache gegen Entgelt
Analoge Anwendbarkeit damit (+)

b) Mangel, § 434 BGB
(+), gem. § 434 I S. 2 Nr. 2 BGB

c) Fristsetzung, §§ 437 Nr. 2, 441, 323 I BGB
(-), aber entbehrlich, vgl. §§ 437 Nr. 2, 441, 326 V BGB

d) Erklärung, § 441 I S. 1 BGB (+)

e) Rechtsfolge
Erstattung der Wertdifferenz, § 441 IV i.V.m. § 346 I BGB
(P): § 707 BGB?
(-), da keine Erhöhung der Beitragspflicht, sondern Ausgleich für geringeren Wert der Einlage

Ergebnis: Anspruch (+)

2. Anspruch der OHG auf Zahlung der vollen 1.000 € gem. §§ 437 Nr. 2, 326 V, 323, 346 I BGB analog

Vor.:

a) Erklärung, § 349 BGB (+)

b) Rücktrittsrecht
Gem. §§ 437 Nr. 2, 326 V, 323 BGB?
Vor.:

aa) Analoge Anwendbarkeit (+)

bb) Mangel, § 434 I S. 2 Nr. 2 BGB (+)

cc) Fristsetzung
(-), aber entbehrlich (s.o.)

dd) Rechtsfolge, § 346 I BGB analog
Grds. Zahlungsanspruch der OHG gegenüber J in Höhe des *vollen* der Beitragsleistung zu Grunde liegenden Betrags, Zug um Zug gegen Rückübereignung des Fahrrads

(P): Entgegenstehen gesellschaftsrechtlicher Besonderheiten?

(1) e.A.: (+)
Arg.: Unzumutbarkeit für Gesellschafter

(2) h.M.: (-)
Arg.: Vergleich mit dem Recht der GmbH
Entgegenstehen gesellschaftsrechtlicher Besonderheiten daher (-)

Ergebnis: Anspruch (+)

III. Lösung

1. Anspruch der OHG auf Zahlung der Wertdifferenz gem. §§ 437 Nr. 2, 441 I, IV BGB analog

Der OHG könnte gegen J ein Anspruch auf Zahlung der Wertdifferenz gem. §§ 437 Nr. 2, 441 I, IV BGB analog zustehen.

Anmerkung: Wiederholen Sie ausgehend von diesem Fall die Systematik der Rechte des Käufers bei Lieferung einer mangelhaften Sache!

a) Anwendbarkeit

Dazu müsste das kaufvertragliche Sachmängelgewährleistungsrecht vorliegend überhaupt Anwendung finden.

aa) Direkt

J und die OHG haben keinen Kaufvertrag gem. § 433 BGB geschlossen. Eine direkte Anwendbarkeit scheidet damit aus.

bb) Analog?

In Betracht kommt jedoch eine analoge Anwendung auf die im Gesellschaftsvertrag enthaltene Einlagevereinbarung. Voraussetzung hierfür sind zum einen eine planwidrige Regelungslücke, zum anderen eine vergleichbare Interessenlage.

(1) Planwidrige Regelungslücke

Das Gesellschaftsrecht enthält in den §§ 705 ff. BGB (i.V.m. § 105 III BGB) keine Regelungen hinsichtlich der Rechte der Gesellschaft, wenn eine mangelhafte Einlage erbracht wird.

Anhaltspunkte für eine bewusste Nichtregelung sind nicht ersichtlich. Vorliegend ist das Erfordernis der planwidrigen Regelungslücke daher zu bejahen.

(2) Vergleichbare Interessenlage

Fraglich ist, ob die Interessenlage hinsichtlich der Rechte der Gesellschaft bei einer mangelhaften Beitragsleistung mit derjenigen in Bezug auf die Rechte des Käufers bei der Lieferung einer mangelhaften Kaufsache vergleichbar ist.

Der Kaufvertrag ist dadurch gekennzeichnet, dass der Verkäufer dazu verpflichtet ist, eine Sache *gegen Entgelt* zu übergeben und zu übereignen. Besteht die Beitragspflicht darin, der Gesellschaft eine Sache zu übereignen, so erhält der Gesellschafter hierfür zwar nicht direkt ein Entgelt im *engeren* Sinne.

Von einer Schenkung an die Gesellschaft kann aber gleichwohl keine Rede sein, schließlich kommen ihm die von den anderen Gesellschaftern geleisteten Einlagen indirekt zu Gute: Gem. § 718 I BGB werden sämtliche Beiträge gemeinschaftliches Vermögen der Gesellschafter.

Somit ist wenigstens eine Entgeltlichkeit im *weiteren* Sinne und folglich auch eine vergleichbare Interessenlage zu bejahen.

Die Regelungen des kaufrechtlichen Gewährleistungsrechts finden damit auf die Sacheinlagevereinbarung grundsätzlich analoge Anwendung, wobei im Hinblick auf die Rechtsfolge die Besonderheiten des Gesellschaftsrechts beachtet werden müssen.

Anmerkung: Die analoge Anwendbarkeit einer Norm können Sie grundsätzlich nur dann bejahen, wenn Sie die beiden Voraussetzungen (*planwidrige Regelungslücke – vergleichbare Interessenlage*) geprüft und bejaht haben. Eine Prüfung ist nur dann entbehrlich, wenn die Analogie im bestimmten Fall allgemeine Meinung ist, wie etwa bei der akzessorischen Haftung des Gesellschafters einer GbR gem. § 128 S. 1 HGB. Hier erwartet niemand von Ihnen eine Überprüfung der Voraussetzungen einer analogen Anwendbarkeit.

b) Mangel, § 434 BGB

Das Fahrrad müsste außerdem mangelhaft sein.

Eine Vereinbarung über die Beschaffenheit des Fahrrades ist vorliegend nicht erfolgt, so dass das Fahrrad nicht bereits gem. § 434 I S. 1 BGB mangelhaft ist.

Ein im Zeitpunkt der Übergabe beschädigtes Fahrrad eignet sich jedoch weder für die gewöhnliche Verwendung noch weist es eine Beschaffenheit auf, die bei Sachen der gleichen Art üblich ist. Das Fahrrad ist folglich mangelhaft i.S.d. § 434 I S. 2 Nr. 2 BGB.

c) Fristsetzung, §§ 437 Nr. 2, 441, 323 I BGB

Gem. §§ 437 Nr. 2, 441, 323 I BGB muss grundsätzlich eine angemessene Frist zur Nacherfüllung gesetzt werden, bevor das Recht der Minderung ausgeübt werden darf.

Eine Fristsetzung ist vorliegend nicht erfolgt. Allerdings ist das Fahrrad irreparabel beschädigt, so dass eine Nacherfüllung nicht möglich und eine diesbezügliche Fristsetzung folglich sinnlos wäre. § 326 V BGB erklärt die Fristsetzung in diesen Fällen daher für entbehrlich.

Damit muss im vorliegenden Fall keine Frist zur Nacherfüllung gesetzt werden, vgl. §§ 437 Nr. 2, 441, 326 V, 323 I BGB.

d) Erklärung, § 441 I S. 1 BGB

Weiterhin müsste die OHG J gegenüber die Minderung erklärt haben, § 441 I S. 1 BGB.

Indem sie die Zahlung der Differenz zwischen dem Wert des mangelhaften Fahrrades und der vertraglich vorausgesetzten Beitragsleistung verlangt, erklärt sie konkludent die Minderung.

e) Rechtsfolge, § 441 IV i.V.m. § 346 I BGB analog

Gem. § 441 IV i.V.m. § 346 I BGB analog kann die OHG von J eine Ausgleichszahlung in Höhe der Wertdifferenz zwischen seiner Einlage und der vertraglich festgesetzten Beitragsleistung, hier also i.H.v. 900 €, verlangen.

Fraglich ist jedoch, ob dieser Rechtsfolge nicht möglicherweise gesellschaftsrechtliche Besonderheiten entgegenstehen. Dies wäre insbesondere dann der Fall, wenn es sich bei dem Zahlungsanspruch um eine gem. § 707 BGB grundsätzlich unzulässige Erhöhung des vereinbarten Beitrags handelte. J soll vorliegend aber keinen höheren Beitrag erbringen, sondern lediglich einen Ausgleich dafür leisten, dass die von ihm eingebrachte Einlage einen geringeren Wert aufweist als gesellschaftsvertraglich vereinbart.

Damit steht § 707 BGB dem Zahlungsanspruch der OHG nicht entgegen.

Ergebnis: Die OHG hat gegenüber J einen Anspruch auf Zahlung i.H.v. 900 €.

2. Anspruch der OHG auf Zahlung der vollen 1.000 € gem. §§ 437 Nr. 2, 326 V, 323, 346 I BGB analog

Möglicherweise kann die OHG von J auch die Zahlung der vollen 1.000 € gem. §§ 437 Nr. 2, 326 V, 323, 346 I BGB analog verlangen.

a) Erklärung, § 349 BGB

Indem die OHG von J die Zahlung des vollen Beitrags i.H.v. 1.000 € Zug um Zug gegen die Rückgabe des Fahrrads verlangt, erklärt sie den Rücktritt von der mit J getroffenen Einlagevereinbarung, § 349 BGB.

b) Rücktrittsrecht

Außerdem müsste der OHG das Recht zustehen, von der Einlagevereinbarung zurückzutreten. Ein derartiges Rücktrittsrecht könnte sich hier über § 437 Nr. 2 BGB analog ergeben.

aa) Analoge Anwendbarkeit

Eine analoge Anwendbarkeit des Kaufmängelgewährleistungsrechts ist grundsätzlich zu bejahen (s.o.). Lediglich die Rechtsfolgen sind den Besonderheiten des Gesellschaftsrechts anzupassen.

bb) Mangel

Das Fahrrad ist mangelhaft i.S.d. § 434 I S. 2 Nr. 2 BGB (s.o.).

cc) Fristsetzung

Eine Frist zur Nacherfüllung ist vorliegend nicht gesetzt worden. Allerdings ist dies auf Grund der irreparablen Beschädigung des Fahrrads entbehrlich, vgl. §§ 437 Nr. 2, 326 V, 323 I BGB.

Damit steht der OHG ein Rücktrittsrecht zu.

c) Rechtsfolge

Gem. § 346 I BGB sind die empfangenen Leistungen zurückzugewähren.

Damit muss die OHG dem J das von ihm eingebrachte Fahrrad rückübereignen.

J hingegen muss der OHG grundsätzlich den vollen dem Beitrag zu Grunde liegenden Betrag i.H.v. 1.000 € erstatten, § 346 I BGB analog.

Fraglich ist jedoch, ob dieser Rechtsfolge nicht gesellschaftsrechtliche Wertungen entgegenstehen.

aa) e.A.: (+)

Einer Auffassung zufolge würde der Gesellschafter durch einen derartigen Zahlungsanspruch der Gesellschaft unbillig belastet. Vielmehr sei eine Vertragsanpassung hin zur Einbringung der mangelhaften Sache zu befürworten. Die übrigen Gesellschafter könnten die Gesellschaft immer noch durch eine Kündigung auflösen, wenn sie kein Interesse an der mangelhaften Sache hätten, § 723 BGB.

bb) h.M.: (-)

Die wohl h.M. verneint demgegenüber besondere gesellschaftsrechtliche Besonderheiten und bejaht somit einen Geldanspruch der Gesellschaft auf den vollen der Beitragsleistung zu Grunde liegenden Betrag. Dies ist vor allem vor dem Hintergrund des Rechts der GmbH überzeugend: Gem. § 9 I GmbHG steht hinter der mangelhaften Sacheinlage jeweils die Bareinlageverpflichtung, die nach allgemeiner Meinung dann wieder auflebt, wenn die Sacheinlage mangelhaft oder deren Erbringung unmöglich ist. Eine Übertragung dieser Grundsätze auf die OHG erscheint angebracht.

Folglich stehen dem Zahlungsanspruch der OHG keine gesellschaftsrechtlichen Besonderheiten entgegen.

Ergebnis:

Die OHG hat auch einen Anspruch auf Zahlung i.H.v. 1.000 € gegenüber J, Zug um Zug gegen Rückübereignung des von ihm eingebrachten Fahrrads.

IV. Zusammenfassung

Sound: Bringt ein Gesellschafter eine mangelhafte Sache ein, so stehen der Gesellschaft die in § 437 BGB genannten Rechte analog zu. Insbesondere kann sie eine Ausgleichszahlung in Höhe der Wertdifferenz zwischen der eingebrachten Einlage und der gesellschaftsvertraglich vereinbarten Beitragsleistung gem. §§ 437 Nr. 2, 441 I, IV BGB verlangen.

hemmer-Methode: Sozialansprüche werden grundsätzlich von der Gesellschaft geltend gemacht, die dabei durch ihre Gesellschaftsorgane vertreten wird. Es handelt sich hierbei um eine Geschäftsführungsmaßnahme, die grundsätzlich von den zur Geschäftsführung und Vertretung berechtigten Gesellschaftern vorzunehmen ist. Allerdings kann auch jeder andere nicht geschäftsführungs- bzw. vertretungsberechtigte Gesellschafter den Sozialanspruch der Gesellschaft im *eigenen* Namen geltend machen, dabei aber *nur* Leistung an die Gesellschaft verlangen. Kommt es dabei zu einem Prozess, so bezeichnet man diese Konstellation als *Gesellschafterklage* oder auch *actio pro socio*.
Das Recht des einzelnen Gesellschafters, im Wege der actio pro socio gegen einen Mitgesellschafter vorzugehen, ist aber beschränkt durch die Grundsätze der gesellschaftsrechtlichen Treuepflicht und kann sich unter diesem Blickwinkel nach den konkreten Gesellschaftsverhältnissen, zu denen auch das Verhalten des sich auf die Befugnis berufenden Gesellschafters gehört, als rechtsmissbräuchlich darstellen, BGH, Life&Law 08/2019, 539 f.

V. Zur Vertiefung

- Hemmer/Wüst, Gesellschaftsrecht, Rn. 301 ff.
- Hemmer/Wüst, Gesellschaftsrecht, Karteikarte Nr. 78.

Fall 20: Perlen-Paula

Sachverhalt:

Paula (P) und Nicoletta (N) sind Gesellschafterinnen einer OHG. Sie beschließen, sich ein neues Firmenfahrzeug anzuschaffen und sich dabei nicht lumpen zu lassen. Im Rahmen seiner alljährlichen „Superwochen“ wartet der Autohändler Anton (A) mit vielen Aktionsangeboten auf, so dass auch P dem Autohaus einen Besuch abstattet. Beim Anblick eines roten Porsches kann P, die schon immer einen Hang zum Luxus hatte, nicht widerstehen und kauft den Wagen im Namen der OHG. Da sich die OHG in einer finanziellen Krise befindet, nimmt A die P persönlich auf Zahlung des Kaufpreises i.H.v. 90.000 € in Anspruch. P verlangt nun sowohl von der OHG als auch von der vermögenden N Ersatz der ihr entstandenen Kosten.

Frage: *Welche Ansprüche stehen P zu?*

I. Einordnung

Sozialverpflichtungen sind Gesellschaftsschulden, deren Besonderheit darin besteht, dass die Gesellschafter nicht persönlich für deren Erfüllung haften, da dies auf eine gem. §§ 105 III HGB, 707 BGB unzulässige Nachschusspflicht hinausliefe. Reicht das Gesellschaftsvermögen nicht zur Befriedigung des Berechtigten aus, muss der Berechtigte daher warten, bis sein Anspruch bei der Gesellschaftsauflösung bzw. der Verlustverteilung berücksichtigt wird.

I.R.d. Sozialverpflichtungen unterscheidet man aus der Sicht der Mitglieder die *Mitverwaltungsrechte* (das *Recht auf Geschäftsführung*, § 709 I BGB, § 114 I HGB; *Informations- und Kontrollrechte*, § 716 BGB, §§ 118, 166 HGB; das *Stimmrecht*) und die *Vermögensrechte* (das *Recht auf Gewinnauszahlung*, §§ 721 f. BGB, §§ 120 ff., 167 ff. HGB; das *Recht auf Erstattung von Aufwendungen*, §§ 713, 670 BGB, § 110 HGB; das *Recht auf Auszahlung des Abfindungsanspruchs*, § 738 I S. 2 BGB; das *Recht auf Auszahlung des Auseinandersetzungsguthabens*, § 734 BGB, § 155 HGB).

II. Gliederung

1. Anspruch der P gegen die OHG gem. § 110 I Alt. 1 HGB

Vor.:

a) Aufwendung
Vermögensopfer (+)

⇨ **(P):** freiwillig?
(+), da Kaufpreis aus Gesellschaftskasse hätte gezahlt werden müssen
Aufwendung damit (+)

b) Den Umständen nach erforderlich
(+), da Tilgung einer Schuld der Gesellschaft, § 433 II BGB

Ergebnis: Anspruch i.H.v. 90.000 € (+)

2. Anspruch der P gegen N gem. §§ 110, 128 S. 1 HGB

Vor.:

a) Verbindlichkeit der OHG
(+), s.o.

b) Haftung der N

aa) (P): Sozialverpflichtung
Grds. Haftung (-), da im Ergebnis unzulässige Nachschusspflicht, §§ 105 III HGB, 707 BGB

bb) Ausnahme

(+) im Fall der Tilgung von Gesellschaftsschulden

Jedoch: primäre Inanspruchnahme der OHG

Wenn erfolglos: Rückgriff in anteiliger Höhe

Ergebnis:

Anspruch i.H.v. 45.000 € (+)

3. Anspruch der P gegen N gem. § 426 I, II BGB

(+), i.H.v. 45.000 €

III. Lösung

1. Anspruch der P gegen die OHG gem. § 110 I Alt. 1 HGB

P könnte gegen die OHG gem. § 110 I Alt. 1 HGB einen Anspruch auf Zahlung von 90.000 € haben.

a) Aufwendung

Bei der Zahlung des Kaufpreises i.H.v. 90.000 € müsste es sich zunächst um eine Aufwendung handeln. Unter Aufwendungen versteht man freiwillige Vermögensopfer.

Problematisch erscheint hier das Merkmal der Freiwilligkeit. Denn P hatte den Porsche im Namen der OHG gekauft, so dass zwischen der OHG und A ein Kaufvertrag zu Stande gekommen ist. Folglich war nicht nur die OHG zur Zahlung des Kaufpreises verpflichtet, sondern auch P, §§ 433 II BGB, 128 S. 1 HGB.

Ein Vermögensopfer ist aber immer dann freiwillig i.S.d. § 110 I Alt. 1 HGB, wenn es im Verhältnis der Gesellschafter untereinander aus der Gesellschaftskasse hätte erbracht werden müssen.

Die Anschaffung eines Firmenfahrzeugs ist nach allgemeiner Lebenserfahrung mit Mitteln der Gesellschaftskasse zu bestreiten. Folglich stellt die Zahlung des Kaufpreises eine Aufwendung i.S.d. § 110 I Alt. 1 HGB dar.

b) Den Umständen nach erforderlich

Weiterhin hätte P die Zahlung des Kaufpreises den Umständen nach für erforderlich halten müssen.

Durch die Zahlung hat sie eine Verbindlichkeit der OHG getilgt.

Folglich durfte sie die Zahlung des Kaufpreises für erforderlich halten.

Ergebnis: P steht ein Aufwendungsersatzanspruch gegen die OHG gem. § 110 I Alt. 1 BGB zu.

2. Anspruch der P gegen N gem. §§ 110 I Alt. 1, 128 S. 1 HGB

Möglicherweise steht P auch gegenüber N ein Erstattungsanspruch gem. §§ 110 I Alt. 1, 128 S. 1 HGB zu.

a) Verbindlichkeit der OHG

Zunächst müsste eine Verbindlichkeit der OHG vorliegen. Die OHG ist der P gegenüber zur Zahlung von 90.000 € gem. § 110 I Alt. 1 HGB verpflichtet, so dass eine Gesellschaftsverbindlichkeit besteht.

b) Haftung der N

Weiterhin müsste N hierfür einstehen müssen.

aa) (P): Sozialverpflichtung

Als Gesellschafterin haftet sie zwar grundsätzlich für die Verbindlichkeiten der OHG gem. § 128 S. 1 HGB.

Allerdings handelt es sich bei der Verbindlichkeit der OHG um eine Sozialverpflichtung. Eine Haftung der Gesellschafter für derartige Schulden der Gesellschaft ist grundsätzlich ausgeschlossen, da dies auf eine gem. §§ 105 III HGB, 707 BGB unzulässige Nachhaftung hinausliefe.

Danach wäre eine Haftung der N gegenüber P zu verneinen.

bb) Ausnahme

Dieses Ergebnis könnte jedoch unbillig sein.

Schließlich liegt der Sozialverpflichtung eine Verbindlichkeit der Gesellschaft aus dem Kaufvertrag zu Grunde, § 433 II BGB, für die *sämtliche* Gesellschafter einer OHG gem. § 128 S. 1 HGB persönlich und gesamtschuldnerisch haften.

Da es weitgehend vom Zufall abhängt, an wen sich der Gläubiger zuerst wendet, kann es nicht sein, dass das volle Haftungsrisiko bis zur Liquidation der Gesellschaft auf demjenigen Gesellschafter lastet, der die Schuld getilgt hat. Folglich ist in diesem Fall eine Ausnahme von dem Grundsatz zu machen, dass die Gesellschafter nicht für Sozialverpflichtungen haften.

Auf Grund der gesellschafterlichen Treuepflicht ist die Haftung der anderen Gesellschafter aber nur *subsidiär*. Primär muss die Gesellschaft erfolglos in Anspruch genommen worden sein. Davon kann hier auf Grund der finanziellen Krise der OHG ausgegangen werden.

Eine Haftung der N ist folglich zu bejahen. Dabei kann P jedoch nicht die vollen 90.000 € verlangen, sondern nur in der Höhe, die dem von jedem zu tragenden Verlustanteil entspricht, d.h. der Hälfte.

Ergebnis: P steht gegenüber N ein Anspruch auf Erstattung von 45.000 € zu.

3. Anspruch der P gegen N gem. § 426 I, II BGB

Darüber hinaus kann P von N die Zahlung von 45.000 € gem. § 426 I BGB bzw. §§ 426 II S. 1, 433 II BGB verlangen.

Anmerkung: Auch im Rahmen dieses Anspruchs gilt die gesellschafterliche Treuepflicht, der zufolge P zuerst die Gesellschaft in Anspruch nehmen muss. Da ein derartiges Vorgehen hier keinen Erfolg verspricht, besteht der Ausgleichsanspruch ohne Einschränkungen.

IV. Zusammenfassung

Sound: Im Fall der Tilgung von Gesellschaftsschulden ist eine Ausnahme von dem Grundsatz zu machen, dass die Gesellschafter nicht für Sozialverpflichtungen haften.

hemmer-Methode: Denkbar ist auch folgende Konstellation: Neben P und N ist außerdem die vermögenslose Claudine (C) Gesellschafterin der OHG. Begleicht P die Schulden der Gesellschaft gegenüber A, steht ihr damit ein Ersatzanspruch sowohl gegen N als auch C i.H.v. jeweils 30.000 € zu, soweit eine Inanspruchnahme der OHG erfolglos ist. Problematisch ist dann aber, dass im Endeffekt P 60.000 € tragen müsste, da auch C zahlungsunfähig ist. In diesem Fall wäre der Verlustanteil der C daher gleichmäßig auf P und N zu verteilen, so dass P, wie auch im obigen Fall, von N 45.000 € verlangen könnte.

V. Zur Vertiefung

- Hemmer/Wüst, Basics Zivilrecht, Bd. 5, Rn. 244.
- Hemmer/Wüst, Gesellschaftsrecht, Rn. 325; zur Nachschusspflicht Rn. 299.
- Hemmer/Wüst, Gesellschaftsrecht, Karteikarten Nr. 81, 82.

Kapitel III: Die KG (Kommanditgesellschaft)

Fall 21: Revierkampf

Sachverhalt:

Mayer senior (S) ist persönlich haftender Gesellschafter eines großen Möbelhauses, Mayer junior (J) ist Kommanditist. Um berufliche Erfahrung sammeln zu können, ist dem J im Gesellschaftsvertrag Prokura erteilt worden. Als S mit der Arbeit des J nicht zufrieden ist, entzieht er ihm die Prokura, was jedoch nicht in das Handelsregister eingetragen wird. J seinerseits denkt nicht daran, sich der „Weisung" seines ohnehin schon „senilen" Vaters zu fügen und kauft bei Huber (H) im Namen der Gesellschaft ein neues Firmenfahrzeug, das sofort übergeben wird.

Frage: *Kann H von S die Zahlung des Kaufpreises verlangen?*

I. Einordnung

Wird eine Gesellschaft gegründet, deren Zweck auf den Betrieb eines Handelsgewerbes gerichtet ist, und dabei bei einem oder mehreren Gesellschaftern die Haftung gegenüber den Gläubigern der Gesellschaft betragsmäßig beschränkt, so handelt es sich um eine Kommanditgesellschaft (KG). Man unterscheidet folglich zwei Arten von Gesellschaftern: Den persönlich und unbeschränkt haftenden (*Komplementär*) und den beschränkt haftenden (*Kommanditist*). Die §§ 161 ff. HGB enthalten spezielle Regelungen für die KG und insbesondere den Kommanditisten. Über § 161 II HGB wird jedoch subsidiär auf die allgemein für Personenhandelsgesellschaften geltenden §§ 105 ff. HGB verwiesen. Folglich hat der Kommanditist die gleichen Verwaltungs-, Vermögens- und Kündigungsrechte wie der Komplementär, soweit die §§ 164-170 HGB nichts Abweichendes bestimmen.

II. Gliederung

Anspruch des H gegen S auf Zahlung des Kaufpreises gem. §§ 433 II BGB, 128 S. 1 HGB

Vor.:

1. **Verbindlichkeit der KG**
   Gem. § 433 II BGB?
   Vor.: Kaufvertrag zwischen H und der KG
   (+), wenn wirksame Stellvertretung durch J, §§ 164 ff. BGB

a) **Eigene WE im Namen der KG (+)**

b) **Mit Vertretungsmacht?**

aa) **Organschaftlich**
(-), vgl. § 170 HGB

bb) **Prokura, § 49 HGB**
Ursprünglich Erteilung (+)
Aber: Widerruf, vgl. § 52 I HGB
Daher Prokura (-)

cc) **Kraft Rechtsscheins, § 15 I HGB**

(1) **Vor.**

(a) **Eintragungspflichtige Tatsache (+)**

(b) **Nichteintragung bzw. Nichtbekanntmachung (+)**

(c) **Gutgläubigkeit (+)**

(2) Rechtsfolge
J gilt immer noch als Prokurist
Vertretungsmacht daher (+)

2. Haftung des S
(+), gem. §§ 161 II, 128 S. 1 HGB

Ergebnis: Anspruch (+)

III. Lösung

Anspruch des H gegen S auf Zahlung des Kaufpreises gem. §§ 433 II BGB, 128 S. 1 HGB

H könnte gegen S einen Anspruch auf Zahlung des Kaufpreises gem. §§ 433 II BGB, 128 S. 1 HGB haben.

1. Verbindlichkeit der KG

Voraussetzung hierfür ist zunächst das Bestehen einer Verbindlichkeit der KG.

Möglicherweise steht H gegenüber der KG ein Anspruch auf Zahlung des Kaufpreises für das Firmenfahrzeug zu, § 433 II BGB.

Dazu ist erforderlich, dass zwischen H und der KG ein Kaufvertrag über den Wagen zu Stande gekommen ist.

Gem. §§ 161 II, 124 I HGB ist eine KG Träger von Rechten und Pflichten und damit möglicher Vertragspartner.

Vorliegend hat sich J mit H über den Ankauf des Fahrzeugs geeinigt. Demnach liegt dann ein Kaufvertrag zwischen H und der KG vor, wenn diese bei Vertragsschluss wirksam durch J vertreten wurde, §§ 164 ff. BGB.

a) Eigene WE im Namen der KG

J hat eine eigene Willenserklärung ausdrücklich im Namen der KG abgegeben, § 164 I S. 1 BGB.

b) Mit Vertretungsmacht

Er müsste dabei mit Vertretungsmacht gehandelt haben, § 164 I S. 1 BGB.

aa) Organschaftlich

Möglicherweise hatte er als Gesellschafter der KG organschaftliche Vertretungsmacht inne.

Während der Komplementär dieselbe Rechtsstellung wie der Gesellschafter einer OHG hat und demnach grundsätzlich mit organschaftlicher Vertretungsmacht ausgestattet ist (vgl. §§ 161 II, 125 ff. HGB), ist der Kommanditist gem. § 170 HGB zwingend von der organschaftlichen Vertretung ausgeschlossen.

Anmerkung: Bestimmt der Gesellschaftsvertrag eine organschaftliche Vertretungsmacht des Kommanditisten, ist eine derartige Klausel folglich gem. § 170 HGB nichtig. Möglicherweise kann diese nichtige Klausel aber in die Erteilung einer rechtsgeschäftlichen Vertretungsmacht (Generalvollmacht bzw. Handlungsvollmacht) umgedeutet werden, § 140 BGB.

Demnach hatte J keine organschaftliche Vertretungsmacht.

Anmerkung: Fragen Sie immer nach dem Sinn und Zweck der für die KG geltenden Sonderregelungen! Nur so können Sie sich die Besonderheiten dauerhaft merken und auch unbekannte Problemkonstellationen, sollten Sie Ihnen einmal in der Klausur begegnen, herleiten. Die Regelung des § 170 HGB dient beispielsweise dem Schutz der unbeschränkt haftenden Gesellschafter vor einer Verpflichtung durch einen nur beschränkt haftenden Gesellschafter.

Gleichwohl können die Komplementäre einer KG auf diesen Schutz freiwillig verzichten, indem sie dem Kommanditisten rechtsgeschäftliche Vertretungsmacht einräumen (dazu gleich Näheres).

bb) Rechtsgeschäftlich

In Betracht kommt jedoch eine rechtsgeschäftliche Vertretungsmacht des J.

Durch den Gesellschaftsvertrag ist dem J ursprünglich Prokura erteilt worden, § 48 I HGB.

Allerdings war S nicht mit der Arbeit des J zufrieden und hat ihm die Prokura wieder entzogen. Damit hätte J im Zeitpunkt des Vertragsschlusses ohne Prokura gehandelt, wenn die Entziehung zulässig war.

Gem. § 52 I HGB ist die Prokura an sich zwar jederzeit und ohne Rücksicht auf das der Erteilung zu Grunde liegende Rechtsverhältnis widerruflich. Ist dem Kommanditisten jedoch *im Gesellschaftsvertrag* Prokura erteilt worden, so ist er im Gegensatz zu einem „gewöhnlichen" Prokuristen nicht in einem Dienst- oder Arbeitsverhältnis mit der Prokura betraut worden, sondern im Zweifel als gleichberechtigter Mitgesellschafter. Indem die Prokura zu allen Arten von gerichtlichen und außergerichtlichen Geschäften und Rechtshandlungen ermächtigt, die der Betrieb irgendeines Handelsgewerbes mit sich bringt, § 49 I HGB, erwirbt der Kommanditist durch die Prokuraerteilung eine Rechtsposition, die nach außen weitgehend mit derjenigen des Komplementärs vergleichbar ist. Aus diesen Gründen kann die Prokura nur durch eine Änderung des Gesellschaftsvertrages oder bei Vorliegen eines wichtigen Grundes entzogen werden.

Anmerkung: Wichtige Gründe sind insbesondere eine grobe Pflichtverletzung oder die Unfähigkeit zur ordnungsgemäßen Vertretung der Gesellschaft, vgl. § 127 HGB (i.V.m. § 161 II HGB).

Fraglich ist, ob die Arbeit des J tatsächlich unzureichend war, oder ob die Einschätzung des S auf persönliche Differenzen zurückzuführen ist.

Jedenfalls ist die Entziehung der Prokura durch die vertretungsberechtigten Komplementäre der KG (vgl. §§ 161 II, 125 I, 126 I HGB) im Außenverhältnis *unabhängig* vom Vorliegen eines wichtigen Grundes *wirksam*. Fehlt ein solcher, so ist die KG aber nach dem Gesellschaftsvertrag zur Neuerteilung verpflichtet.

Die Entziehung der Prokura des J durch S war daher im Außenverhältnis wirksam, so dass er grundsätzlich ohne Vertretungsmacht handelte.

Anmerkung: Diese Ausführungen gelten nur, wenn dem Kommanditisten im Gesellschaftsvertrag Prokura erteilt worden ist! Wurde dem Kommanditisten hingegen im Rahmen eines Dienst- oder Arbeitsvertrages Prokura erteilt, bestehen keine Besonderheiten. Die Prokura ist dann jederzeit widerruflich, § 52 I HGB.

cc) Kraft Rechtsscheins, § 15 I HGB

Es könnte sich allerdings dadurch etwas anderes ergeben, dass der Widerruf der Prokura nicht in das Handelsregister eingetragen war.

Möglicherweise kann die KG sich aus diesem Grund gem. § 15 I HGB dem H gegenüber nicht auf die Entziehung der Prokura berufen.

(1) Voraussetzungen

Dazu müssten zunächst die Voraussetzungen vorliegen.

(a) Eintragungspflichtige Tatsache

Die Entziehung der Prokura ist eine gem. § 53 III HGB einzutragende Tatsache.

(b) Nichteintragung bzw. Nichtbekanntmachung

Die Entziehung der Prokura des J wurde weder in das Handelsregister eingetragen noch bekannt gemacht.

(c) Guter Glaube des H

Außerdem müsste H gutgläubig gewesen sein. Er hatte keine positive Kenntnis von der Entziehung der Prokura. Damit ist sein guter Glaube zu bejahen.

(2) Rechtsfolge

Nach dem in § 15 I HGB enthaltenen Grundsatz der negativen Publizität wird folglich das (abstrakte) Vertrauen des H auf das Schweigen des Handelsregisters geschützt.

Daher kann sich die KG nicht auf die Entziehung der Prokura des J berufen. J gilt vielmehr immer noch als Prokurist der KG und handelte damit mit Vertretungsmacht.

J hat die KG daher wirksam vertreten, §§ 164 ff. BGB, so dass ein Kaufvertrag gem. § 433 BGB zwischen der KG und H über das Firmenfahrzeug zu Stande gekommen ist. Somit steht H gegen die KG ein Anspruch auf Zahlung des Kaufpreises gem. § 433 II BGB zu. Eine Gesellschaftsverbindlichkeit liegt demnach vor.

2. Haftung des S

S müsste außerdem für die Verbindlichkeit der KG gegenüber H einzustehen haben. Als Komplementär der KG ergibt sich seine Haftung für die Verbindlichkeiten der Gesellschaft gegenüber Drittgläubigern aus §§ 161 II, 128 S. 1 HGB.

Ergebnis: H steht gegen S ein Anspruch auf Zahlung des Kaufpreises zu.

IV. Zusammenfassung

Sound: Der Kommanditist ist von der organschaftlichen Vertretung der KG zwingend gem. § 170 HGB ausgeschlossen. Gleichwohl kann ihm rechtsgeschäftliche Vertretungsmacht eingeräumt werden. Wird dem Kommanditisten im Gesellschaftsvertrag Prokura erteilt, kann diese nur durch eine Änderung des Gesellschaftsvertrages oder bei Vorliegen eines wichtigen Grundes entzogen werden. Fehlt ein solcher, so ist die Entziehung der Prokura im Außenverhältnis wirksam, die KG ist aber zur Neuerteilung verpflichtet.

hemmer-Methode: Auch bei der KG gilt das Prinzip der Selbstorganschaft: Wäre der Komplementär nur gemeinsam mit einem mit einer Prokura betrauten Kommanditisten zur Vertretung der KG befugt, so wäre diese nicht mehr durch in ihren Mitgliedern „geborene" Organe (d.h. die Komplementäre) handlungsfähig, so dass gegen das Prinzip der Selbstorganschaft verstoßen würde. Zulässig ist daher nur eine gesellschaftsvertragliche Regelung, nach der die KG *auch* durch die Komplementäre *allein* (entweder einzeln oder gemeinsam) vertreten werden kann.

V. Zur Vertiefung

- Hemmer/Wüst, Basics Zivilrecht, Bd. 5, Rn. 354 ff.
- Hemmer/Wüst, Gesellschaftsrecht, Rn. 93, 101 f.
- Hemmer/Wüst, Gesellschaftsrecht, Karteikarte Nr. 32.

Fall 22: Money money...

Sachverhalt:

Häußler (H) und Becker (B) sind als Kommanditisten der „Run & Fun-KG" mit einer Haftsumme von jeweils 10.000 € in das Handelsregister eingetragen. Der Gesellschaftsvertrag sieht vor, dass H seine Einlageverpflichtung dadurch erfüllen soll, dass er seinen Opel Astra, dessen objektiver Wert allerdings nur 6.500 € beträgt, in die KG einbringt, was auch geschieht. B ist seiner Einlageverpflichtung, die er in bar erbringen soll, auf Grund kurzzeitiger Liquiditätsengpässe noch nicht nachgekommen.

Krieger (K) hat gegen die KG eine Forderung i.H.v. 40.000 €. Weder das Gesellschaftsvermögen noch das Privatvermögen der persönlich haftenden Gesellschafter reichen zur Deckung aus. Er möchte daher sowohl H als auch B in Anspruch nehmen.

Frage: *Zu Recht?*

I. Einordnung

Ebenso wie die OHG kann die KG Träger von Rechten und Pflichten sein und damit auch unter ihrer Firma Verbindlichkeiten eingehen, §§ 161 II, 124 I HGB. Die Komplementäre haften ebenso wie die Gesellschafter einer OHG für die Verbindlichkeiten der Gesellschaft unbeschränkt mit ihrem ganzen Privatvermögen, §§ 161 II, 128 ff. HGB. Auch die Kommanditisten haften für die Verbindlichkeiten der Gesellschaft primär, persönlich, unmittelbar, gesamtschuldnerisch und akzessorisch, §§ 161 II, 128 ff. HGB. Allerdings gelten Besonderheiten für den *Haftungsumfang*: So kann die Haftung des Kommanditisten unbeschränkt, ausgeschlossen oder beschränkt sein.

II. Gliederung

1. Anspruch des K gegen B auf Zahlung von 40.000 € gem. § 171 I HGB

Vor.:

a) Verbindlichkeit der KG (+)

b) Haftung des B

aa) § 171 I HS 1 HGB

Grds. (+) in Höhe der Haftsumme
Damit grds. Haftung bis 10.000 €

bb) Ausschluss der Haftung

Gem. § 171 I HS 2 HGB?

⇨ (-), da Einlage noch nicht erbracht
⇨ Daher Haftung i.H.v. 10.000 €

Ergebnis: Anspruch teilweise (+)

2. Anspruch des K gegen H auf Zahlung von 40.000 € gem. § 171 I HGB

Vor.:

a) Verbindlichkeit der KG (+)

b) Haftung des H

aa) § 171 I HS 1 HGB

Grds. (+) in Höhe der Haftsumme
Damit grds. Haftung bis 10.000 €

bb) Ausschluss der Haftung

Gem. § 171 I HS 2 HGB?
Vor.: vollständige Leistung der Einlage

(1) Leistung auf die Einlageschuld

(+), Übereignung des Autos

(2) Objektive Wertzuführung?
Wirklicher objektiver Wert maßgebend
Daher Wertzuführung i.H.v. 6.500 €
Haftung damit beschränkt auf 3.500 €
Ergebnis: Anspruch teilweise (+)

III. Lösung

1. Anspruch des K gegen B auf Zahlung von 40.000 € gem. § 171 I HGB

K könnte gegen B gem. § 171 I HGB einen Anspruch auf Zahlung von 40.000 € haben.

a) Verbindlichkeit der KG

Die KG schuldet K 40.000 €, so dass eine Verbindlichkeit der KG vorliegt.

b) Haftung des B

Für diese müsste B auch haften.

aa) § 171 I HS 1 HGB

Als Kommanditist der KG haftet B grundsätzlich gem. § 171 I HS 1 HGB bis zur Höhe seiner Einlage. Entscheidend ist dabei die das Außenverhältnis betreffende auf einen bestimmten Geldbetrag lautende *Hafteinlage* (*Haftsumme*).

Vorliegend muss B dem Gesellschaftsvertrag zufolge eine Hafteinlage i.H.v. 10.000 € erbringen. Eine Eintragung in das Handelsregister ist erfolgt, vgl. § 172 I HGB, so dass B dem K gegenüber grundsätzlich der Höhe nach auf 10.000 € beschränkt haftet.

bb) Ausschluss der Haftung?

Die Haftung könnte allerdings ausgeschlossen sein. Dies ist gem. § 171 I HS 2 HGB der Fall, soweit die Einlage geleistet ist.

B hat jedoch auf Grund kurzzeitiger Liquiditätsengpässe seine Einlage noch nicht erbracht. Folglich kommt ein Ausschluss seiner Haftung nach § 171 I HS 2 HGB nicht in Betracht.

Ergebnis: K kann von B die Zahlung von 10.000 € verlangen.

2. Anspruch des K gegen H auf Zahlung von 40.000 € gem. § 171 I HGB

Möglicherweise steht K daneben ein Anspruch auf Zahlung von 40.000 € gegenüber H zu, § 171 I HGB.

a) Verbindlichkeit der KG

Eine Verbindlichkeit der KG ist gegeben (s.o.).

b) Haftung des H

H müsste hierfür außerdem einzustehen haben.

aa) § 171 I HS 1 HGB

Grundsätzlich haftet auch er in Höhe seiner Hafteinlage und damit i.H.v. 10.000 €, § 171 I HS 1 HGB (s.o.).

bb) Ausschluss der Haftung?

Es stellt sich jedoch die Frage, ob die Haftung des H nicht möglicherweise ausgeschlossen ist. Dann müsste H seine Einlage vollständig geleistet haben, § 171 I HS 2 HGB.

(1) Leistung der Einlage

Indem H der KG seinen Opel Astra übereignete, hat er seine Einlage geleistet.

Anmerkung: Die Einlage kann auf verschiedene Art und Weise erbracht werden, so etwa durch die Einzahlung von Geldbeträgen, durch die Einbringung von Sachen (in Form der Übereignung oder aber der bloßen Gebrauchsüberlassung) und Rechten, durch Dienstleistungen, durch das Stehenlassen von Gewinn oder durch die Befriedigung von Gesellschaftsgläubigern.

(2) Objektive Wertzuführung

Die Gesellschafter der KG haben den Opel des H mit 10.000 € bewertet, was auf Grund der Vertragsfreiheit möglich ist. Somit hat H mit der Übereignung des Wagens jedenfalls seine im Innenverhältnis maßgebende *Pflichteinlage* vollständig erbracht.

Fraglich ist, ob dies auch für die im Außenverhältnis maßgebende *Hafteinlage* gilt. Dies könnte aus dem Grund problematisch sein, da der Opel objektiv nur 6.500 € wert ist.

Das Vermögen der KG ist demnach nicht in der Höhe der im Handelsregister eingetragenen und durch H zu erbringenden Haftsumme vermehrt worden. Könnten die Gesellschafter Vermögensgegenstände beliebig bewerten, so könnten sich die Gläubiger der Gesellschaft nicht mehr auf die Eintragung im Handelsregister verlassen. Das Verkehrsschutzinteresse wäre maßgeblich beeinträchtigt.

Folglich muss es i.R.d. Hafteinlage auf den *wirklichen objektiven Wert* der Leistung ankommen (was nur dann relevant wird, wenn die Einlage nicht in Geld erbracht wird).

Durch die Übereignung des Opels an die KG ist die persönliche Haftung des H damit i.H.v. 6.500 € erloschen. Gem. § 171 I HS 2 HGB haftet H noch bis zu einem Betrag von 3.500 €.

Ergebnis: K steht gegenüber H ein Anspruch auf Zahlung von 3.500 € zu.

Anmerkung: Da im Innenverhältnis die Pflichteinlage maßgebend ist, steht H gegenüber der KG ein Freistellungsanspruch zu.

IV. Zusammenfassung

Sound: Eine Haftung des Kommanditisten im Außenverhältnis ist ausgeschlossen, soweit die Einlage geleistet ist, vgl. § 171 I HS 2 HGB. Dabei ist die *Hafteinlage* maßgebend. Hat der Kommanditist also eine *niedrigere* Pflichteinlage eingebracht, haftet er den Gläubigern der KG gegenüber gleichwohl in der Höhe der Differenz zwischen Pflicht- und Haftsumme.
Eine Leistung i.S.d. § 171 I HS 2 BGB liegt *nur* vor, wenn
⇨ die Leistung auf die Einlage erbracht wird und
⇨ der Gesellschaft ein objektiver Wert in Höhe der Haftsumme zugeführt wird (sog. Grundsatz der realen Kapitalaufbringung, arg. ex § 172 III HGB).

hemmer-Methode: Unter den Voraussetzungen des § 176 I HGB haftet der Kommanditist *unbeschränkt.* Im Einzelnen ist hierfür erforderlich:
1. Die Gesellschaft muss ein **Handelsgewerbe** i.S.d. § 1 HGB betreiben;
2. die KG muss ihre **Geschäfte** mit (zumindest konkludent erteilter) Zustimmung des Kommanditisten **begonnen** haben;
3. die KG darf noch nicht in das Handelsregister eingetragen worden sein;
4. die **Kommanditisteneigenschaft** des in Anspruch genommenen Gesellschafters darf dem Gläubiger **nicht bekannt** sein; dabei muss der Gläubiger aber nicht von der Existenz des Gesellschafters gewusst oder konkret auf seine unbeschränkte Haftung vertraut haben (§ 176 I HGB schützt das *abstrakte* Vertrauen!). Nach Ansicht des OLG Frankfurt / Main greift § 176 I HGB nicht bei der GmbH & Co KG, da der Rechtsverkehr davon ausgehen müsse, dass diese Gesellschaftsform nur verwendet werde, damit kein Gesellschafter persönlich haften müsse. Es sei daher klar, dass die beteiligten natürlichen Personen Kommanditisten seien. Dies sei der Kenntnis i.S.d. § 176 HGB gleichzustellen, vgl. Life&Law 12/2007, 797 ff.

V. Zur Vertiefung

- Hemmer/Wüst, Basics Zivilrecht, Bd. 5, Rn. 357 ff.
- Hemmer/Wüst, Gesellschaftsrecht, Rn. 152 ff.
- Hemmer/Wüst, Gesellschaftsrecht, Karteikarten Nr. 46, 47.

Fall 23: Glück im Unglück

Sachverhalt:

Werner (W) ist Kommanditist der „Bau-KG“. Laut Handelsregister haftet er mit einer Einlage i.H.v. 12.000 €, die er bereits bei der Gründung der Gesellschaft geleistet hat. Als die KG im darauf folgenden Jahr ihr bisheriges Firmenfahrzeug durch ein neues ersetzen möchte, findet sich kein Käufer. So erklärt W sich bereit, der KG den Wagen abzunehmen. Man vereinbart einen „Freundschaftspreis“ i.H.v. 15.000 €. In Wirklichkeit ist das Firmenfahrzeug noch 20.000 € wert.

Nun möchte Richard (R) den W wegen einer Forderung gegen die inzwischen zahlungsunfähige KG i.H.v. 10.000 € in Anspruch nehmen. W weigert sich zu zahlen und weist darauf hin, dass er seine Einlage doch bereits vollständig erbracht habe. Außerdem habe er der KG neulich noch ein Darlehen i.H.v. 10.000 € gewährt und die gem. § 488 I S. 2 BGB bestehende Rückzahlungsforderung gegen eine - falls doch noch bestehende - Einlageverpflichtung aufgerechnet. R hingegen besteht auf der Zahlung durch W.

Frage: *Zu Recht?*

I. Einordnung

Denkbar ist, dass die vom Kommanditisten bereits geleistete Einlage von der KG zurückgewährt wird. In diesem Fall lebt die ursprünglich bereits erloschene Haftung des Kommanditisten wieder auf, § 172 IV HGB.

II. Gliederung

Anspruch des R gegen W auf Zahlung von 10.000 € gem. § 171 I HGB

Vor.:

a) Verbindlichkeit der KG (+)

b) Haftung des W

aa) § 171 I HS 1 HGB
Grds. (+) in Höhe der Haftsumme
Damit grds. Haftung bis 12.000 €

bb) Ausschluss der Haftung
Gem. § 171 I HS 2 HGB?

(1) Ursprünglich (+)

(2) (P): Einlagenrückgewähr?
Wiederaufleben der Haftung, § 172 IV HGB?
Kauf des Wagens zum „Freundschaftspreis“

⇨ Daher: Rückgewähr i.H.v. 5.000 €

⇨ Wiederaufleben der Haftung (+)

(3) Aufrechnung?
Erneutes Erlöschen der Haftung, § 172 I HS 2 HGB?

(a) Leistung auf Einlageschuld (+)

(b) Objektive Wertzuführung?
Grds. in Höhe des Nennwerts der Forderung
ABER: KG ist zahlungsunfähig
Damit nur Freiwerden i.H.d. objektiven Werts der Forderung

Ergebnis: Anspruch teilweise (+)

III. Lösung

Anspruch des R gegen W auf Zahlung von 10.000 € gem. § 171 I HGB

R könnte gegen W einen Anspruch auf Zahlung von 10.000 € gem. § 171 I HGB haben.

1. Verbindlichkeit der KG

R hat eine Forderung gegen die KG i.H.v. 10.000 €. Damit ist das Erfordernis des Bestehens einer Gesellschaftsverbindlichkeit zu bejahen.

2. Haftung des W

W müsste für diese Verbindlichkeit der KG einstehen müssen.

aa) § 171 I HS 1 HGB

W ist Kommanditist der KG, so dass er grundsätzlich gem. § 171 I HS 1 HGB bis zur Höhe seiner Hafteinlage haftet.

Vorliegend muss W dem Gesellschaftsvertrag zufolge eine Hafteinlage i.H.v. 12.000 € erbringen, was auch im Handelsregister eingetragen ist, vgl. § 172 I HGB. Damit ist die Haftung des W dem R gegenüber grundsätzlich der Höhe nach auf 12.000 € beschränkt.

bb) Ausschluss der Haftung?

Die Haftung des W gegenüber H könnte aber erloschen sein.

(1) Ursprünglich

Bereits im Zeitpunkt der Gründung der KG hat W seine Hafteinlage in vollem Umfang erbracht.

Damit ist seine Haftung grundsätzlich gem. § 171 I HS 2 HGB erloschen.

(2) (P): Einlagenrückgewähr

Etwas anderes könnte sich aber dadurch ergeben, dass W der KG das gebrauchte Firmenfahrzeug abgekauft hat. Darin könnte eine Einlagenrückgewähr zu sehen sein, die ein Wiederaufleben der Haftung des Kommanditisten zur Folge hätte, § 172 IV HGB.

Zwar haben W und die KG im Zusammenhang mit dem Kaufvertrag nicht von einer „Rückzahlung" gesprochen. Nach dem Sinn und Zweck des § 172 IV HGB, der das Gesellschaftsvermögen als Haftungsmasse erhalten möchte, muss die Rückzahlung nicht unter Bezug auf die Einlage erfolgen.

Eine Rückzahlung i.S.d. § 172 IV HGB liegt vielmehr immer dann vor, wenn dem Kommanditisten ein Vermögenswert zugewendet wird, ohne dass der Gesellschaft ein gleicher Vermögenswert zufließt.

Anmerkung: Dies ist meistens dann der Fall, wenn eine Vermögensverschiebung zwischen Gesellschaft und Gesellschafter erfolgt, die zwischen Dritten so nicht stattgefunden hätte.

Hier wurde W das gebrauchte Firmenfahrzeug zu einem „Freundschaftspreis" i.H.v. 15.000 € zugewendet. Objektiv war das Fahrzeug jedoch 20.000 € wert, so dass das Vermögen der KG infolge des Vollzugs des Kaufvertrages um 5.000 € gemindert wurde.

Eine Einlagenrückgewähr ist demnach zu bejahen. Gem. § 172 IV HGB lebt die Haftung des W grundsätzlich wieder auf, wobei sie auf einen Betrag i.H.v. 5.000 € beschränkt ist, vgl. § 171 I HS 2 HGB.

(3) Aufrechnung

Fraglich ist schließlich, ob sich dadurch etwas anderes ergibt, dass W seine gegenüber der KG bestehende Darlehensrückzahlungsforderung gem. § 488 I S. 2 BGB mit der Einlageforderung der KG aufgerechnet hat. Die Haftung des W könnte erneut gänzlich erloschen sein.

Anmerkung: Anders als dem Gesellschafter einer GmbH (§ 19 II, V GmbHG) ist dem Kommanditisten eine Aufrechnung gegen die Einlageforderung nicht verboten, vgl. § 172 III HGB!

Dazu müsste W allerdings mit der Aufrechnung i.S.d. § 171 I HS 2 HGB geleistet haben.

(a) Leistung auf die Einlageschuld

Durch die Aufrechnung ist die Gesellschaft von einer Verbindlichkeit gegenüber W befreit worden, vgl. § 389 BGB.

Eine vermögenswerte Leistung, die auch bewusst auf die Einlageschuld erbracht wurde, liegt damit vor.

(b) Objektive Wertzuführung

Fraglich ist jedoch, welcher Wert dem Gesellschaftsvermögen infolge der Aufrechnung zugeflossen ist. Dies ist von der Höhe der Haftungsbefreiung der KG abhängig.

Grundsätzlich ist eine Haftungsbefreiung in Höhe des Nennwerts der Forderung, d.h. i.H.v. 10.000 € eingetreten.

Anders als andere Gläubiger der Gesellschaft ist er als „Insider“ jedoch bestens über die finanzielle Lage der KG informiert, so dass er seine Forderung im günstigsten Zeitpunkt aufrechnen kann. Im Zeitpunkt der Aufrechnung ist die KG zahlungsunfähig, die Forderung des W gegenüber der KG ließe sich daher nicht mehr realisieren.

Würde man nun von einer Haftungsbefreiung der KG in Höhe des Nominalwertes der Forderung des W ausgehen, so wäre dieser im Verhältnis zu anderen Gläubigern ungleich im Vorteil.

Auf Grund der Insolvenz der KG ist dieser infolge der Aufrechnung durch W damit ein objektiver Wert i.H.v. 0 € zugeflossen. Eine Haftungsbefreiung des W gegenüber den Gesellschaftsgläubigern und folglich auch gegenüber R ist nicht eingetreten.

Ergebnis: R kann von W die Zahlung von 5.000 € gem. § 171 I HGB verlangen.

IV. Zusammenfassung

Sound: Der Nichtleistung der Einlage steht die spätere Rückzahlung der Einlage gleich, § 172 IV HGB. Die Rückzahlung muss dabei nicht unter Bezug auf die Einlage geschehen. Vielmehr genügt jede Leistung aus dem Vermögen der KG, für die diese keine gleichwertige Gegenleistung erhält. Die Haftung lebt dann insoweit wieder auf, als durch die Rückzahlung die Haftungssumme unterschritten wird.

hemmer-Methode: Durch eine Änderung des Gesellschaftsvertrages kann die Haftsumme auch später noch *erhöht* oder *herabgesetzt* werden. Dabei werden solche Änderungen den Gläubigern gegenüber erst mit Eintragung ins Handelsregister wirksam, §§ 174, 175 HGB. Außerdem gilt die *Herabsetzung* nicht gegenüber Gläubigern, deren Forderungen zur Zeit der Eintragung bereits begründet waren. Sie müssen sich auf dasjenige Gesellschaftsvermögen verlassen dürfen, wie es im Zeitpunkt des Vertragsschlusses vorhanden war. **Wichtig:** Im Zeitraum zwischen der Eintragung und der Bekanntmachung der Herabsetzung der Haftsumme ist § 15 I HGB zu beachten. Die Herabsetzung kann dann nur demjenigen Gläubiger entgegengehalten werden, dem sie bekannt war.
Auf eine nicht eingetragene *Erhöhung* der Haftsumme können sich die Gläubiger nur berufen, wenn die Erhöhung in handelsüblicher Weise bekannt gemacht oder ihnen direkt mitgeteilt worden ist, § 172 II HGB. Die erhöhte Haftsumme gilt dann auch für Altverbindlichkeiten.

V. Zur Vertiefung

- Hemmer/Wüst, Basics Zivilrecht, Bd. 5, Rn. 361 ff.
- Hemmer/Wüst, Gesellschaftsrecht, Rn. 157 ff.
- Hemmer/Wüst, Gesellschaftsrecht, Karteikarten Nr. 46-49.

Fall 24: Wohlverdienter Ruhestand...

Sachverhalt:

Alfons (A) ist Kommanditist der „ABC-KG“. Laut Gesellschaftsvertrag soll er eine Hafteinlage von 3.000 € einbringen, die er bereits geleistet hat. Aus altersbedingten Gründen scheidet A Anfang April aus der KG aus. Dabei tritt er seinen Gesellschaftsanteil unter Zustimmung der übrigen Gesellschafter an seinen Sohn Dieter (D) ab. Die geleistete Einlage wird auf D umgebucht, Anfang Juni desselben Jahres erfolgt die Eintragung des D als Rechtsnachfolger des A im Handelsregister. Nun erscheint Eugen (E) auf der Bildfläche und macht sowohl gegen A als auch gegen D einen Rückzahlungsanspruch für ein der KG im März desselben Jahres gewährtes Darlehen geltend.

Frage: *Zu Recht?*

Abwandlung:

E hat der KG das Darlehen nicht im März, sondern erst im Mai gewährt. Das Ausscheiden des A aus der KG wird bereits im April in das Handelsregister eingetragen. Die Eintragung des D als Rechtsnachfolger des A erfolgt allerdings erst Anfang Juni.

Frage: *Steht E ein Zahlungsanspruch gegen A und D zu?*

I. Einordnung

Auch bei der KG können Gesellschafter *ausscheiden* oder *ausgeschlossen* werden (§§ 161 II, 131 ff. HGB). Dabei haften die Komplementäre unbeschränkt mit ihrem ganzen Privatvermögen für bis dahin begründete Verbindlichkeiten, wenn sie vor Ablauf von fünf Jahren nach dem Ausscheiden fällig und daraus Ansprüche gegen sie gerichtlich geltend gemacht sind, §§ 161 II, 128 S. 1, 160 HGB. Gleiches gilt für den Kommanditisten, wobei dessen Haftung grundsätzlich der Höhe nach beschränkt ist, § 171 I HGB.

In der Praxis tritt meistens gleichzeitig mit dem Ausscheiden eines Gesellschafters ein neuer Gesellschafter in die Gesellschaft ein, wobei der Kommanditanteil des Ausscheidenden auf den Eintretenden übertragen wird.

In diesem Zusammenhang ist fraglich, ob eine Haftung des ausscheidenden bzw. eintretenden Kommanditisten gem. §§ 171 I, 172 IV HGB in Betracht kommt. Entscheidend ist damit, ob die Kommanditeinlage i.S.d. § 171 I HS 2 HGB geleistet ist.

II. Gliederung

Ausgangsfall

1. Anspruch des E gegen A gem. §§ 488 I S. 2 BGB, 171 I, 161 II, 160 HGB

Vor.:

a) Verbindlichkeit der KG (+)

b) Haftung des A

aa) Gem. §§ 171 I, 161 II, 160 HGB
Wirksamer Austritt (+)
Damit grds. Haftung in Höhe der Haftsumme (bis 3.000 €)

bb) Ausschluss der Haftung
Gem. § 171 I HS 2 HGB?

(1) Ursprünglich (+)
Haftung daher grds. (-)

(2) (P): Einlagenrückgewähr?
Wiederaufleben der Haftung, § 172 IV HGB?
Umbuchung des Kapitalanteils lässt Gesellschaftsvermögen *unberührt*

⇨ Daher: keine Rückgewähr

⇨ Wiederaufleben der Haftung (-)

Ergebnis: Anspruch (-)

2. Anspruch des E gegen D gem. §§ 488 I S. 2 BGB, 171 I HGB

Vor.:

a) Verbindlichkeit der KG (+)

b) Haftung des D

aa) Gem. § 171 I HS 1 HGB
Grds. (+), vgl. § 173 HGB

bb) Ausschluss der Haftung
Gem. § 171 I HS 2 BGB?
(+), Leistung des A wirkt auch zu Gunsten des D

Ergebnis: Anspruch (-)

Abwandlung

1. Anspruch des E gegen A gem. §§ 488 I S. 2 BGB, 171 I, 161 II, 160 HGB

Vor.:

a) Verbindlichkeit der KG (+)

b) Haftung des A
Gem. §§ 171 I, 161 III, 160 HGB?
(-), da Neuverbindlichkeit

Ergebnis: Anspruch (-)

2. Anspruch des E gegen D gem. §§ 488 I S. 2 BGB, 171 I HGB

Vor.:

a) Verbindlichkeit der KG (+)

b) Haftung des E
Gem. § 176 II, I HS 1 HGB?
Vor.: Anwendbarkeit des § 176 II HGB bei der Anteilsübertragung
(-): Wortlaut, Schutzzweck

Ergebnis: Anspruch (-)

III. Lösung Ausgangsfall

1. Anspruch des E gegen A gem. §§ 488 I S. 2 BGB, 171 I, 161 II, 160 HGB

E könnte gegenüber A einen Anspruch auf Rückzahlung des der KG gewährten Darlehens gem. §§ 488 I S. 2 BGB, 171 I, 161 II, 160 HGB haben.

a) Verbindlichkeit der KG

Die KG ist dem E gegenüber zur Rückzahlung des Darlehens gem. § 488 I S. 2 BGB verpflichtet, so dass eine Verbindlichkeit der KG vorliegt.

b) Haftung des A

Weiterhin müsste A für diese Verbindlichkeit der KG haften.

aa) Gem. §§ 171 I, 161 II, 160 HGB

In Betracht kommt zunächst eine Haftung gem. §§ 171 I, 161 II, 160 HGB.

A war ursprünglich Kommanditist der KG. Infolge der wirksamen Übertragung seines Gesellschaftsanteils auf D (§§ 413, 398 BGB) ist er aus der KG ausgeschieden.

Der Darlehensrückzahlungsanspruch des E ist allerdings noch vor seinem Ausscheiden entstanden, so dass er hierfür grundsätzlich bis zur Höhe seiner Hafteinlage (3.000 €) unmittelbar haftet, §§ 171 I, 161 II, 160 HGB.

bb) Ausschluss der Haftung

Möglicherweise ist die Haftung des A jedoch ausgeschlossen. Dies ist dann der Fall, wenn er seine Einlage i.S.d. § 171 I HS 2 HGB geleistet hat.

(1) Ursprünglich

A hat seine Einlage ursprünglich erbracht, so dass er jedenfalls zunächst von der Haftung befreit ist, § 171 I HS 2 HGB.

(2) (P): Einlagenrückgewähr?

Möglicherweise stellt die Übertragung des Kommanditanteils eine Einlagenrückgewähr dar. Gem. § 172 IV HGB würde die Haftung des A dann wieder aufleben.

Die Umbuchung des Kapitalanteils lässt das Gesellschaftsvermögen allerdings unberührt, so dass die Gläubiger, die im Vertrauen auf die Haftsumme mit der KG kontrahiert haben, nicht benachteiligt werden.

Der genau darauf ausgerichtete Schutzzweck des § 172 IV HGB ist damit nicht tangiert.

Folglich ist in der Übertragung des Kommanditanteils keine Rückgewähr zu sehen. A bleibt demnach von der Haftung befreit.

Anmerkung: Erforderlich ist allerdings, dass nicht nur der Austritt des bisherigen und der Eintritt des neuen Kommanditisten in das Handelsregister eingetragen werden, sondern auch ein *Nachfolgevermerk*, der über die Sonderrechtsnachfolge informiert. Nur dadurch wird ein andernfalls in der Öffentlichkeit entstehender Eindruck einer doppelten Haftsumme vermieden!

Ergebnis: E hat keinen Anspruch gegenüber A auf Rückzahlung des Darlehens.

2. Anspruch des E gegen D gem. § 171 I HGB

E könnte allerdings ein Anspruch auf Rückzahlung des Darlehens gegenüber D gem. §§ 488 I S. 2 BGB, 171 I HGB zustehen.

a) Verbindlichkeit der KG (+)

Eine Verbindlichkeit der KG ist gegeben (s.o.).

b) Haftung des D

Es stellt sich die Frage, ob D dafür einstehen muss.

aa) Gem. § 171 I HS 1 HGB

Als Kommanditist einer KG haftet D grundsätzlich unmittelbar für die Verbindlichkeiten der KG bis zur Höhe seiner Einlage, § 171 I HS 1 HGB.

Allerdings ist D zu einem Zeitpunkt in die KG eingetreten, als die Verbindlichkeit der KG gegenüber E bereits bestand.

Gem. § 173 HGB haftet der neu eingetretene Kommanditist jedoch auch für bereits begründete Verbindlichkeiten der Gesellschaft. Eine Haftung des D ist daher grundsätzlich bis zu einer Höhe von 3.000 € zu bejahen.

bb) Ausschluss der Haftung

Die Haftung könnte jedoch ausgeschlossen sein. Dies wäre gem. § 171 I HS 2 HGB der Fall, wenn D seine Einlage bereits erbracht hätte.

D selbst hat nicht an die KG geleistet. Allerdings wirkt die von seinem Rechtsvorgänger A geleistete Einlage auch zu seinen Gunsten. Die Haftung des D ist damit gem. § 171 I HS 2 HGB ausgeschlossen.

Ergebnis: E hat auch keinen Anspruch gegen D.

Anmerkung: Hätte A seine Einlage *noch nicht geleistet*, so würde A dem E gegenüber gem. §§ 488 I S. 2 BGB, 171 I HS 1, 161 II, 160 HGB bis zur Höhe der Haftsumme haften. Auch D wäre dem E gegenüber gem. §§ 488 I S. 2 BGB, 171 I HS 1, 173 HGB zur Rückzahlung des Darlehens verpflichtet. Gleiches gilt dann, wenn A seine Einlage zwar ursprünglich geleistet hätte, sie aber an D *wieder ausbezahlt* worden wäre. In diesem Fall würde die zunächst erloschene Haftung *sowohl* bei A *als auch* bei D wieder aufleben.

IV. Lösung Abwandlung

1. Anspruch des E gegen A gem. §§ 488 I S. 2 BGB, 171 I, 161 II, 160 HGB

Möglicherweise steht E ein Anspruch gegenüber A auf Rückzahlung des Darlehens gem. §§ 488 I S. 2 BGB, 171 I, 161 II, 160 HGB zu.

a) Verbindlichkeit der KG (+)

Das Bestehen einer Verbindlichkeit der KG ist zu bejahen (s.o.).

b) Haftung des A

Fraglich ist, ob A dafür einstehen muss.

Zwar haftet der aus einer Gesellschaft ausgeschiedene Kommanditist gem. §§ 171 I HS 1, 161 II, 160 HGB noch bis zur Höhe seiner Einlage während einer Ausschlussfrist von fünf Jahren weiter. Dies gilt jedoch nur für solche Verbindlichkeiten der KG, die im Zeitpunkt des Ausscheidens des Gesellschafters bereits begründet waren.

A ist im April aus der KG ausgeschieden, das Darlehen wurde der KG erst im Mai gewährt. Folglich muss A hierfür nicht haften.

Anmerkung: Auch eine Haftung aus § 15 I HGB kommt nicht in Betracht, da das Ausscheiden des A noch vor der Gewährung des Darlehens in das Handelsregister eingetragen worden war, §§ 161 II, 143 II HGB.

Ergebnis: E hat keinen Darlehensrückzahlungsanspruch gegenüber A.

2. Anspruch des E gegen D gem. §§ 488 I S. 2 BGB, 171 I HGB

Fraglich ist schließlich, ob E von D die Rückzahlung des Darlehens gem. §§ 488 I S. 2 BGB, 171 I HGB verlangen kann.

a) Verbindlichkeit der KG

Eine Verbindlichkeit der KG gegenüber E besteht (s.o.).

b) Haftung des D

D müsste außerdem für diese Verbindlichkeit einzustehen haben. E hat der KG das Darlehen im Mai gewährt, so dass die Rückzahlungsforderung *nach* der Übertragung des Gesellschaftsanteils auf D und *vor* seiner Eintragung als Kommanditist begründet wurde. Damit kommt eine Haftung des D gem. § 176 II, I HS 1 HGB in Betracht.

Voraussetzung hierfür ist jedoch, dass § 176 II HGB bei der Anteilsübertragung überhaupt anwendbar ist.

Dabei ist fraglich, ob eine Anteilsübertragung, bei der der Erwerber dem Veräußerer in dessen bestehenden Gesellschaftsanteil im Wege der Sonderrechtsnachfolge nachfolgt und folglich kein neuer Geschäftsteil geschaffen wird, überhaupt einen „Eintritt" i.S.d. § 176 II HGB darstellt.

Jedenfalls gebietet der Schutzzweck des § 176 II HGB im Falle der Anteilsübertragung *keine* unbeschränkte Haftung des Nachfolgers. § 176 II HGB zielt gerade darauf ab, den Rechtsverkehr vor nicht eingetragenen und nicht öffentlich bekannt gegebenen Haftungsbeschränkungen zu schützen. Geht die Kommanditistenstellung des Veräußerers aber aus dem Handelsregister hervor, so ist der Rechtsverkehr bei der Anteilsübertragung nicht schutzwürdig.

Eine Haftung des D scheidet daher aus.

Anmerkung: Eine andere Ansicht bejaht hingegen die Anwendung des § 176 II HGB auf die Anteilsübertragung. Ihr zufolge mache § 176 II HGB die beschränkte Haftung generell von einer Eintragung im Handelsregister abhängig. Außerdem werde der Schutzzweck des § 176 II HGB nur dann erreicht, wenn die Haftung unabhängig davon eingreife, ob der neue Gesellschafter infolge einer Änderung des Gesellschaftsvertrags eintrete oder durch einen außergesellschaftlichen Rechtsakt (Anteilsübertragung!) beitrete.

Ergebnis: Ein Anspruch des E gegenüber D besteht nicht.

Anmerkung: Beim Gesellschafterwechsel in der KG können Ihnen viele verschiedene Konstellationen begegnen! Haben Sie das System aber einmal verstanden, sind Sie auch auf den unbekannten Fall vorbereitet. Hinterfragen Sie daher stets den Sinn und Zweck einer Regelung und vermeiden Sie bloßes Auswendiglernen!

V. Zusammenfassung

Sound: Ein ausgeschiedener Kommanditist haftet für die zur Zeit seiner Mitgliedschaft begründeten Verbindlichkeiten der KG gem. § 171 I HS 1 HGB, wobei über § 161 II HGB die Nachhaftungsbegrenzung des § 160 HGB gilt. Hat er seine Einlage geleistet, so ist er von der Haftung freigeworden.
Der eintretende Kommanditist haftet für die *vor* seinem Eintritt begründeten Verbindlichkeiten nur nach Maßgabe der §§ 173, 171 f. HGB. Für die zwischen seinem Eintritt und der Eintragung in das Handelsregister begründeten Verbindlichkeiten der KG haftet er nach Maßgabe des § 176 II, I S. 1 HGB unbeschränkt persönlich.
Dies gilt aber dann nicht, wenn der „Eintritt" im Wege einer Anteilsübertragung (Sonderrechtsnachfolge) stattfindet.

hemmer-Methode: Die Anwendbarkeit des § 176 II HGB ist auch dann fraglich, wenn die Komplementärstellung in die eines Kommanditisten umgewandelt wird. Die überwiegende Meinung verneint dies: Da die Gesellschaftszugehörigkeit ohne Unterbrechung bestehen bleibe und sich lediglich der Inhalt der Mitgliedschaftsrechte und die Haftung veränderten, läge kein Austritt mit gleichzeitigem Neueintritt vor. Dies erscheint überzeugend, da der Rechtsverkehr auch ohne die Anwendung des § 176 II HGB ausreichend geschützt wird: Für Altverbindlichkeiten haftet der frühere Komplementär weiterhin betragsmäßig unbeschränkt gem. § 160 III S. 1, I, II HGB. Daneben tritt die allgemeine Kommanditistenhaftung, § 160 III S. 3 HGB. Für Verbindlichkeiten, die zwischen der Umwandlung der Gesellschafterstellung und deren Eintragung begründet werden, haftet der frühere Komplementär nach Maßgabe der §§ 128 S. 1, 143 II, 15 I HGB.

VI. Zur Vertiefung

- Hemmer/Wüst, Basics Zivilrecht, Bd. 5, Rn. 375 ff.
- Hemmer/Wüst, Gesellschaftsrecht, Rn. 200 ff.
- Hemmer/Wüst, Gesellschaftsrecht, Karteikarte Nr. 53.

2. Teil: Das Recht der Körperschaften

Kapitel IV: Der Verein

Fall 25: Sportsfreunde

Sachverhalt:

Die Kegelbrüder Horst (H), Daniel (D) und Nico (N) vereinbaren, einen Kegelverein ins Leben zu rufen. Sie beschließen, gemeinsam die Satzung auszuarbeiten, ein geeignetes Vereinslokal zu suchen und sich anschließend an die Werbung von Mitgliedern zu machen.

***Frage:** Haben H, D und N bereits einen Verein gegründet?*

I. Einordnung

Der Verein kann als *ein auf Dauer angelegter Zusammenschluss von Personen zur Verwirklichung eines gemeinsamen Zwecks mit körperschaftlicher Verfassung* beschrieben werden. Das BGB unterscheidet zwei grundlegende Formen des Vereins: den rechtsfähigen (§§ 21 ff., 55 ff. BGB) und den nichtrechtsfähigen (§ 54 BGB). Dabei ist der rechtsfähige Verein eine juristische Person des Privatrechts, die als eigener Rechtsträger am Rechtsverkehr teilnimmt und selbst Inhaber von Rechten und Pflichten wird.

II. Gliederung

Gründung eines Vereins

Vor.: Gründungsvertrag

⇨ Zusammenschluss von Personen zu rechtlich selbständiger Organisation

⇨ Zur Erreichung eines bestimmten Zwecks

⇨ Satzung
Hier noch (-)

⇨ Im Übrigen keine 7 Gründer, § 56 BGB

Aber: GbR i.S.d. §§ 705 ff. BGB?

Insb. Rechtsbindungswille (+)

Gemeinsamer Zweck (+)

Beitragspflicht (+), vgl. § 706 III BGB

⇨ Damit: GbR (+)

Ergebnis: Verein (-)

III. Lösung

Gründung eines Vereins

Fraglich ist, ob H, D und N bereits einen Verein gegründet haben.

Dazu müsste ihre Vereinbarung, einen Kegelverein zu gründen, bereits als Gründungsvertrag qualifiziert werden können.

Dies wäre dann der Fall, wenn sich die drei sowohl über den Zusammenschluss zu einer rechtlich selbständigen Organisation, die der Erreichung eines bestimmten Zwecks dient, als auch über die Satzung geeinigt hätten.

Anmerkung: Mit dem Abschluss des Gründungsvertrages und dem In-Kraft-Treten der Satzung ist der Verein entstanden. Erst danach kann er durch Eintragung in das Vereinsregister des zuständigen Amtsgerichts (*nichtwirtschaftlicher Verein = Idealverein*) bzw. durch staatliche Verleihung (*wirtschaftlicher Verein*) die Rechtsfähigkeit erlangen, §§ 21 ff., 55 ff. BGB.
Während sich der *Idealverein* dadurch auszeichnet, dass er sich vor allem einer politischen, wissenschaftlichen, religiösen, künstlerischen oder anderen nichtwirtschaftlichen Aufgabe widmet, verfolgt der *wirtschaftliche* Verein wirtschaftliche Ziele.
Dem wirtschaftlichen Verein kommt nur eine geringe praktische Bedeutung zu, da der Gesetzgeber für auf wirtschaftliche Ziele gerichtete Tätigkeiten in erster Linie die unterschiedlichen Kapitalgesellschaften (wie GmbH, AG, eG) als geeignetere Organisationsformen zur Verfügung gestellt hat.

H, D und N haben sich jedoch noch nicht über den Zusammenschluss zu einer rechtlich selbständigen Organisation und damit über die Gründung des Vereins als solchem geeinigt, sondern vielmehr beschlossen, zur *(zukünftigen)* Gründung des Kegelvereins zusammenzuwirken. Außerdem muss auch die Satzung erst noch ausgearbeitet werden, so dass hierüber keine Einigung erfolgt ist.

Im Übrigen bedarf es für die Gründung des Vereins der Mindestanzahl von 7 Mitgliedern, vgl. § 56 BGB.

Ein vereinsrechtlicher Gründungsvertrag liegt damit nicht vor.

Vielmehr könnte eine sog. Vor-Gründungsgesellschaft entstanden sein, §§ 705 ff. BGB.

Die drei haben sich zusammengeschlossen, um gemeinsam einen Verein zu gründen.

Indem sie gemeinsam eine Satzung ausarbeiten, ein geeignetes Vereinslokal aufsuchen und anschließend Mitglieder werben wollen, vereinbaren sie, diesen Zweck gemeinsam zu fördern.

Der notwendige Rechtsbindungswille kann ihnen so unterstellt werden, so dass ein wirksamer Gesellschaftsvertrag i.S.d. § 705 BGB vorliegt.

Anmerkung: Fehlte es den dreien an einem Rechtsbindungswillen, so wäre keine GbR entstanden.

Ergebnis: H, D und N haben keinen Verein, sondern lediglich eine sog. Vor-Gründungsgesellschaft i.S.d. §§ 705 ff. BGB gegründet.

IV. Zusammenfassung

Sound: Der Verein entsteht mit der Einigung der Gründer über den Zusammenschluss zu einer rechtlich selbständigen Organisation und über die Satzung (sog. *Gründungsvertrag*). Der Gründung des Vereins geht meist die Gründung einer Vor-Gründungsgesellschaft i.S.d. §§ 705 ff. BGB voraus.

hemmer-Methode: Der rechtsfähige Verein ist der Grundtyp der Körperschaften. Wesentliches Merkmal der Körperschaften ist ihre körperschaftliche Struktur, d.h. die weitgehende rechtliche Verselbständigung des Zusammenschlusses mehrerer Personen. Anders als bei den Personengesellschaften tritt der Einzelne also hinter das Ganze zurück. Am deutlichsten wird dies daran, dass die Körperschaft im Rechtsverkehr unter einem eigenen Namen auftritt und dabei grundsätzlich einer eigenständigen und alleinigen Haftung unterliegt. Außerdem erfordert die Körperschaft einen höheren Grad an Organisation: So bedarf sie einer Satzung, die ihr Funktionieren nach innen und außen regelt. Da die Körperschaft anders als die Personengesellschaft nicht bereits aus sich heraus über Organe verfügt, müssen zudem bestimmte Organe zwingend bestellt werden (*Grundsatz der Drittorganschaft*), die für sie handeln.

V. Zur Vertiefung

- Hemmer/Wüst, Basics Zivilrecht, Bd. 5, Rn. 399 ff.
- Hemmer/Wüst, Gesellschaftsrecht, Rn. 163 ff.
- Hemmer/Wüst, Gesellschaftsrecht, Karteikarten Nr. 91-93.

Fall 26: Am Brunnen vor dem Tore

Sachverhalt:

Der Naturfreunde e.V. (N) ist ein Verein aus 30 Mitgliedern und im Vereinsregister des AG Bayreuth eingetragen. Der Vorstand besteht aus Siegbert (S), Dirk (D) und dem 16-jährigen Richard (R), dessen Eltern mit der Übernahme des Vorstandesamtes allerdings nicht einverstanden waren. I.R.d. Planungen für die jährlich stattfindende Sommerwanderung im schönen Fichtelgebirge kommt die Idee auf, den ganzen Verein mit Liederbüchern auszustatten, um singend durch die Lande ziehen zu können. D und R sind dafür, S ist dagegen. Nach entsprechender Abstimmung wird D, der neben seiner Vereinstätigkeit in einem Männerchor aktiv ist, mit der Anschaffung von 30 neuen Liederbüchern beauftragt.

Kurz darauf findet jedoch eine Mitgliederversammlung statt, auf der das Thema der Liederbücher zur Sprache kommt. Auf Grund der kritischen Finanzlage des Vereins wird schließlich beschlossen, die Anschaffung der Liederbücher sein zu lassen.

D ist schwer enttäuscht und kauft dennoch im Namen des Vereins 30 Liederbücher, die sofort übergeben werden. Dabei versichert D dem Verkäufer (V), dass auch die Mitgliederversammlung die Anschaffung der Bücher beschlossen hat. V verlangt nun die Zahlung des Kaufpreises i.H.v. 300 €.

Frage: *Stehen V gegen N vertragliche Zahlungsansprüche zu?*

I. Einordnung

Als juristische Person des Privatrechts kann der rechtsfähige Verein wie eine natürliche Person selbständig am Rechtsverkehr teilnehmen: Er kann also selbst Vertragspartner, Gläubiger oder Schuldner gesetzlicher Ansprüche sein und vor Gericht im eigenen Namen klagen und verklagt werden.

Da der Verein als solcher aber handlungsunfähig ist, müssen seine Organe im Rechtsverkehr für ihn auftreten. Geht es dabei um rechtsgeschäftliches Handeln, so stellt sich damit die Frage, durch wen der Verein vertreten wird.

II. Gliederung

1. Anspruch des V gegen N auf Kaufpreiszahlung i.H.v. 300 € gem. § 433 II BGB

Vor.:

Rechtsfähigkeit (+)

Kaufvertrag, § 433 BGB

(P): wirksame Stellvertretung durch D, §§ 164 ff. BGB?

a) Eigene WE im Namen des N (+)

b) Mit Vertretungsmacht?

aa) Organschaftlich
Gem. § 26 II S. 1 BGB?
Sachlicher Umfang (+), § 26 II S. 3
Persönlicher Umfang?
(-), kein Einzelvertretungsrecht

bb) Rechtsgeschäftlich
Vollmacht, § 167 I BGB, durch Beauftragung

Vor.: wirksamer Mehrheitsbeschluss

Grds. 2:1-Mehrheitsbeschluss zu Gunsten der Beauftragung des D

(P): beschränkte Geschäftsfähigkeit des R

R überhaupt Vorstandsmitglied?

Übernahme des Vorstandsamtes nicht lediglich rechtlich vorteilhaft, § 107 BGB

Einverständnis der Eltern (-)

R daher ≠ Vorstandsmitglied

Dann aber 1:1-Beschluss

Wirksamer Mehrheitsbeschluss (-)

Rechtsgeschäftliche Vollmacht (-)

cc) Duldungsvollmacht
(-), da weder Kenntnis des N vom Handeln des D noch Duldung
Vertretungsmacht des D (-)
Kaufvertrag (-)

Ergebnis: Anspruch (-)

2. Anspruch des V gegen N auf Kaufpreiszahlung gem. §§ 179, 31 BGB

a) Zum Schadensersatz verpflichtende Handlung eines Vorstandsmitgliedes (+)

b) „In Ausführung der ihm zustehenden Verrichtungen“ (+)

c) (P): Aushöhlung des Vertretungsrechts
Jegliche Beschränkung der Vertretungsmacht des D wäre hinfällig
§ 31 BGB und § 179 BGB passen nach Sinn und Zweck nicht zueinander

Ergebnis: Anspruch (-)

3. Anspruch des V gegen N auf Schadensersatz gem. §§ 280 I, 311 II Nr. 1, 241 II BGB i.V.m. § 31 BGB

a) Schuldverhältnis
(+), Aufnahme von Vertragsverhandlungen, § 311 II Nr. 1 BGB

b) Pflichtverletzung
N als solcher (-)

⇨ § 31 BGB: Zurechnung der Pflichtverletzung des D?
Vortäuschung der Vertretungsmacht
Grds. Verletzung der Pflicht des § 241 II BGB

(P): Aushöhlung der Vorschriften, die dem Schutz des Vertretenen dienen?

Wohl h.M.: Pflichtverletzung muss über bloße Vortäuschung der Vertretungsmacht *hinausgehen*

⇨ Hier (-)

⇨ Daher: Zurechnung über § 31 BGB (-)

Ergebnis: Anspruch (-)

III. Lösung

1. Anspruch des V gegen N auf Zahlung des Kaufpreises i.H.v. 300 € gem. § 433 II BGB

V könnte gegen N ein Anspruch auf Kaufpreiszahlung gem. § 433 II BGB zustehen. Dazu müsste zwischen V und N ein wirksamer Kaufvertrag gem. § 433 BGB vorliegen.

Der Verein N hatte durch die Eintragung im Vereinsregister des AG Bayreuth seine Rechtsfähigkeit erlangt, § 21 BGB. Folglich konnte er als solcher Rechte und Pflichten erwerben und Vertragspartner sein.

D hat sich mit V über den Ankauf von 30 Liederbüchern geeinigt. Damit ist dann ein Kaufvertrag zwischen V und N zu Stande gekommen, wenn N wirksam durch D vertreten wurde, §§ 164 ff. BGB.

a) Eigene WE im Namen des N

D hat eine eigene Willenserklärung im Namen des N abgegeben, § 164 I S. 1 BGB.

b) Mit Vertretungsmacht

Fraglich ist jedoch, ob D dabei mit Vertretungsmacht gehandelt hat, § 164 I S. 1 BGB.

aa) Organschaftlich

Als Vorstandsmitglied des N könnte D organschaftliche Vertretungsmacht gehabt haben, § 26 I S. 2 BGB.

(1) Sachlicher Umfang

Zunächst müsste sich die Vertretungsmacht des Vorstandes des N auch auf den Kauf von Liederbüchern erstrecken.

Grundsätzlich ist die Vertretungsmacht des Vorstandes unbeschränkt.

Es sei denn, es handelt sich um ein Geschäft, das auch für Dritte erkennbar völlig außerhalb des Vereinszwecks liegt (h.M.) oder das das Grundverhältnis des Vereins betrifft.

Der Kauf der Liederbücher hält sich für den Naturfreunde Verein N noch i.R.d. Vereinszwecks und stellt außerdem kein Grundlagengeschäft dar.

Fraglich ist jedoch, ob die Vertretungsmacht des Vorstands möglicherweise dadurch beschränkt wurde, dass die Mitgliederversammlung beschlossen hat, von der Anschaffung der Liederbücher abzusehen. Zwar kann der Umfang der Vertretungsmacht des Vorstands auch mit Wirkung nach außen beschränkt werden, § 26 I S. 3 BGB. Jedoch muss die Beschränkung in der Satzung enthalten sein, was vorliegend nicht der Fall ist. Der Kauf der Liederbücher hält sich folglich i.R.d. Vertretungsmacht des Vorstandes.

Anmerkung: Selbst wenn der Umfang der Vertretungsmacht in der Satzung enthalten ist, wirkt die Beschränkung erst dann nach außen, wenn sie im Vereinsregister eingetragen oder dem Vertragspartner bekannt ist, §§ 68, 70 BGB.

(2) Persönlicher Umfang

Es stellt sich jedoch die Frage, ob D auch alleine für N handeln konnte.

Gem. § 26 II S. 2 BGB hat jedes Vorstandsmitglied bei der *Passiv*vertretung Einzelvertretungsmacht. Vorliegend geht es allerdings um die *Aktiv*vertretung bei einem mehrköpfigen Vorstand. Diesbezüglich enthält § 26 II S. 1 BGB die Regelung des Mehrheitsprinzips.

Daher scheidet eine wirksame Einzelvertretung bei einem mehrköpfigen Vorstand aus. Dieser besteht unabhängig von der Frage, ob R Mitglied des Vorstands geworden ist (vgl. unten).

Anmerkung: Beim Mehrheitsprinzip ist einerseits die gegenseitige Kontrolle der Vorstandsmitglieder gewährleistet. Andererseits ist der Verein dennoch handlungsfähig, was bei der Gesamtvertretung sehr fraglich wäre.

Folglich hatte D nicht schon allein auf Grund seiner Eigenschaft als Vorstandsmitglied des N organschaftliche Vertretungsmacht.

bb) Rechtsgeschäftlich

Möglicherweise hatte D infolge der Beauftragung durch den Vorstand rechtsgeschäftliche Vertretungsmacht (in § 166 II BGB legaldefiniert als Vollmacht), § 167 I BGB.

Dazu ist erforderlich, dass ein diesbezüglicher wirksamer Beschluss des Vorstands vorliegt, § 28 BGB. Dies ist dann der Fall, wenn D *mehrheitlich* mit der Anschaffung der Liederbücher beauftragt wurde.

D und R sind für die Anschaffung der Liederbücher und folglich auch die Beauftragung des D, S ist dagegen. Damit liegt grds. ein 2:1-Mehrheitsbeschluss vor.

R ist allerdings erst 16 Jahre alt und somit beschränkt geschäftsfähig (§§ 2, 106 BGB), so dass sich Bedenken hinsichtlich seiner Mitgliedschaft im Vorstand ergeben.

Die Mitgliedschaft im Vorstand setzt eine wirksame Annahme der Wahl durch den Gewählten voraus. Gem. § 107 BGB ist die auf die Übernahme gerichtete Willenserklärung nur dann nicht von der Einwilligung der gesetzlichen Vertreter des R, seiner Eltern, abhängig, wenn sie lediglich rechtlich vorteilhaft ist. Das Amt eines Vorstandes ist nicht nur mit Rechten, sondern auch mit Pflichten verbunden, vgl. nur § 27 III BGB. Folglich ist eine Einwilligung der Eltern des R erforderlich, die allerdings nicht erfolgt ist.

R konnte daher nicht Vorstandsmitglied werden, so dass auch seine Stimme i.R.d. in Frage stehenden Beschlusses nicht berücksichtigt werden kann.

Demnach liegt lediglich ein 1:1-Beschluss und kein Mehrheitsbeschluss vor.

Anmerkung: Damit kann dahinstehen, ob der Beschluss möglicherweise auch gem. § 34 BGB – Stimmverbot wegen eigener Betroffenheit – unwirksam war.

D hatte jedenfalls auch keine rechtsgeschäftliche Vertretungsmacht.

cc) Duldungsvollmacht

Schließlich kommt eine Duldungsvollmacht des D in Betracht.

Dazu ist erforderlich, dass der Vertretene es wissentlich geschehen lässt, dass ein anderer ihn vertritt, und der Geschäftsgegner dies so verstehen muss, als liege tatsächlich eine Vollmacht vor. Bei der juristischen Person muss es bei der Frage nach der Kenntnis vom Handeln des „Vertreters“ auf den Vorstand ankommen.

Hier hatte nur das handelnde Vorstandsmitglied D selbst Kenntnis von seinem Handeln für den Verein. Aus der Regelung der Passivvertretung in § 26 II S. 2 BGB wird nach allgemeiner Ansicht der Rückschluss gezogen, dass es generell für die Kenntnis des Vorstands auf die Kenntnis *nur eines* Vorstandsmitglieds ankommt. Dies kann jedoch bei der Duldungsvollmacht nicht gelten. Zumindest das unberechtigt handelnde Vorstandsmitglied weiß immer von seinem Auftritt als Vertreter, so dass die Beschränkung der Vertretungsmacht durch das Mehrheitsprinzip bzw. die Gesamtvertretung hinfällig wäre. Folglich müssen bei der Duldungsvollmacht – ebenso wie bei der *ausdrücklichen Vollmachtserteilung* – die Kenntnis und Duldung zumindest der *Mehrheit* des Vorstands entscheidend sein.

Eine derartige Duldung ist hier allerdings nicht ersichtlich.

Somit liegt keine Duldungsvollmacht vor.

Anmerkung: Zwar hat D beim Vertragsschluss einen Rechtsschein gesetzt, der auf seine Bevollmächtigung durch die Mitgliederversammlung schließen lässt.
Jedenfalls kann N kein Vorwurf gemacht werden, dass er (bzw. die Mehrheit des Vorstands, vgl. oben) ein derartiges Handeln des D bei pflichtgemäßer Sorgfalt hätte erkennen können.
Der Rechtsschein der Bevollmächtigung des D kann N daher nicht zugerechnet werden, so dass auch keine *Anscheinsvollmacht* vorliegt.

D handelte also ohne Vertretungsmacht und konnte den N daher nicht wirksam vertreten, §§ 164 ff. BGB.

Damit kam kein Kaufvertrag, § 433 BGB, zwischen V und N über die Liederbücher zu Stande.

Ergebnis: V steht gegenüber N kein Zahlungsanspruch gem. § 433 II BGB zu.

2. Anspruch des V gegen N auf Schadensersatz gem. §§ 179 I, 31 BGB

Möglicherweise kann V von N aber die Zahlung des Kaufpreises i.H.v. 300 € gem. §§ 179, 31 BGB verlangen.

Gem. § 31 BGB haftet der Verein für Schäden, die ein Vorstandsmitglied durch eine zum Schadensersatz verpflichtende Handlung einem Dritten zufügt, wenn die Handlung „in Ausführung der ihm zustehenden Verrichtungen“ begangen wurde.

a) Zum Schadensersatz verpflichtende Handlung eines Vorstandsmitgliedes

D ist Vorstandsmitglied. Indem er als Vertreter ohne Vertretungsmacht mit V kontrahierte, ist er gem. § 179 I BGB zum Schadensersatz verpflichtet.

b) „In Ausführung der ihm zustehenden Verrichtungen“

Außerdem müsste D mit dem Abschluss des Kaufvertrages über die Liederbücher noch in Ausführung seines Vorstandsamtes gehandelt haben.

Dabei genügt eine objektiv generelle Zuständigkeit, die auch bei vorsätzlich weisungswidrigem oder strafbarem Handeln zu bejahen ist. Damit ist dieses Erfordernis auch vorliegend erfüllt, so dass N dem V grundsätzlich zum Ersatz des entstandenen Schadens verpflichtet ist.

c) (P): Aushöhlung des Vertretungsrechts

Problematisch ist dabei jedoch, dass auf diesem Wege jegliche Beschränkung der Vertretungsmacht eines Vorstandsmitglieds hinfällig wäre. Der Vertrag wäre zwar nicht wirksam, so dass der Verein nicht zur Erfüllung verpflichtet wäre. Über § 31 BGB würde er dem Dritten gegenüber allerdings auf Schadensersatz haften.

Zudem passen die beiden Vorschriften nach ihrem Sinn und Zweck nicht zusammen: So möchte § 31 BGB die juristische Person dort haftbar machen, wo auch eine natürliche Person wegen des eigenen Handelns haften müsste. Der Vertragspartner soll gerade nicht dadurch schlechter gestellt sein, dass er nicht mit einer natürlichen Person kontrahiert.

Allerdings soll auch keine Besserstellung erfolgen. Indem § 179 I BGB nur und gerade die Haftung des *Vertreters* bestimmt, wenn er ohne Vertretungsmacht gehandelt hat, kommt eine Zurechnung an den Vertretenen, wenn er eine natürliche Person ist, nicht in Betracht. Folglich kann die spezifische Vertreterhaftung des § 179 I BGB auch nicht über § 31 BGB auf die juristische Person übergeleitet werden.

Ergebnis: V steht gegenüber N kein Schadensersatzanspruch gem. §§ 179 I, 31 BGB zu.

3. Anspruch des V gegen N auf Schadensersatz gem. §§ 280 I, 311 II Nr. 1, 241 II BGB i.V.m. § 31 BGB

Schließlich könnte V gegen N einen Schadensersatzanspruch gem. §§ 280 I, 311 II Nr. 1, 241 II BGB i.V.m. § 31 BGB haben.

a) Schuldverhältnis

Zunächst ist das Vorliegen eines Schuldverhältnisses zwischen V und N erforderlich.

Hier kommt ein vorvertragliches Schuldverhältnis i.S.d. § 311 II Nr. 1 BGB in Betracht.

D verhandelte mit V im Namen des N über die Anschaffung von 30 Liederbüchern. Zwar war D vorliegend nicht dazu befugt, einen Kaufvertrag für N abzuschließen.

Jedenfalls besaß er die *generelle Verhandlungsbefugnis* für derartige Geschäfte, so dass das Handeln des D ein Schuldverhältnis i.S.d. § 311 II Nr. 1 BGB zwischen V und N begründete.

b) Pflichtverletzung

N müsste eine Pflicht aus diesem Schuldverhältnis verletzt haben.

Der Verein als solcher ist nicht handlungsfähig. Über § 31 BGB könnte ihm aber eine Pflichtverletzung des D zuzurechnen sein.

D handelte als Vertreter ohne Vertretungsmacht und verletzte so die Pflicht aus § 241 II BGB zur Rücksichtnahme auf die Interessen des anderen Teils, hier des V.

Fraglich ist, ob diese Pflichtverletzung dem N gem. § 31 BGB zugerechnet werden kann. Einerseits könnte so ein Teil der gesetzlichen Bestimmungen leer laufen, die dem Schutz des Vertretenen dienen.

Andererseits hätte ein absoluter Vorrang der Vertretungsordnung eine Einschränkung der Haftungspflichten auf Kosten des Geschäftspartners zur Folge, was sich mit dem Wortlaut des Gesetzes (§§ 31, 278 BGB) kaum vereinbaren ließe.

Die wohl h.M. lässt daher dann eine Zurechnung der Pflichtverletzung des Organs über § 31 BGB an die juristische Person zu, wenn die Pflichtverletzung nicht lediglich in dem Handeln ohne Vertretungsmacht bzw. dem Vortäuschen der Existenz der Vertretungsmacht besteht, sondern darüber hinausgeht.

In diesem Fall stehe der Schutzzweck der Vertretungsregeln einer Haftung nicht entgegen.

Vorliegend hat D den V allerdings lediglich über das Bestehen seiner Vertretungsmacht getäuscht.

Die Erklärung, auch die Mitgliederversammlung habe die Anschaffung der Liederbücher beschlossen, diente dabei der Untermauerung seiner Vertretungsmacht und ist damit keine weitere darüber hinausgehende Maßnahme.

Folglich ist die Pflichtverletzung des D dem N nicht über § 31 BGB zuzurechnen.

Ergebnis: V hat auch keinen Schadensersatzanspruch gegen N gem. §§ 280 I, 311 II Nr. 1, 241 II BGB i.V.m. § 31 BGB.

IV. Zusammenfassung

Sound: Nach h.M. wird der Verein nur dann wirksam vertreten, wenn die einfache Mehrheit seiner Vorstandsmitglieder handelt. Handelt ein Mitglied eines mehrköpfigen Vorstands allein, so wird der Verein folglich nicht wirksam verpflichtet. Der Verein ist dem Vertragspartner gegenüber gleichwohl gem. §§ 280 I, 311 II Nr. 1, 241 II BGB i.V.m. § 31 BGB zum Schadensersatz verpflichtet, wenn sich die Pflichtverletzung nicht nur auf die Vortäuschung der Vertretungsmacht beschränkt, sondern darüber hinausgeht.

hemmer-Methode: Vorliegend war nur nach vertraglichen Zahlungsansprüchen gefragt. V steht jedenfalls ein *deliktischer Schadensersatzanspruch* gegen N gem. §§ 823 II BGB, 263 StGB bzw. §§ 826, 31 BGB zu. Insofern kommt den Regelungen des Vertretungsrechts kein Vorrang zu: Deren Schutzzweck richtet sich auf die Vermeidung rechtsgeschäftlicher Bindungen, kann und soll aber nicht vor den Ausnahmefällen des deliktischen Handelns schützen. Darüber hinaus kann V von N die *Herausgabe* der 30 Liederbücher gem. § 812 I S. 1 Alt. 1 BGB verlangen.

V. Zur Vertiefung

- Hemmer/Wüst, Basics Zivilrecht, Bd. 5, Rn. 413 ff.
- Hemmer/Wüst, Gesellschaftsrecht, Rn. 348 ff.
- Hemmer/Wüst, Gesellschaftsrecht, Karteikarten Nr. 94, 95.

Fall 27: Ein Fall von Größenwahn

Sachverhalt:

Heinrich (H) ist Vorstand des Reitclubs „Wild Horses“ e.V. (R). I.R.d. Vorbereitungen eines Jubiläumsturniers beschließt H eigenmächtig, eine sog. „Informationsreise“ zu einem Weltklasse-Springturnier in Westfalen durchzuführen, um zu sehen, wie eine derartige Veranstaltung ausgerichtet wird. Schließlich müsse er ja Erfahrung sammeln. Seine hierfür getätigten Auslagen i.H.v. 900 € überweist er sich nach seiner Rückkehr vom Vereinskonto auf sein Privatkonto. Als die anderen Vereinsmitglieder davon mitbekommen, sind sie empört. Für das beschauliche Jubiläumsturnier sei eine derartige Reise alles andere als erforderlich gewesen. H solle die 900 € sofort zurücküberweisen.

***Frage:** Steht R gegen H ein Anspruch auf Rückzahlung des Betrages zu?*

I. Einordnung

Während die Mitgliederversammlung vor allem für die *interne* Willensbildung des Vereins zuständig und damit gewissermaßen das oberste Organ des Vereins ist, ist es Hauptaufgabe des Vorstandes, für den Verein *nach außen* zu handeln. Die Rechtsbeziehungen zwischen Verein und Vorstand regeln sich nach dem Auftragsrecht, vgl. § 27 III BGB.

II. Gliederung

Ansprüche des R gegen H auf Rückzahlung der 900 €

1. gem. §§ 27 III, 667 BGB

a) **Rechtsfähigkeit des R**
(+), gem. § 21 BGB

b) **Anwendbarkeit des § 667 BGB**
(+), vgl. § 27 III BGB

c) **Vor. des § 667 BGB**
Betrag = „zur Ausführung des Auftrags“ erhalten oder „aus der Geschäftsbesorgung“ erlangt
(-), vielmehr als Ersatz für bereits getätigte Aufwendungen

Ergebnis: Anspruch (-)

2. gem. §§ 280 I, 241 II, 27 III BGB

Vor.:

a) **Schuldverhältnis**
(+), auftragsähnliches Schuldverhältnis, vgl. § 27 III BGB

b) **Pflichtverletzung**
Überweisung = Verletzung der Pflicht zur ordnungsgemäßen Geschäftsführung?
(+), wenn kein Anspruch des H auf Zahlung
Aufwendungsersatzanspruch gem. §§ 27 III, 670 BGB (-)

⇨ Pflichtverletzung daher (+)

c) **Vertretenmüssen, § 280 I 2 BGB (+)**

d) **Kausaler Schaden (+)**

Ergebnis: Anspruch (+)

3. gem. § 812 I S. 1 Alt. 1 BGB

Vor.:

a) **Etwas erlangt (+)**

b) **Durch Leistung**
Bewusste und zweckgerichtete Mehrung fremden Vermögens
(+), Handeln des H wird dem Verein zugerechnet

⇨ Leistung daher (+)

c) Ohne rechtlichen Grund (+)

Ergebnis: Anspruch (+)

4. gem. §§ 823 II BGB, 266 StGB

Vor.:

a) Vorliegen eines Schutzgesetzes (+), § 266 StGB

b) Verstoß gegen das Schutzgesetz (-), da kein Vorsatz (vgl. § 16 I S. 1 StGB)

Ergebnis: Anspruch (-)

5. gem. §§ 687 II, 681 S. 2, 667 BGB

Fremdes Geschäft (+)

Vorsatz (-)

Ergebnis: Anspruch (-)

III. Lösung

Ansprüche des R gegen H auf Rückzahlung der 900 €

1. gem. §§ 27 III, 667 BGB

R könnte gegen H ein Rückzahlungsanspruch i.H.v. 900 € gem. §§ 27 III, 667 BGB zustehen.

a) Rechtsfähigkeit des R

Als eingetragener Verein ist R rechtsfähig, § 21 BGB, und kann somit Träger von Rechten und Pflichten sein.

b) Anwendbarkeit des § 667 BGB

Gem. § 27 III BGB richtet sich das Rechtsverhältnis zwischen Verein und Vorstand nach den Vorschriften des Auftragsrechts (§§ 664-670 BGB), sofern in der Vereinssatzung nichts anderes bestimmt ist, § 40 BGB.

Derartige Bestimmungen sind hier nicht ersichtlich, so dass § 667 BGB Anwendung findet.

c) Vor. des § 667 BGB

Ein Rückzahlungsanspruch gem. § 667 BGB setzt voraus, dass H den Betrag i.H.v. 900 € „zur Ausführung des Auftrags“ erhalten oder „aus der Geschäftsbesorgung“ erlangt hat.

H hatte die 900 € allerdings weder im Sinne eines Vorschusses (vgl. § 669 BGB) zur Ausführung des „Auftrags“ erhalten noch war die Überweisung zur Abgeltung der Reisekosten Teil der Geschäftsbesorgung.

Der Betrag sollte vielmehr dem Ersatz der von H getätigten Aufwendungen dienen.

Die Voraussetzungen des § 667 BGB liegen damit nicht vor.

Ergebnis: R steht kein Rückzahlungsanspruch gem. § 667 BGB zu.

2. gem. §§ 280 I, 241 II, 27 III BGB

Möglicherweise ergibt sich ein Anspruch des R auf Rückzahlung eines Betrags i.H.v. 900 € aus §§ 280 I, 241 II, 27 III BGB.

a) Schuldverhältnis

Zunächst ist erforderlich, dass zwischen R und H ein Schuldverhältnis vorliegt.

Gem. § 27 III BGB besteht zwischen dem Verein und seinem Vorstand ein auftragsähnliches Schuldverhältnis. Das erforderliche Schuldverhältnis zwischen R und H liegt damit vor.

b) Pflichtverletzung

Weiterhin müsste H eine Pflicht aus dem Schuldverhältnis verletzt haben.

Indem H sich einen Betrag i.H.v. 900 € vom Vereinskonto auf sein Privatkonto überwiesen hat, könnte er seine Pflicht zur ordnungsgemäßen Geschäftsführung verletzt haben.

Dies wäre jedenfalls dann *nicht* der Fall, wenn ihm gegenüber R ein Anspruch auf Zahlung dieses Betrages zustünde. In Betracht kommt ein Aufwendungsersatzanspruch gem. §§ 27 III, 670 BGB. Dann müsste H Aufwendungen getätigt haben, die er den Umständen nach für erforderlich halten durfte. H hatte im Zusammenhang mit der „Informationsreise" nach Westfalen Ausgaben i.H.v. 900 €. Diese wären dann als erforderlich anzusehen, wenn die Reise notwendig war. Das Jubiläumsturnier des R ist sowohl vom Zuschnitt als auch vom organisatorischen Aufwand her keinesfalls mit dem Weltklasse-Springturnier zu vergleichen.

Die Reise war daher nicht geboten, so dass die Aufwendungen in keinem Verhältnis zu einem etwaigen Erfahrungsgewinn stehen.

Ein Aufwendungsersatzanspruch des R gem. §§ 27 III, 670 BGB ist folglich zu verneinen. Damit war H nicht berechtigt, den Betrag i.H.v. 900 € auf sein Privatkonto zu überweisen. Er hat vielmehr seine Pflicht zur ordnungsgemäßen Geschäftsführung verletzt.

c) Vertretenmüssen, § 280 I S. 2 BGB

Weiterhin müsste H diese Pflichtverletzung zu vertreten haben, §§ 280 I S. 2, 276 BGB.

Zwar ging H wohl davon aus, dass ihm ein Anspruch auf Zahlung des Betrages i.H.v. 900 € zustand, so dass er nicht vorsätzlich handelte. Er hätte allerdings erkennen können, dass ihm mangels Erforderlichkeit der Informationsreise auch kein Aufwendungsersatzanspruch zustand, so dass er jedenfalls fahrlässig handelte, § 276 II BGB. Damit wird es ihm nicht gelingen, die durch § 280 I S. 2 BGB aufgestellte Vermutung des Vertretenmüssens zu widerlegen.

d) Kausaler Schaden

R ist ein kausaler Schaden i.H.v. 900 € entstanden.

Ergebnis: R kann von H die Rückzahlung eines Betrages i.H.v. 900 € gem. §§ 280 I, 241 II, 27 III BGB verlangen.

3. gem. § 812 I S. 1 Alt. 1 BGB

Darüber hinaus könnte R gegenüber H einen Rückzahlungsanspruch i.H.v. 900 € gem. § 812 I S. 1 Alt. 1 BGB haben.

a) Etwas erlangt

Durch die Überweisung auf sein Privatkonto hat H einen Gutschriftanspruch gegen die kontoführende Bank gem. § 675t BGB erlangt.

b) Durch Leistung

Dies müsste durch Leistung erfolgt sein.

Unter Leistung versteht man die bewusste und zweckgerichtete Mehrung fremden Vermögens.

Vorliegend hat der Verein R, vertreten durch seinen Vorstand H, das Vermögen der Privatperson H durch die Überweisung eines Betrages i.H.v. 900 € mit der Folge des Entstehens eines Gutschriftanspruchs bewusst und zweckgerichtet gemehrt. Eine Leistung liegt damit vor.

Anmerkung: Dies erscheint zugegebenermaßen sehr konstruiert. Es ist daher auch vertretbar, eine Leistung mit der Begründung zu verneinen, dass H sich letztlich wie bei einem „Griff in die Vereinskasse" selbst bedient hat. In diesem Fall hätte H folglich etwas „in sonstiger Weise" i.S.d. § 812 I S. 1 Alt. 2 BGB erlangt.

c) Ohne rechtlichen Grund

Mangels Anspruchs des H auf Zahlung des Betrages i.H.v. 900 € (s.o.) erfolgte die Leistung ohne rechtlichen Grund.

Damit ist H dem R gegenüber zur Herausgabe des Erlangten, d.h. zur Rücküberweisung eines Betrages i.H.v. 900 €, verpflichtet.

Ergebnis: R hat gegenüber H einen Rückzahlungsanspruch gem. § 812 I S. 1 Alt. 1 BGB.

Anmerkung: H kann sich dabei nicht auf eine Entreicherung i.S.d. § 818 III BGB berufen. Zwar hatte H Ausgaben i.H.v. 900 €, die möglicherweise sog. Luxusverwendungen darstellen. Allerdings hat er diese Aufwendungen für die Reise bereits *vor* der Leistung getätigt. Die überwiesenen 900 € sind mangels anderer Angaben im Sachverhalt noch auf seinem Privatkonto gutgeschrieben.

4. gem. §§ 823 II BGB, 266 StGB

R hat möglicherweise auch einen Anspruch auf Rückzahlung der 900 € gem. §§ 823 II BGB, 266 StGB.

a) Vorliegen eines Schutzgesetzes

Zunächst ist das Vorliegen eines Schutzgesetzes zu Gunsten des R erforderlich. Als Schutzgesetz kommt hier § 266 StGB in Betracht.

§ 266 StGB zielt auf den Schutz des Vermögens vor Beeinträchtigungen, die aus dem Missbrauch einer Befugnis, über fremdes Vermögen zu verfügen, oder einem Treuebruch herrühren, ab.

Das Vermögen des Vereins R wurde hier im Grunde durch einen unberechtigten Zugriff seines Vorstandes geschmälert, so dass § 266 StGB ein Schutzgesetz zu Gunsten des R darstellt.

b) Verstoß gegen das Schutzgesetz

Weiterhin müsste H gegen § 266 StGB verstoßen haben.

H ging davon aus, sich seine Auslagen i.H.v. 900 € überweisen zu dürfen. Folglich handelte er jedenfalls nicht vorsätzlich (vgl. § 16 I S. 1 StGB), so dass § 266 StGB in subjektiver Hinsicht nicht verwirklicht ist.

Ergebnis: Ein Schadensersatzanspruch gem. §§ 823 II BGB, 266 StGB scheidet aus.

5. Gem. §§ 687 II, 681 S. 2, 667 BGB

Schließlich kommt ein Anspruch des R gegen H auf Rückzahlung der 900 € gem. §§ 687 II, 681 S. 2, 667 BGB in Betracht.

Dann müsste H mit der Überweisung bewusst unberechtigt ein fremdes als sein eigenes Geschäft geführt haben.

Zwar hat H durch die Überweisung in die Rechtssphäre des R eingegriffen. H fühlte sich jedoch dazu berechtigt, Aufwendungsersatz zu verlangen und die Überweisung vorzunehmen, so dass es jedenfalls am Vorsatz fehlt.

Ergebnis: R steht kein Rückzahlungsanspruch gem. §§ 687 II, 681 S. 2, 667 BGB zu.

IV. Zusammenfassung

Sound: Gem. §§ 27 III, 667 BGB hat der Vorstand dem Verein all das, was er i.R.d. Geschäftsbesorgung erlangt, herauszugeben. Im Gegenzug kann er gem. §§ 27 III, 670 BGB Ersatz für die von ihm getätigten Aufwendungen verlangen. Verletzt der Vorstand schuldhaft seine Pflicht zur ordnungsgemäßen Geschäftsführung, ist er dem Verein gegenüber gem. §§ 280 ff. BGB zum Schadensersatz verpflichtet.

hemmer-Methode: Auch wenn das Vereinsrecht eine eher unbekannte Materie ist, kann es Ihnen in der Klausur gut im Sinne eines „Fallaufhängers“ begegnen. Über die Verweisungsnorm des § 27 III BGB können so allgemeine schuldrechtliche Problemfelder abgeprüft werden. Lernen Sie das Vereinsrecht daher nicht isoliert, sondern stets klausurorientiert im Zusammenhang mit dem allgemeinen Zivilrecht. Sie sind dann optimal für den „Fall der Fälle“ vorbereitet und können die Klausur einwandfrei meistern!

V. Zur Vertiefung

- Hemmer/Wüst, Basics Zivilrecht, Bd. 5, Rn. 412.
- Hemmer/Wüst, Gesellschaftsrecht, Rn. 372.
- Hemmer/Wüst, Gesellschaftsrecht, Karteikarte Nr. 99.

Fall 28: Frauenpower

Sachverhalt:

Eva (E) ist Mitglied des Motorradclubs „Biker-Alarm“ e.V. (B). Um ihren großen Traum, die Teilnahme an dem vom Verein alljährlich ausgerichteten „Bavaria-Rennen“, wahr zu machen, schafft sie sich endlich ein geeignetes Motorrad an. Der einzige Vorstand des Vereins, Matze (M), ist allerdings der Auffassung, dass E das Rennen lieber als Zuschauerin miterleben solle und verweigert ihr die Teilnahme. E ist erbost, da ihr so neben einer „Mordsgaudi“ eine Antrittsprämie i.H.v. 500 € entgeht.

Frage: *Kann E von B Ersatz verlangen?*

I. Einordnung

Ein Verein setzt sich aus seinen Mitgliedern zusammen. Als Mitgliedschaft bezeichnet man dabei die Gesamtheit der Rechtsbeziehungen, in denen das Mitglied zu seinem Verein steht. Als höchstpersönliches Recht ist die Mitgliedschaft weder übertragbar noch vererblich, es sei denn, die Satzung sieht eine andere Regelung vor, § 38 S. 1 BGB. Auch die Ausübung der Mitgliedschaftsrechte, wie etwa der Stimm- und Wahlrechte, kann das Mitglied keinem anderen überlassen, § 38 S. 2 BGB.

Anmerkung: Aus der Mitgliedschaft ergeben sich für das Mitglied sowohl *Rechte* als auch *Pflichten*. Zu den Rechten gehören etwa das Recht auf Teilnahme an der Vereinsverwaltung (mit Stimmrecht und aktivem/passivem Wahlrecht), das Recht auf Teilnahme an den Veranstaltungen des Vereins, das Recht auf Nutzung der vom Verein zum Gebrauch für die Mitglieder vorgesehenen Sachen sowie sonstige in der Satzung vorgesehene Rechte. Pflichten ergeben sich etwa in Bezug auf die Beitragsleistung, die Übernahme von Ämtern und die Teilnahme an bestimmten Veranstaltungen und Versammlungen.

II. Gliederung

1. Schadensersatzanspruch der E gem. §§ 280 I, 241 II, 31 BGB

Vor.:

a) Rechtsfähigkeit des B
(+), vgl. § 21 BGB

b) Schuldverhältnis
(+), Mitgliedschaftsverhältnis

c) Pflichtverletzung
Hier: Verweigerung der Teilnahme
Dadurch Verletzung der Mitgliedschaftsrechte der E

⇨ Pflichtverletzung daher (+)

d) Vertretenmüssen, § 280 I S. 2 BGB
Zumindest Fahrlässigkeit des M, § 276 II BGB
Zurechnung an B gem. § 31 BGB

⇨ Vertretenmüssen (+)

e) Kausaler Schaden
(+) i.H.v. 500 €

Ergebnis: Anspruch (+)

2. Schadensersatzanspruch gem. §§ 823 I, 31 BGB

Vor.:

a) Kausale Rechtsgutsverletzung

(P): Vermögen als solches ≠ geschütztes Rechtsgut

ABER: Mitgliedschaftsrecht als sonstiges Recht i.S.v. § 823 I BGB

Verletzung durch Verweigerung der Teilnahme (+)

b) **Rechtswidrigkeit und Verschulden (+)**

c) **Rechtsfolge**
Ersatz des kausalen Schadens, §§ 249 ff. BGB

Ergebnis: Anspruch (+)

III. Lösung

1. Schadensersatzanspruch der E gem. §§ 280 I, 241 II, 31 BGB

E könnte gegenüber dem Verein B einen Schadensersatzanspruch gem. §§ 280 I, 241 II i.V.m. 31 BGB haben.

a) Rechtsfähigkeit des B

Als eingetragener Verein ist der „Biker-Alarm" e.V. Träger von Rechten und Pflichten und somit rechtsfähig, vgl. § 21 BGB.

b) Schuldverhältnis

Zwischen E und B müsste ein Schuldverhältnis vorliegen. E ist Vereinsmitglied des B, so dass mit dem Mitgliedschaftsverhältnis das Erfordernis des Schuldverhältnisses zu bejahen ist.

c) Pflichtverletzung

Weiterhin müsste eine Pflicht aus diesem Schuldverhältnis verletzt worden sein.

E wurde hier die Teilnahme an dem alljährlich stattfindenden Bavaria-Rennen versagt.

Als Vereinsmitglied des B steht der E jedoch das Recht auf Teilnahme an den Veranstaltungen des Vereins zu, es sei denn, die Satzung enthält eine andere Bestimmung. Derartige andere Bestimmungen sind hier nicht ersichtlich. Somit wurde E durch die Verweigerung der Teilnahme in ihren Mitgliedschaftsrechten verletzt. Eine Pflichtverletzung ist gegeben.

d) Vertretenmüssen, § 280 I S. 2 BGB

B müsste diese Pflichtverletzung zu vertreten haben.

Der Verein ist selbst handlungs- und folglich auch verschuldensunfähig. Gem. § 31 BGB muss er sich jedoch das Verschulden seiner Organe zurechnen lassen.

Indem M in Ausführung seines Amtes als Vorstand des B der E die Teilnahme an dem Rennen verweigerte, verkannte er zumindest fahrlässig, dass dadurch Mitgliedschaftsrechte verletzt wurden, § 276 II BGB. Der Verein B muss sich dieses Verschulden des M folglich gem. § 31 BGB zurechnen lassen und hat die Pflichtverletzung damit zu vertreten, § 280 I S. 2 BGB.

e) Kausaler Schaden

Durch die Verweigerung der Teilnahme hat E eine Vermögenseinbuße i.H.v. 500 € erlitten. Damit liegt ein kausaler Schaden vor.

Anmerkung: E beklagt außerdem, dass ihr die „Gaudi" des Motorradrennens entgangen sei. Dabei handelt es sich um einen immateriellen Schaden, der mangels Verletzung des Körpers, der Gesundheit, der Freiheit oder der sexuellen Selbstbestimmung *nur* bei *ausdrücklicher* Normierung ersatzfähig ist, vgl. § 253 I, II BGB.

Solche Vorschriften finden sich beispielsweise im Reisevertragsrecht, § 651f II BGB. Für das entgangene Freizeitvergnügen existiert jedoch keine derartige Norm, so dass dieser Schaden jedenfalls nicht ersatzfähig ist.

Ergebnis: E steht gegenüber B ein Schadensersatzanspruch i.H.v. 500 € zu.

2. Schadensersatzanspruch gem. §§ 823 I, 31 BGB

Möglicherweise hat E darüber hinaus auch einen Schadensersatzanspruch gegenüber B gem. §§ 823 I, 31 BGB.

a) Kausale Rechtsgutsverletzung

Zunächst ist das Vorliegen einer kausalen Verletzung eines der in § 823 I BGB genannten Rechtsgüter oder Rechte erforderlich.

E hat hier eine Vermögenseinbuße i.H.v. 500 € erlitten. Das Vermögen als solches stellt jedoch kein durch § 823 I BGB geschütztes Rechtsgut dar.

Allerdings ist E durch die Verweigerung der Teilnahme an dem jährlich stattfindenden Rennen schwerwiegend in ihren Mitgliedschaftsrechten verletzt worden. Auf Grund des personenrechtlichen Charakters der Mitgliedschaft stellt diese ein sonstiges Recht i.S.d. § 823 I BGB dar. Eine Rechtsgutsverletzung ist damit gegeben.

Anmerkung: Teilweise wird vertreten, dass § 823 I BGB nur den *Bestand und Kern* der Mitgliedschaft, d.h. deren *Substanz* schütze. Entscheiden Sie sich daher klausurtaktisch.

Im vorliegenden Fall besteht jedenfalls bereits ein vertraglicher Schadensersatzanspruch, so dass es im Ergebnis unerheblich ist, wie Sie sich entscheiden.

b) Rechtswidrigkeit, Verschulden

Mangels Vorliegens von Rechtfertigungsgründen war die Verweigerung der Teilnahme rechtswidrig. Auch ein Verschulden des B ist gem. §§ 276 II, 31 BGB (s.o.) zu bejahen.

Anmerkung: Am Verschulden kann es unter anderem dann fehlen, wenn sich der Schädiger durch einen Haftungsausschluss wirksam von der Haftung freigezeichnet hat.
Anders als außenstehende Dritte ist das Vereinsmitglied in die Vereinsorganisation miteinbezogen und daher weniger schutzbedürftig. Daher soll es zulässig sein, dass der Verein seine Haftung gegenüber Mitgliedern stärker beschränkt als dies im Außenverhältnis zulässig wäre.

c) Rechtsfolge

Der Verein B muss der E folglich den entstandenen Schaden gem. §§ 249 ff. BGB ersetzen. E kann damit Ausgleich für die erlittene Vermögenseinbuße i.H.v. 500 € verlangen.

Anmerkung: Der in der entgangenen „Gaudi" liegende Schaden ist selbstverständlich auch i.R.d. Schadensersatzanspruchs aus § 823 I BGB nicht ersatzfähig:
Die Höhe und Ersatzfähigkeit des Schadens richten sich sowohl bei vertraglichen Schadensersatzansprüchen als auch bei solchen aus unerlaubter Handlung nach den §§ 249 ff. BGB.

Ergebnis: E steht gegenüber B auch ein Schadensersatzanspruch i.H.v. 500 € aus § 823 I BGB zu.

IV. Zusammenfassung

Sound: Auf Grund ihres personenrechtlichen Charakters ist die Mitgliedschaft nach überzeugender Auffassung ein sonstiges Recht i.S.d. § 823 I BGB. Verstößt der Verein schuldhaft gegen Mitgliedschaftsrechte, stehen dem betroffenen Mitglied daher neben Schadensersatzansprüchen aus den §§ 280 ff. BGB auch solche aus § 823 I BGB zu.

hemmer-Methode: Denkbar ist, dass die Vereinssatzung eine Klausel enthält, die bestimmt, dass die Aufnahme neuer Mitglieder im Ermessen des Vorstandes liegt und eine Ablehnung ohne Angabe von Gründen erfolgen kann. Fraglich ist die Wirksamkeit einer derartigen Klausel. Grundsätzlich ist die Aufnahme neuer Mitglieder in das Belieben des Vereins gestellt, so dass auch eine derartige Aufnahmeklausel wirksam ist. In Ausnahmefällen besteht allerdings ein Aufnahmezwang, der dann die Unwirksamkeit der Aufnahmeklausel zur Folge hat. Dies ist etwa dann der Fall, wenn der Verein eine erhebliche wirtschaftliche oder soziale Machtstellung innehat und das abgelehnte Mitglied ein schwerwiegendes Interesse an der Mitgliedschaft besitzt. **Wichtig:** Die Unwirksamkeit der Aufnahmeklausel hat nicht die Unwirksamkeit der gesamten Satzung zur Folge! Nach allgemeiner Meinung gilt § 139 BGB im Vereinsrecht nicht, solange der restliche Teil der Satzung im Hinblick auf den Vereinszweck und die organisatorischen Erfordernisse eine sinnvolle Ordnung ergibt.

V. Zur Vertiefung

- Hemmer/Wüst, Gesellschaftsrecht, Rn. 364 ff.
- Hemmer/Wüst, Gesellschaftsrecht, Karteikarten Nr. 97, 98.

Fall 29: Geschmäcker sind verschieden

Sachverhalt:

Die Bürger des Kurortes Herbsthausen möchten das angeschlagene Image ihrer Stadt aufpolieren. Im Rahmen einer Bürgerinitiative findet sich ein Kreis von Leuten, die es sich zur Aufgabe gemacht haben, die Möglichkeiten der Freizeitgestaltung insbesondere für Senioren zu verbessern. Der Kreis trifft sich einmal wöchentlich zu einer gemeinsamen Versammlung. Unter dem Namen „Fit im Alter" wird eine Kampagne gegen Bluthochdruck organisiert, außerdem findet einmal im Monat ein Spieleabend statt. Die Kosten werden aus einer gemeinsamen Kasse bestritten.

Nun kommt die Idee auf, ein Konzert mit dem Schlagerduo „Tony und Alexander" zu veranstalten. Andy (A), der nicht Mitglied des Kreises „Fit im Alter" ist, hört davon und ist entsetzt, da er mit Volksmusik nichts anfangen kann. Er fragt daher bei „Fit im Alter" nach, ob man nicht den Rockmusiker Rocco (R) verpflichten könne.

Einzelne Mitglieder sind von der Idee des A überzeugt und beauftragen ihn daher mit der Verpflichtung des R. Jedoch sind die übrigen Mitglieder dagegen. A beauftragt gleichwohl im Namen der Bürgerinitiative den R.

Als R am vereinbarten Tag in Herbsthausen erscheint, wird ihm von Seiten des Kreises „Fit im Alter" sowohl der Auftritt als auch das auf 1.000 € festgesetzte Honorar verweigert.

Frage: *Steht R ein Anspruch auf Zahlung seines Honorars gegen Hilde (H), die Mitglied des Kreises „Fit im Alter" ist, zu, wenn diese nicht mit der Beauftragung des R einverstanden war?*

Abwandlung:

Ändert sich etwas an der Rechtslage, wenn „Fit im Alter" mittlerweile über einen Vorstand verfügt, und dieser den A beauftragt, den R zu engagieren?

I. Einordnung

§ 54 BGB ist die einzige Vorschrift im BGB, die dem nichtrechtsfähigen Verein gewidmet ist. Danach finden auf Vereine, die nicht rechtsfähig sind, die Vorschriften über die Gesellschaft Anwendung. Diese Verweisung lässt sich nur vor dem historischen Hintergrund verstehen: Durch die Anwendung der Regelungen der GbR wollte der Gesetzgeber die Rechtsform des nichtrechtsfähigen Vereins unattraktiv machen, um so möglichst viele Vereine dazu zu bringen, durch die Eintragung in das Vereinsregister – was wiederum zu der Möglichkeit einer staatlichen Kontrolle führte – den Status der Rechtsfähigkeit zu erlangen. Auf diese Weise sollte eine unkontrollierte Ausbreitung von politisch oder sozial engagierten nichtrechtsfähigen Vereinen, v.a. von Gewerkschaften, verhindert werden. Dieses Ziel des historischen Gesetzgebers ist heute überholt.

Überdies ist die Verweisung des § 54 S. 1 BGB auf Grund der fehlenden Vergleichbarkeit von Verein und GbR grundsätzlich verfehlt.

Anmerkung: So weist auch der nichtrechtsfähige Verein organschaftliche Strukturen auf und ist üblicherweise auf einen wechselnden Mitgliederbestand ausgelegt.

Daher wird § 54 S. 1 BGB konsequenterweise von Rechtsprechung und Literatur dahingehend ausgelegt, dass auch auf den nichtrechtsfähigen *Ideal*verein die §§ 21 ff. BGB Anwendung finden, soweit sie nicht gerade ausdrücklich auf die Rechtsfähigkeit abstellen.

Anmerkung: Da für den wirtschaftlichen Verein die Kapitalgesellschaftsformen zur Verfügung stehen, besteht hierfür kein Bedürfnis einer entsprechenden Anwendung der §§ 21 ff. BGB.

II. Gliederung

Ausgangsfall

Anspruch des R gegen H auf Zahlung des Honorars

Vor.:

1. Dienstvertrag, § 611 BGB

(P): kein Auftritt des R
§ 614 BGB: grds. „ohne Arbeit kein Lohn“

§ 615 S. 1 i.V.m. §§ 293 ff. BGB?

Verweigerung des Auftritts = grds. Annahmeverzug; aber Nachholbarkeit (-), absolutes Fixgeschäft;

Anspruch daher gem. § 326 I S. 1 BGB (-); aber: § 326 II S. 1 Alt. 1 BGB (+)

Lohnanspruch grds. (+)

2. Haftung der H
H ≠ unmittelbarer Vertragspartner

a) Haftung in Eigenschaft als Mitglied von „Fit im Alter“?
Rechtsnatur von „Fit im Alter“?

aa) GbR, §§ 705 ff. BGB
Vor.: Gesellschaftsvertrag zur Erreichung eines gemeinsamen Zwecks, Beitragspflicht
(P): Bürgerinitiative hat typischerweise keinen festen Mitgliederbestand
Daher GbR (-)

bb) Nichtrechtsfähiger Verein
Eintragung (-), vgl. § 21 BGB
Personenvereinigung (+)
Auf gewisse Dauer angelegt (+)
Mit körperschaftlicher Verfassung?
Vor.: Vorstand, § 26 BGB, und Mitgliederversammlung
Vorstand (-), daher körperschaftliche Verfassung (-)
Nichtrechtsfähiger Verein (-)

b) Vertretung durch A, §§ 164 ff. BGB?
Dann Haftung als Gesamtschuldnerin, §§ 427 ff. BGB
Aber (-): weder Handeln im Namen der H noch Vertretungsmacht, § 164 I S. 1 BGB

Wirksame Vertretung der H damit (-)

Ergebnis: Anspruch (-)

Abwandlung

Anspruch des R gegen H auf Zahlung des Honorars

Vor.:

1. Dienstvertrag, § 611 BGB

a) „Fit im Alter“ als möglicher Vertragspartner?
Rechtsnatur: nichtrechtsfähiger Verein
Teilrechtsfähigkeit des nicht eingetragenen Vereins (+)

b) Wirksame Vertretung durch A
(+), §§ 164 ff. BGB
Lohnanspruch grds. (+)

2. Haftung der H
H ≠ unmittelbarer Vertragspartner
Haftung in Eigenschaft als Mitglied von „Fit im Alter“?
„Fit im Alter = nichtrechtsfähiger Verein

a) **Doppelverpflichtungslehre / Akzessorietätstheorie?**
Grds. (+), vgl. § 54 S. 1 BGB

b) **ABER:**
Verweisung gem. § 54 S.1 BGB (-)
Grundlegende Unterschiede zwischen GbR und nichtrechtsfähigem Verein
Daher jedenfalls Beschränkung der Vertretungsmacht bzw. (konkludente) Abbedingung der Haftung
Haftung (-)

Ergebnis: Anspruch (-)

III. Lösung Ausgangsfall

Anspruch des R gegen H auf Zahlung des Honorars

R könnte gegenüber H ein Anspruch auf Zahlung des Honorars i.H.v. 1.000 € zustehen.

1. Dienstvertrag, § 611 BGB

R hat sich vorliegend mit A als „Vertreter der Bürgerinitiative" darüber geeinigt, gegen Zahlung einer Gage i.H.v. 1.000 € ein Rockkonzert zu geben. Damit liegt grundsätzlich ein Dienstvertrag i.S.v. § 611 BGB vor. Unabhängig von der Frage, wer konkret Vertragspartner des R geworden ist, ist allerdings problematisch, dass R überhaupt nicht aufgetreten ist.

Ein Anspruch auf Zahlung des Honorars könnte bereits aus diesem Grund scheitern, vgl. § 614 BGB.

R wollte jedoch auftreten und wurde daran lediglich durch den Kreis „Fit im Alter" gehindert. Ein möglicher Vergütungsanspruch des R könnte daher gem. §§ 615 S. 1, 293 ff. BGB bestehen.

Das setzt Annahmeverzug voraus. Fraglich ist, wie der Annahmeverzug von der Unmöglichkeit abzugrenzen ist. Annahmeverzug setzt zumindest die tatsächliche Nachholbarkeit der Leistung voraus, wenn diese nicht entgegen genommen wird. Andernfalls gibt es gar keinen Anspruch mehr, bezogen auf den Annahmeverzug bestehen könnte.

Vorliegend ist davon auszugehen, dass es sich bei der Veranstaltung nicht um ein beliebig und jederzeit wiederholbares Ereignis handelt. Geschuldet war die Leistung daher genau bezogen auf den vereinbarten Termin. Eine Leistungserbringung danach kann den geschuldeten Erfolg nicht mehr eintreten lassen.

Es handelt sich daher um ein absolutes Fixgeschäft, so dass mit Verstreichen des Termins Unmöglichkeit eingetreten ist.

Demnach wäre der Anspruch des R grundsätzlich aber gem. § 326 I S. 1 BGB erloschen.

Es ist aber zu berücksichtigen, dass R deshalb nicht gespielt hat, weil ihm der Zutritt zu der Veranstaltung von Mitgliedern der Bürgerinitiative verweigert wurde. Insoweit hat der Gläubiger die Unmöglichkeit zu vertreten, der Anspruch aus § 611 BGB bleibt gem. § 326 II S. 1 Alt. 1 BGB erhalten.

2. Haftung der H

Weiterhin müsste aber gerade H dem R gegenüber verpflichtet sein.

H hat nicht unmittelbar mit R kontrahiert.

a) Haftung in Eigenschaft als Mitglied von „Fit im Alter"?

Möglicherweise ergibt sich eine Haftung jedoch aus ihrer Mitgliedschaft bei „Fit im Alter".

Dazu ist zunächst die Rechtsnatur von „Fit im Alter“ zu klären.

aa) GbR, §§ 705 ff. BGB

„Fit im Alter“ könnte eine GbR i.S.d. §§ 705 ff. BGB darstellen. H könnte dann als Gesellschafterin angesehen werden und würde analog § 128 HGB für die Verbindlichkeit einstehen.

Dann müssten ein gesellschaftsvertraglicher Zusammenschluss zur Erreichung eines gemeinsamen Zwecks und die Vereinbarung einer Förderungspflicht vorliegen.

Zwar verfolgt „Fit im Alter“ den gemeinsamen Zweck, die Möglichkeiten der Freizeitgestaltung insbesondere für Senioren zu verbessern. Allerdings handelt es sich dabei um eine Bürgerinitiative, die gerade typischerweise auf ein ständiges Kommen und Gehen im „Mitgliederbestand“ angelegt ist. Derjenige, der gerade Zeit und Lust hat, ist am konkreten Projekt beteiligt. Ein derart loser Zusammenschluss lässt sich jedoch mit den Regeln der GbR kaum mehr umsetzen. „Fit im Alter“ stellt damit keine GbR dar.

Anmerkung: Möglicherweise kann man eine GbR jedoch im Hinblick auf die Verfolgung eines einzelnen Projekts annehmen. Allerdings wird, da ansonsten die „Mitgliedschaft“ recht unverbindlich ist, auch beim einzelnen Projekt jedenfalls der Rechtsbindungswille zum Zusammenschluss zu einer GbR fehlen.

bb) Nichtrechtsfähiger Verein

Bei „Fit im Alter“ könnte es sich jedoch mangels Eintragung in das Vereinsregister, vgl. § 21 BGB, um einen nichtrechtsfähigen Verein handeln.

Ein Verein ist eine auf gewisse Dauer angelegte Personenvereinigung mit körperschaftlicher Verfassung, die als einheitliches Ganzes gedacht ist und daher in der Regel einen Gesamtnamen führt und im Bestand vom Wechsel der Mitglieder unabhängig ist.

„Fit im Alter“ ist zweifelsohne ein Zusammenschluss von Personen, der unabhängig vom Wechsel der Mitglieder sein soll und über einen Namen verfügt.

Fraglich ist jedoch die körperschaftliche Verfassung. Zwar existiert eine Mitgliederversammlung. Allerdings hat „Fit im Alter“ keinen Vorstand, vgl. § 26 BGB. Damit fehlt es an der körperschaftlichen Verfassung, so dass „Fit im Alter“ auch kein nichtrechtsfähiger Verein ist. Vielmehr handelt es sich um ein „rechtliches Nullum“, einen losen Zusammenschluss, der keine eigenständige Relevanz hat und bei dem es nur auf die natürlichen Einzelpersonen ankommt.

Anmerkung: Die Verfassung des Vereins wird gem. § 25 BGB durch die Satzung gebildet. Aus dem Sachverhalt geht nicht hervor, dass eine Satzung von „Fit im Alter“ existiert. Gleichwohl bedeutet dies nicht zwingend, dass eine Satzung in jedem Fall fehlt.
Denn wie jeder andere Gesellschaftsvertrag ist auch die Satzung ein mehrseitiger, grundsätzlich formfreier Vertrag zwischen den Vereinsgründern, der demnach auch konkludent geschlossen werden kann. Im Hinblick auf die Anmeldungsvoraussetzung beim rechtsfähigen Idealverein ist de facto allerdings eine Schriftform erforderlich, vgl. § 59 II BGB.
Da die juristischen Personen jedoch anders als die Personengesellschaften in ihrem Bestand vom Wechsel der Mitglieder unabhängig sind und neue Mitglieder ebenso wie Altmitglieder der Satzung unterstehen müssen, muss sich die Satzung gewissermaßen von den Mitgliedern „lösen“.

Daher entfaltet sie zumindest nach der Entstehung der juristischen Person Rechtswirkungen, die denjenigen einer Rechtsnorm ähneln.

b) Vertretung durch A, §§ 164 ff. BGB

Damit ist H nur dann verpflichtet, die Forderung des R zu begleichen, wenn sie bei Vertragsschluss wirksam durch A vertreten wurde, §§ 164 ff. BGB. In diesem Fall hafteten sämtliche vertretene Mitglieder von „Fit im Alter" als Gesamtschuldner, vgl. § 427 BGB.

Zwar hat A eine eigene Willenserklärung abgegeben. Jedenfalls handelte er nicht im Namen der H, was sich insofern auch nicht aus den Umständen ergibt, vgl. § 164 I S. 2 BGB. Außerdem hatte A weder eine rechtsgeschäftliche Vollmacht, H zu vertreten, noch liegen die Grundsätze der Duldungs-/Anscheinsvollmacht vor, § 164 I S. 1 BGB.

Folglich hat A die H nicht wirksam vertreten. Eine Haftung der H scheidet aus.

Ergebnis: R kann von H keine Zahlung des Honorars verlangen.

IV. Lösung Abwandlung

Anspruch des R gegen H auf Zahlung des Honorars

Möglicherweise kann R von H jedoch in der Abwandlung die Zahlung des Honorars verlangen.

1. Dienstvertrag, § 611 BGB

Indem A sich mit R über dessen Auftritt einigte, könnte ein Dienstvertrag zwischen R und „Fit im Alter" zu Stande gekommen sein, § 611 BGB.

Dazu müsste „Fit im Alter" Vertragspartner sein können und wirksam durch A vertreten worden sein, §§ 164 ff. BGB.

a) „Fit im Alter" als möglicher Vertragspartner?

Fraglich ist zunächst die Rechtsnatur von „Fit im Alter". Es könnte sich bei dem Kreis mangels Eintragung in das Vereinsregister, vgl. § 21 BGB, um einen nichtrechtsfähigen Verein handeln.

Die Mitglieder der Bürgerinitiative haben sich jedenfalls auf eine gewisse Dauer unter einem eigenen Namen zusammengeschlossen. Nach lebensnaher Betrachtung kann davon ausgegangen werden, dass der Kreis unabhängig vom Bestand der Mitglieder sein soll. Mit der Mitgliederversammlung und dem Vorstand verfügt „Fit im Alter" außerdem über die erforderliche körperschaftliche Verfassung. Es handelt sich damit um einen nichtrechtsfähigen Verein.

„Fit im Alter" müsste weiterhin Träger von Rechten und Pflichten sein können. Nach einer sich im Vordringen befindenden Auffassung kommt dem nicht eingetragenen Verein ebenso wie der GbR Teilrechtsfähigkeit zu.

Dies ist aus dem Grund überzeugend, dass der nicht eingetragene Verein ebenso wie die GbR eine Gesamthand ist und noch stärker als diese organisatorisch und strukturell von seinen Mitgliedern getrennt ist. Außerdem verweist § 54 S. 1 BGB ja gerade auf das Recht der GbR. Damit ist die Teilrechtsfähigkeit des nicht eingetragenen Vereins zu bejahen. „Fit im Alter" ist damit möglicher Vertragspartner.

Anmerkung: Dieser Ansatz wurde mittlerweile durch den BGH bestätigt, Life&Law 03/2008, 206 f., und sodann vom Gesetzgeber in § 50 II ZPO umgesetzt. Daher ist der nichtsrechtsfähige Verein nicht mehr nur passiv, sondern auch aktiv parteifähig.

b) Wirksame Vertretung durch A, §§ 164 ff. BGB

Indem A vom Vorstand mit der Verpflichtung des R beauftragt wurde, ist ihm eine Vollmacht zur Vertretung von „Fit im Alter" erteilt worden, § 167 I BGB.

A hat außerdem eine eigene Willenserklärung zumindest aus den Umständen ersichtlich im Namen des Vereins abgegeben, vgl. §164 I S. 2 BGB. Damit hat A „Fit im Alter" wirksam vertreten, so dass zwischen dem Verein und R ein Dienstvertrag zu Stande gekommen ist, § 611 BGB.

R hat damit grundsätzlich einen Vergütungsanspruch gegenüber „Fit im Alter" gem. § 611 I BGB, dem nicht entgegensteht, dass es schließlich gar nicht zum Konzert kam (s.o.).

2. Haftung der H

Es stellt sich jedoch die Frage, ob H dem R gegenüber zur Zahlung verpflichtet ist.

a) Doppelverpflichtungslehre / Akzessorietätstheorie

Gem. § 54 S. 1 BGB finden auf den nichtrechtsfähigen Verein die Vorschriften über die GbR Anwendung, §§ 705 ff. BGB. Danach wäre eine Haftung der H für die vertraglich begründeten Verbindlichkeiten des Vereins grundsätzlich zu bejahen.

b) Verweisung gem. § 54 S. 1 BGB (-)

Allerdings erscheint eine derartige Haftung auf Grund der großen Unterschiede zwischen einem nichtrechtsfähigen Verein und der GbR nicht gerechtfertigt.

Ein in einen – rechtsfähigen wie nichtrechtsfähigen – Verein eintretendes Mitglied hat nie den Willen, mit dem Privatvermögen für die Verbindlichkeiten des Vereins zu haften.

Dies ist auch für den Vertragspartner allein auf Grund der Bezeichnung als „Verein" erkennbar.

Geht man davon aus, dass die Mitglieder eines nichtrechtsfähigen Vereins über die Verweisung des § 54 S. 1 BGB nach der Doppelverpflichtungslehre haften, wird man daher eine Beschränkung der Vertretungsmacht des Vorstands dahingehend annehmen müssen, dass nur das Vereinsvermögen haftet.

Aber auch dann, wenn man auf Grund der Verweisung des § 54 BGB so weit geht und die inzwischen vom BGH auf die GbR für anwendbar erklärte Akzessorietätstheorie auch hier für maßgeblich hält, ergibt sich nichts anderes. Denn dann müsste man wegen des Auftretens als Verein von einer Abbedingung dieser Haftung ausgehen, wie sie zumindest individuell nach wie vor möglich ist.

H muss demnach nicht für die Verbindlichkeit von „Fit im Alter" gegenüber R einstehen.

Ergebnis:

R hat gegenüber H auch in der Abwandlung keinen Vergütungsanspruch.

V. Zusammenfassung

Sound: Die Mitglieder eines losen Zusammenschlusses, bei dem es sich weder um eine GbR noch um einen Verein handelt, haften nur als natürliche Einzelpersonen und daher nur dann, wenn sie wirksam vertreten worden sind, §§ 164 ff. BGB.
Trotz § 54 S. 1 BGB haften die Mitglieder eines nichtrechtsfähigen Vereins nicht mit ihrem persönlichen Vermögen für die Verbindlichkeiten des Vereins. Eine unbeschränkte persönliche Haftung ließe sich nicht mit dem Wesen des Vereins als körperschaftlich strukturiertem Gebilde vereinbaren.

hemmer-Methode: Lesen Sie vertiefend zur Verweisung in § 54 S. 1 BGB: Hemmer/Wüst, Gesellschaftsrecht, Rn. 137 ff.

VI. Zur Vertiefung

- Hemmer/Wüst, Basics Zivilrecht, Bd. 5, Rn. 425 ff.
- Hemmer/Wüst, Gesellschaftsrecht, Rn. 373 ff.
- Möchte ein nichtrechtsfähiger Verein Eigentum an Grund und Boden erwerben, kann dies nicht allein dadurch geschehen, dass er unter seinem Namen in das Grundbuch eingetragen wird, BGH, Life&Law 10/2016, 685 ff. Vielmehr ist eine Benennung aller Mitglieder erforderlich, was sich mit einer Analogie zu § 47 II GBO rechtfertigen ließe, der selbiges für die GbR vorsieht. Da jedoch nichtrechtsfähige Vereine regelmäßig sehr viele Mitglieder haben, führt diese Rechtsprechung des BGH faktisch dazu, dass dem Verein der Erwerb von Grund und Boden (oder sonstiger dinglicher Rechte an Grund und Boden) verwehrt ist.

Kapitel V: Die GmbH (Gesellschaft mit beschränkter Haftung)

Fall 30: Der Anfang vom Ende...?

Sachverhalt:

Liesel (L) und Gretel (G) wollen eine GmbH mit einem Stammkapital von 50.000 € gründen. Nachdem der Gesellschaftsvertrag notariell beurkundet ist, erbringen beide sogleich ihre Stammeinlagen i.H.v. 25.000 €. Geschäftsführer Seelig (S), der es nicht erwarten kann, sich auf seinem neuen Posten zu profilieren, beginnt ohne eine entsprechende Bevollmächtigung in der Satzung mit der Führung der Geschäfte, was ihm jedoch mehr schlecht als recht gelingt. Als die GmbH in das Handelsregister eingetragen wird, beträgt das Gesellschaftsvermögen nur noch 15.000 €. Nun macht Bodo (B), der mit dem S noch vor der Eintragung und mit Zustimmung von L und G einen Vertrag über den Kauf eines Firmenfahrzeugs geschlossen hatte, seine Kaufpreisforderung i.H.v. 12.000 € geltend.

Frage 1: *Steht B gegen die GmbH ein Anspruch auf Zahlung des Kaufpreises zu?*

Frage 2: *Kann die GmbH Ausgleich von den Gesellschafterinnen L und G verlangen?*

I. Einordnung

Die Gesellschaft mit beschränkter Haftung (GmbH) ist gerade für kleinere und mittelständische Betriebe eine in der Praxis sehr beliebte Rechtsform. Sie kann zu jedem gesetzlich zulässigen Zweck errichtet werden (vgl. § 1 GmbHG) und muss daher nicht ausschließlich auf den Betrieb eines Handelsgewerbes ausgerichtet sein, wenngleich dies der Regelfall ist.

Anders als die Aktiengesellschaft ist die GmbH stärker personalisiert. So sagt man: **„Die GmbH ist nach außen hin Aktiengesellschaft, nach innen OHG!“** (vgl. *Klunzinger*, Grundzüge des Gesellschaftsrechts, S. 221). Die Rechtsform der GmbH schließt so die Lücke zwischen der Aktiengesellschaft, die wegen strenger Schutzvorschriften und umfangreicher Organisation häufig ungeeignet ist, und den Personengesellschaften, die wegen der persönlichen Haftung als zu gefährlich gelten.

II. Gliederung

Frage 1

Anspruch des B gegen die GmbH auf Zahlung des Kaufpreises gem. § 433 II BGB

Vor.:

1. Rechtsfähigkeit

Grds. (+), gem. § 13 I GmbHG

(P): GmbH war im Zeitpunkt des Vertragsschlusses noch nicht in das Handelsregister eingetragen

Daher lediglich sog. Vor-GmbH

Organisation eigener Art, die nach h.M. ebenfalls bereits rechtsfähig ist

Rechtsfähigkeit damit (+)

2. Wirksame Vertretung der Vor-GmbH durch S, §§ 164 ff. BGB

(P): Vertretungsmacht

a) Persönlicher Umfang
(+), S = Geschäftsführer, vgl. § 35 I S. 1 GmbHG

b) Sachlicher Umfang
Grds. unbeschränkt, vgl. § 35 I GmbHG

ABER: Vor-GmbH

Grds. Beschränkung auf die Vornahme von *Gründungsgeschäften*

Kauf eines Firmenfahrzeugs wohl noch Gründungsgeschäft

Vertretungsmacht daher (+)

Wirksame Vertretung (+)

Kaufvertrag zwischen B und der Vor-GmbH über das Auto (+)

3. Haftung der GmbH

Mit Eintragung entstand GmbH als eigener Rechtsträger, §§ 11 I, 13 I GmbHG

(P): Haftung für Altverbindlichkeiten?

(+), da Identität zwischen Vor-GmbH und GmbH

Ergebnis: Anspruch (+)

Frage 2

Anspruch der GmbH gegen L und G auf Zahlung von 12.000 €

1. Rechtsgrundlage
Vorbelastungshaftung
Anteilige Innenhaftung, d.h. L und G haften als Teilschuldner, § 420 BGB

2. Höhe
Differenz zwischen Stammkapital und tatsächlichem Gesellschaftsvermögen im Zeitpunkt der Eintragung = 47.000 €

Ergebnis: Anspruch (+) i.H.v. jeweils 23.500 €

III. Lösung Frage 1

Anspruch des B gegen die GmbH auf Zahlung des Kaufpreises gem. § 433 II BGB

B könnte gegen die GmbH ein Anspruch auf Kaufpreiszahlung i.H.v. 12.000 € zustehen, § 433 II BGB.

1. Rechtsfähigkeit

Voraussetzung hierfür ist zunächst, dass die GmbH rechtsfähig ist.

Gem. § 13 I GmbHG hat die GmbH selbständig Rechte und Pflichten und ist daher rechtsfähig. Folglich ist die GmbH tauglicher Anspruchsgegner.

Im Zeitpunkt des in Frage stehenden Vertragsschlusses war die GmbH jedoch noch nicht in das Handelsregister eingetragen und damit noch nicht existent, vgl. § 11 I GmbHG.

Mit dem formgültigen Satzungsbeschluss ist allerdings eine sog. Vor-GmbH entstanden.

Anmerkung: Bevor die GmbH in das Handelsregister eingetragen werden kann, müssen zahlreiche Voraussetzungen erfüllt sein. Daher kann zwischen dem Abschluss des Gesellschaftsvertrages in notarieller Form und der Entstehung der GmbH durch die Eintragung viel Zeit vergehen.
Folgende Phasen sind bei der GmbH-Gründung auseinander zu halten:
1. Sog. Vorgründungsgesellschaft
(= GbR, §§ 705 ff. BGB): Entstehung mit der Vereinbarung, die Gründung einer GmbH anzustreben (vgl. Fall 25); Beendigung infolge Zweckerreichung, d.h. mit dem Abschluss des Gesellschaftsvertrages, vgl. § 726 BGB.

2. Sog. **Vor-GmbH** (= Vorgesellschaft):
Entstehung mit formgültigem Abschluss des Gesellschaftsvertrages; Beendigung mit Eintragung der GmbH in das Handelsregister, vgl. §§ 11 I, 13 I GmbHG.
3. GmbH:
Entstehung mit Eintragung in das Handelsregister, vgl. §§ 11 I, 13 I GmbHG.

Es stellt sich daher die Frage, ob diese Vor-GmbH Vertragspartner werden konnte. Dies ist dann der Fall, wenn sie rechtsfähig ist.

Die Vor-GmbH weist bereits eine körperschaftliche Struktur auf und ist ihren Mitgliedern gegenüber verselbständigt. Aus diesem Grund besteht Einigkeit darüber, dass die Vor-GmbH bereits rechtsfähig ist.

Dieses Ergebnis wird zudem von § 7 II GmbHG unterstützt, da andernfalls nicht erklärbar wäre, wie die Einlagen an die im Werden begriffene Gesellschaft geleistet und somit übereignet werden könnten.

Folglich kommt die Vor-GmbH bereits als Vertragspartner in Betracht.

2. Wirksame Vertretung durch S, §§ 164 ff. BGB

Damit kam dann ein Kaufvertrag zwischen B und der Vor-GmbH über das Firmenfahrzeug zu Stande, wenn S die Vor-GmbH wirksam vertreten hat; §§ 164 ff. BGB.

S hat eine eigene Willenserklärung zumindest den Umständen nach im Namen der Vor-GmbH abgegeben, vgl. § 164 I S. 2 BGB.

Fraglich ist jedoch, ob S auch mit Vertretungsmacht handelte.

a) Persönlicher Umfang

Auf Grund ihrer Ähnlichkeit mit der späteren GmbH unterliegt die Vor-GmbH bereits den gesellschaftsvertraglichen und gesetzlichen Vorschriften des GmbH-Rechts, sofern diese nicht gerade auf die noch fehlende Eintragung abstellen.

S ist damit als Geschäftsführer gem. § 35 I GmbHG in persönlicher Hinsicht zur Vertretung der Vor-GmbH berechtigt.

b) Sachlicher Umfang

Die Vertretungsmacht müsste sich allerdings auch auf den Kauf eines Firmenwagens erstrecken.

Gem. § 35 I GmbHG ist die Vertretungsmacht des Geschäftsführers einer GmbH grundsätzlich unbeschränkt. Es stellt sich die Frage, ob dies auch bei der Vor-GmbH gilt.

Diese ist gerade kein endgültiges Subjekt des Rechtsverkehrs und soll als Übergangsform auf dem Weg zur GmbH in erster Linie Rechtsgeschäfte tätigen, die mit der Gründung der GmbH zusammenhängen.

Aus diesem Grund geht die Rechtsprechung davon aus, dass die Vertretungsmacht auf die Vornahme von Gründungsgeschäften beschränkt ist.

Der Ankauf eines Firmenfahrzeugs kann noch im weiteren Sinne als Gründungsgeschäft eingestuft werden, so dass die Vertretungsmacht des S zu bejahen ist.

Aber selbst dann, wenn man den Kauf des Firmenfahrzeugs nicht mehr als Gründungsgeschäft einstuft, handelte S nicht zwangsläufig ohne Vertretungsmacht.

So kann dem Geschäftsführer auch nach der Rechtsprechung eine weitergehende Vertretungsmacht durch die Gesellschafter erteilt werden. Indem L und G dem Kauf des Firmenfahrzeugs zustimmten, haben sie dem S zumindest konkludent Vertretungsmacht erteilt. Damit handelte S mit Vertretungsmacht.

Anmerkung: Eine andere Auffassung nimmt bereits im Stadium der Vor-GmbH eine *unbeschränkte* Vertretungsmacht des Geschäftsführers an. Begründet wird dies damit, dass das Risiko, dass ein Geschäftsführer weisungswidrige Geschäfte abschließt, von den Gesellschaftern beherrscht werden müsse.

S hat die Vor-GmbH folglich wirksam vertreten, so dass ein Kaufvertrag zwischen der Vor-GmbH und B zu Stande kam, § 433 BGB. Somit ist ein Anspruch des B gem. § 433 II BGB gegen die Vor-GmbH auf die Zahlung des Kaufpreises begründet worden.

3. Haftung der GmbH

Mit Eintragung in das Handelsregister ist jedoch die GmbH als neuer Rechtsträger entstanden, §§ 11 I, 13 I GmbHG.

Es stellt sich daher die Frage, ob die GmbH auch für solche Verbindlichkeiten haftet, die noch i.R.d. Geschäftstätigkeit der Vor-GmbH begründet wurden (sog. Altverbindlichkeiten).

Nach dem früher von der Rechtsprechung vertretenen sog. *Vorbelastungsverbot* wurde eine Haftung der GmbH nur für unmittelbar in Zusammenhang mit der Gründung stehende Verbindlichkeiten bejaht.

Bei allen sonstigen Verbindlichkeiten war ein Übergang von der Vor-GmbH auf die GmbH ausgeschlossen. Dadurch sollte verhindert werden, dass das Stammkapital als wirtschaftliche Grundlage der GmbH durch Verbindlichkeiten aus der Tätigkeit der Vor-GmbH aufgezehrt wird (sog. *Unversehrtheitsgrundsatz*).

Da sich der Gedanke der Erhaltung des Stammkapitals auch auf anderen Wegen erreichen lässt und das Vorbelastungsverbot einem rechtsgeschäftlichen Tätigwerden der Vor-GmbH in starkem Maße entgegensteht, wurde diese Rechtsprechung inzwischen aufgegeben. Vielmehr wird die Identität zwischen Vor-GmbH und GmbH betont. Logische Konsequenz hieraus ist der Eintritt der GmbH in alle Rechte und Pflichten der Vor-GmbH bei gleichzeitigem Entfallen der Haftung der Vorgesellschaft

Folglich ist die GmbH dem B gegenüber zur Zahlung des Kaufpreises verpflichtet.

Ergebnis: B kann von der GmbH Zahlung des Kaufpreises i.H.v. 12.000 € verlangen.

IV. Lösung Frage 2

Anspruch der GmbH gegen L und G auf Zahlung von 12.000 €

Möglicherweise kann die GmbH von L und G eine Ausgleichszahlung i.H.v. 12.000 € verlangen.

1. Rechtsgrundlage

Als Rechtsgrundlage kommt dabei die sog. *Vorbelastungshaftung* (= Differenzhaftung) in Betracht.

Danach haften die Gründungsgesellschafter der GmbH gegenüber persönlich für *jede* durch die Geschäftstätigkeit der Vor-GmbH verursachte Unterbilanz. Auf diese Weise wird die Unversehrtheit, d.h. die volle Deckung des Stammkapitals, im Zeitpunkt der Eintragung sichergestellt.

Die Vorbelastungshaftung ist ihrem Wesen nach eine anteilige Innenhaftung. Die Gesellschafter haften daher nur gegenüber der GmbH und nur als Teilschuldner entsprechend dem Verhältnis ihrer Geschäftsteile (vgl. § 420 BGB). Gegebenenfalls kommt eine Ausfallhaftung in Betracht, vgl. § 24 S. 2 GmbHG.

2. Höhe

Fraglich ist die Höhe der Ansprüche der GmbH gegen L und G.

Im Zeitpunkt der Eintragung betrug das Gesellschaftsvermögen 15.000 € abzüglich der Verbindlichkeit gegenüber B i.H.v. 12.000 €, d.h. 3.000 €.

Demnach müssen L und G zu gleichen Anteilen für den Fehlbetrag i.H.v. 47.000 € aufkommen.

Ergebnis: Der GmbH steht ein Anspruch aus Vorbelastungshaftung gegenüber L und G in Höhe von jeweils 23.500 € zu.

V. Zusammenfassung

Sound: Sind sämtliche Gründungsvoraussetzungen der GmbH bis auf diejenige der Eintragung in das Handelsregister erfüllt, so ist bereits eine sog. Vor-GmbH entstanden. Diese ist rechtsfähig und kann somit rechtsgeschäftlich tätig werden. Die mit der Eintragung entstehende GmbH tritt in alle Rechte und Pflichten der Vor-GmbH ein.
Eine Außenhaftung der Gesellschafter gegenüber den Gläubigern der Vor-GmbH scheidet jedenfalls nach der Eintragung aus, § 13 II GmbHG.
Um einer Aufzehrung des Stammkapitals schon durch die Verbindlichkeiten der Vor-GmbH entgegenzuwirken, sind die Gründungsgesellschafter der GmbH dieser gegenüber nach der sog. Vorbelastungshaftung anteilig zum Ausgleich verpflichtet.

hemmer-Methode: Auch wenn das GmbH-Recht nicht zu den prüfungsrelevantesten Gebieten im Studium gehört, schadet es nicht, jedenfalls einige Grundstrukturen verstanden zu haben. Versuchen Sie vor allem, Parallelen zu bereits bekannten Rechtsgebieten zu erkennen! So erinnert die organschaftliche Vertretungsbefugnis des Geschäftsführers stark an die aus dem Handelsrecht bekannte Prokura (vgl. auch Fall 32).
Bekannt sollte auch die die sog. Unternehmergesellschaft gem. § 5a GmbHG sein. Diese auch „Mini-GmbH“ genannte Unterform der GmbH soll die Gründung einer juristischen Person erleichtern, insbesondere, wenn das Stammkapital von 25.000 € nicht zur Verfügung steht. Die UG kann mit einem Euro Stammkapital gegründet werden, § 5a I GmbHG. Als Ausgleich muss sie im Rechtsverkehr dann die Bezeichnung „haftungsbeschränkt“ tragen.

Gem. § 5 III GmbHG wird zudem in bestimmtem Umfang die Verwendung der Gewinne zur Aufstockung des Stammkapitals vorgeschrieben. Sobald dieses 25.000 € übersteigt, finden die Besonderheiten des § 5a I-IV GmbHG keine Anwendung mehr, vgl. § 5a V GmbHG.
Bei einer GmbH, bei welcher ein Alleingesellschafter zugleich einziger Geschäftsführer ist, gilt gem. § 35 III S. 1 GmbHG grds. § 181 BGB. In der Satzung kann aber davon Befreiung erteilt werden. Missbraucht sodann der geschäftsführende Gesellschafter seine Vertretungsmacht, geht der Missbrauch nur dann zu Lasten des Geschäftsführers als Vertragspartner, wenn das Geschäft für die GmbH nachteilig ist, auch wenn dies bei Evidenz grundsätzlich keine Voraussetzung ist, BGH, Life&Law 03/2018, 173 ff.

V. Zur Vertiefung

- Hemmer/Wüst, Basics Zivilrecht, Bd. 5, Rn. 430 ff.
- Hemmer/Wüst, Gesellschaftsrecht, Rn. 383 ff.
- Hemmer/Wüst, Gesellschaftsrecht, Karteikarten Nr. 103-105.

Fall 31: Kleider machen Leute

Sachverhalt:

Nach ihrem BWL-Studium beschließen die drei Studienfreunde Anton (A), Bert (B) und Eugen (E), eine Textilfabrik in Form einer GmbH zu gründen. Der Gesellschaftsvertrag wird sogleich notariell beurkundet. Die Stammeinlagen sind noch nicht erbracht, ebenso wenig ist eine Eintragung in das Handelsregister erfolgt. Die Geschäfte der Fabrik laufen allerdings schon erstaunlich gut, so dass der Geschäftsführer Gustav (G) den schicken Hugo (H), der seiner Meinung nach das Unternehmen hervorragend repräsentiert, zum Prokuristen bestellt. A, B und E sind damit einverstanden. H kauft schon wenig später große Mengen feinster Seide beim chinesischen Großhändler Chung (C). Als dieser von der Textilfabrik die Zahlung des Kaufpreises i.H.v. 10.000 € verlangt, stellt sich heraus, dass weder die Fabrik noch die Gesellschafter über ausreichende finanzielle Mittel verfügen. C möchte daher den Prokuristen H und den Geschäftsführer G in Anspruch nehmen.

Frage: *Zu Recht?*

I. Einordnung

Bevor die GmbH in das Handelsregister eingetragen ist, kann jedenfalls auf die GmbH selbst als Haftungssubjekt noch nicht zurückgegriffen werden, vgl. §§ 11 I, 13 I GmbHG.

So können die Gläubiger der Vor-GmbH in diesem Stadium nur die Vorgesellschaft in Anspruch nehmen. Gerade im Gründungsstadium ist das Gesellschaftsvermögen allerdings oftmals noch nicht besonders gut ausgestattet, so dass ein Bedürfnis der Gläubiger nach weiteren Haftungssubjekten besteht.

Zum einen kommen dabei diejenigen Personen in Betracht, die für die Gesellschaft gehandelt haben, zum anderen die Gründungsgesellschafter.

II. Gliederung

1. Anspruch des C gegen H auf Kaufpreiszahlung gem. §§ 433 II BGB, 11 II GmbHG

Vor.:

a) Keine Eintragung der GmbH im Handelsregister (+)

b) Verbindlichkeit der Vor-GmbH
Gem. § 433 II BGB?
Vor.: wirksame Vertretung durch H, §§ 164 ff. BGB

aa) Eigene WE im Namen der Vor-GmbH (+)

bb) Mit Vertretungsmacht
Prokura, §§ 48 ff. HGB?

(1) Wirksame Erteilung

(a) Vor-GmbH = Inhaber eines Handelsgeschäfts
(+), vgl. § 13 III GmbHG i.V.m. § 6 I HGB

(b) Vertretung durch G (+)

(2) Umfang
(+), vgl. § 49 I HGB
Prokura daher wirksam erteilt
Vertretungsmacht des H (+)
Kaufvertrag (+)
Verbindlichkeit der Vor-GmbH (+)

c) Haftung des H
Gem. § 11 II GmbHG?

Vor.:

aa) Keine Eintragung (+)

bb) H = Handelnder i.S.d. § 11 II GmbHG?
Sog. „enger“ Handelndenbegriff: nur Organe der Gesellschaft
H ist nur Prokurist der GmbH und kein Organ
H daher ≠ Handelnder

⇨ Haftung des H (-)

Ergebnis: Anspruch (-)

2. Anspruch des C gegen G auf Kaufpreiszahlung gem. §§ 433 II BGB, 11 II GmbHG

Vor.:

a) Keine Eintragung der GmbH im Handelsregister (+)

b) Verbindlichkeit der Vor-GmbH (+), gem. § 433 II BGB

c) Haftung des G
Gem. § 11 II GmbHG?
Vor.:

aa) Keine Eintragung (+)

bb) G = Handelnder i.S.d. § 11 II GmbHG?
„Enger“ Handelndenbegriff
Grds. (+), da G = Organ der Gesellschaft
Auftritt nach außen als oder zumindest wie ein Vertretungsorgan der Vor-GmbH?
(+), da Erteilung der Prokura, wodurch die Begründung der rechtsgeschäftlichen Verbindlichkeit möglich wurde

Ergebnis: Anspruch (+)

III. Lösung

1. Anspruch des C gegen H auf Kaufpreiszahlung gem. §§ 433 II BGB, 11 II GmbHG

C könnte gegenüber H einen Anspruch auf Kaufpreiszahlung i.H.v. 10.000 € gem. §§ 433 II BGB, 11 II GmbHG haben.

a) Keine Eintragung der GmbH im Handelsregister

Die GmbH dürfte noch nicht in das Handelsregister eingetragen worden sein.

Vorliegend hatten sich die Gründungsgesellschafter zwar formgültig über die Gründung der GmbH geeinigt, eine Eintragung im Handelsregister ist aber noch nicht erfolgt. Damit ist eine sog. Vor-GmbH entstanden.

b) Verbindlichkeit der Vor-GmbH

Weiterhin ist Voraussetzung, dass eine Verbindlichkeit der rechtsfähigen Vor-GmbH besteht.

Anmerkung: Auch wenn dieses Erfordernis nicht direkt aus dem Wortlaut des § 11 II GmbHG hervorgeht, so ergibt es sich aus dem Sinn und Zweck der Norm: § 11 II GmbHG trägt dem Bedürfnis der Gläubiger nach weiteren Haftungssubjekten Rechnung, da im Stadium der Vor-GmbH das Gesellschaftsvermögen in der Regel noch nicht besonders gut ausgestattet ist. Damit kann die Haftung des Handelnden nach § 11 II GmbHG nicht weiter gehen als die Haftung der Vor-GmbH. Eine Haftung des Handelnden kommt daher dann nicht in Betracht, wenn dieser die Vor-GmbH überhaupt nicht wirksam verpflichtet hat.

Die Vor-GmbH könnte C gegenüber gem. § 433 II BGB zur Kaufpreiszahlung i.H.v. 10.000 € verpflichtet sein. Dann müsste ein wirksamer Kaufvertrag gem. § 433 BGB zwischen der Vor-GmbH und C vorliegen.

H hat sich mit C über den Ankauf großer Mengen feinster chinesischer Seide geeinigt.

Dadurch ist dann ein Kaufvertrag zwischen der C und der Vor-GmbH zu Stande gekommen, wenn diese wirksam durch H vertreten wurde, §§ 164 ff. BGB.

aa) Eigene Willenserklärung im Namen der Vor-GmbH

H hat eine eigene Willenserklärung zumindest den Umständen nach ersichtlich im Namen der Vor-GmbH abgegeben, vgl. § 164 I S. 2 BGB.

bb) Mit Vertretungsmacht

Er müsste außerdem mit Vertretungsmacht gehandelt haben. Diese könnte sich hier auf Grund der Stellung des H als Prokurist, §§ 48 ff. HGB, ergeben.

(1) Wirksame Erteilung

Zunächst ist fraglich, ob die Erteilung der Prokura an H überhaupt wirksam war.

(a) Vor-GmbH = Inhaber eines Handelsgeschäfts?

Gem. § 48 I HGB kann die Prokura nur vom Inhaber des Handelsgeschäfts mittels ausdrücklicher Erklärung erteilt werden.

Hier erklärte G dem H gegenüber ausdrücklich, dass er ihm Prokura erteile. Darin läge dann eine wirksame Erteilung der Prokura durch die Vor-GmbH, wenn diese grundsätzlich zur Erteilung einer Prokura berechtigt ist und dabei wirksam durch G vertreten wurde.

Gem. § 13 III GmbHG, der mangels ausdrücklichen Abstellens auf die noch fehlende Eintragung auch auf die Vor-GmbH Anwendung findet, gilt eine GmbH als Handelsgesellschaft im Sinne des Handelsgesetzbuchs. Gem. §§ 6, 48 I HGB kann die Vor-GmbH daher ebenso wie ein Kaufmann Prokura erteilen.

(b) Vertretung durch G

Der Geschäftsführer G hat die Vor-GmbH dann wirksam vertreten, wenn er diesbezüglich mit Vertretungsmacht gehandelt hat.

Unabhängig davon, ob man davon ausgeht, dass der Umfang der organschaftlichen Vertretungsmacht des Geschäftsführers einer Vor-GmbH auf Gründungsgeschäfte beschränkt ist oder nicht, haben die Gründungsgesellschafter dem G jedenfalls, wenn man eine derartige Beschränkung annimmt, eine weiter gehende Vollmacht erteilt (vgl. Fall 30). G hat folglich mit Vertretungsmacht gehandelt.

Damit hat er die Vor-GmbH bei der Prokuraerteilung wirksam vertreten, so dass H Prokurist der Vor-GmbH war.

(2) Umfang

Gem. § 49 I HGB ermächtigt die Prokura zu allen Arten von Geschäften, die der Betrieb eines Handelsgewerbes mit sich bringt.

Damit ist auch der Ankauf von Stoffen vom Umfang der Prokura gedeckt.

Anmerkung: Wiederholen Sie unbedingt die verschiedenen Problemfelder, die Ihnen im Zusammenhang mit der Prokura begegnen können! Auf Grund der Verknüpfung mit dem BGB-AT stehen dem Klausurersteller vielfältige „Einsatzmöglichkeiten“ zur Verfügung. Lernen Sie daher nicht abstrakt, sondern direkt am Fall (vgl. Hemmer/Wüst, Die Fälle, Handelsrecht, Fälle 6-14)!

H konnte die Vor-GmbH daher bei Abschluss des Kaufvertrages wirksam vertreten, §§ 164 ff. BGB. Folglich kam ein wirksamer Kaufvertrag zwischen C und der Vor-GmbH zu Stande. C steht somit ein Anspruch auf Kaufpreiszahlung gegenüber der Vor-GmbH gem. § 433 II BGB zu.

Das Vorliegen einer Verbindlichkeit der Vor-GmbH ist also zu bejahen.

c) H als Handelnder i.S.d. § 11 II GmbHG

Weiterhin ist erforderlich, dass H überhaupt als Handelnder i.S.d. § 11 II GmbHG in Betracht kommt.

Zwar hat H im Namen der Vor-GmbH mit C kontrahiert. Allerdings kommen nach dem heute ganz herrschenden sog. „engen Handelndenbegriff" nur Organe der Gesellschaft in Betracht. H ist lediglich Prokurist und somit kein Organ der Vor-GmbH. Er unterfällt folglich nicht dem Handelndenbegriff des § 11 II GmbHG.

Ergebnis: C kann von H keine Kaufpreiszahlung i.H.v. 10.000 € verlangen.

2. Anspruch des C gegen G auf Kaufpreiszahlung gem. § 11 II GmbHG

Möglicherweise steht C ein Zahlungsanspruch gegen G gem. §§ 433 II BGB, 11 II GmbHG zu.

a) Keine Eintragung

Eine Eintragung der GmbH in das Handelsregister ist noch nicht erfolgt. Vielmehr ist auf Grund des formgültig abgeschlossenen Gesellschaftsvertrages bereits eine rechtsfähige Vor-GmbH entstanden.

b) Verbindlichkeit der Vor-GmbH

Die Vor-GmbH schuldet dem C 10.000 € gem. § 433 II BGB, so dass eine Verbindlichkeit der Vor-GmbH besteht (s.o.).

c) G als Handelnder i.S.d. § 11 II GmbHG

G müsste außerdem Handelnder i.S.d. § 11 II GmbHG sein.

Als Geschäftsführer ist G Organ der Vor-GmbH und unterfällt daher dem „engen Handelndenbegriff" des § 11 II GmbHG.

Weiterhin müsste G auch im konkreten Fall für die Vor-GmbH gehandelt haben.

Anmerkung: Führen Sie sich stets den Sinn und Zweck einer Norm vor Augen! Wird vor Eintragung der GmbH im Namen der Gesellschaft gehandelt, sollen den Gläubigern auf Grund der häufig geringen Kapitalausstattung der Vorgesellschaft weitere Schuldner gegeben werden (s.o.). Dieser Zweck ist bereits dann erfüllt, wenn all diejenigen haften, die bei der Führung der Geschäfte für die Vor-GmbH persönlich oder durch andere verantwortlich mitgewirkt und in diesem Rahmen auch die konkrete Geschäftstätigkeit, aus der die Verbindlichkeit resultiert, mitgetragen haben (vgl. *Klunzinger*, Grundzüge des Gesellschaftsrechts, S. 287).
Die Handelndenhaftung des § 11 II GmbHG ist gerade keine bloße Veranlassungshaftung!

Zwar hat G nicht selbst im Namen der Vor-GmbH mit C kontrahiert. Indem er allerdings dem H Prokura erteilt hat, ist die Begründung der rechtsgeschäftlichen Verbindlichkeit der Vor-GmbH erst möglich geworden.

Folglich liegt ein Handeln des G i.S.d. § 11 II GmbHG vor.

Ergebnis: C steht ein Zahlungsanspruch gegen G gem. §§ 433 II BGB, 11 II GmbHG zu.

Anmerkung: Da die Handelndenhaftung ihrem Sinn und Zweck nach nur subsidiär zum Tragen kommen soll, solange der endgültige Rechtsträger, die GmbH, noch nicht entstanden ist, erlischt die Handelndenhaftung daher mit der Eintragung.

IV. Zusammenfassung

Sound: Ist vor der Eintragung in das Handelsregister im Namen der Vor-GmbH gehandelt worden, so haften die „Handelnden" gem. § 11 II GmbHG persönlich und gesamtschuldnerisch. Nach dem heute ganz herrschenden sog. „engen Handelndenbegriff" kommen als Handelnde nur Organe der Gesellschaft in Betracht. Ist jemand daher lediglich Prokurist der Vor-GmbH, trifft ihn keine Haftung gem. § 11 II GmbHG.

hemmer-Methode: Streitig ist, inwieweit die Gründungsgesellschafter vor Eintragung der GmbH in das Handelsregister mit ihrem persönlichen Vermögen haften, sofern sie nicht bereits der Handelndenhaftung des § 11 II GmbHG unterfallen.
Heute wird von einer unbeschränkten Haftung der Gesellschafter ausgegangen. Dabei ist jedoch streitig, ob die Gesellschafter nach außen, d.h. den Gläubigern gegenüber, gesamtschuldnerisch haften oder ob sie nur zur Innenhaftung gegenüber der Gesellschaft verpflichtet sind (so der BGH).
Letzteres ist grundsätzlich überzeugend: So erhält die Vor-GmbH durch die Innenhaftung bereits eine ausreichende Haftungsmasse für die Gläubiger. Diese können den Ausgleichsanspruch der Gesellschaft gegen die Gesellschafter im Wege der Zwangsvollstreckung nach §§ 829, 835 ZPO pfänden und geltend machen. Die Interessen der Gesellschafter werden andererseits dadurch angemessen berücksichtigt, dass sie nur eine anteilige Verlustdeckungshaftung trifft. Eine gesamtschuldnerische Außenhaftung erscheint nur dann sachgerecht, wenn die Gesellschaft vermögenslos ist oder die Gesellschafter die Eintragungsabsicht aufgegeben haben.
Sehen Sie die Parallelen zwischen der Verlustdeckungshaftung *vor* Eintragung und der Vorbelastungshaftung (Fall 30) *nach* Eintragung!

V. Zur Vertiefung

- Hemmer/Wüst, Gesellschaftsrecht, Rn. 399 ff.
- Hemmer/Wüst, Gesellschaftsrecht, Karteikarten Nr. 103, 104.

Fall 32: Angeber...

Sachverhalt:

Gerhard (G) ist einziger Geschäftsführer der „Gemüse aus Holland-GmbH“. Der Gesellschaftsvertrag sieht vor, dass G bei Anschaffungen über 10.000 € Rücksprache mit den Gesellschaftern halten muss. Um seiner Angebeteten zu imponieren, kauft G jedoch im Alleingang für die GmbH einen roten Porsche, mit der er die Dame noch am selben Abend ausführt. Nachdem der Kaufpreis i.H.v. 120.000 € nach einiger Zeit immer noch nicht entrichtet ist, tritt der Verkäufer Valentin (V) mit seiner Forderung an die GmbH heran.

***Frage 1:** Zu Recht?*

***Frage 2:** Die Gesellschafter der GmbH sind der Ansicht, dass sie ein derart teures Fahrzeug nicht benötigen und verkaufen den Porsche daher weiter. Allerdings können sie dabei nur einen Preis i.H.v. 110.000 € erzielen. Welche Rechte stehen der GmbH zu?*

I. Einordnung

Wie jede andere juristische Person braucht auch die GmbH „Kopf, Arme und Beine“, um am Rechtsverkehr teilnehmen zu können (vgl. *Klunzinger*, Grundzüge des Gesellschaftsrechts, S. 264). Die GmbH handelt folglich durch ihre Organe, d.h. den Geschäftsführer, die Gesellschafterversammlung sowie (in bestimmten Fällen) den Aufsichtsrat.

Die Geschäftsführer führen die Geschäfte der GmbH (keine ausdrückliche Erwähnung im GmbHG, da als selbstverständlich vorausgesetzt) und sind die gesetzlichen Vertreter der GmbH, vgl. § 35 GmbHG. Damit sind sie sowohl für die *interne Geschäftsführung* als auch die *externe Vertretung* zuständig.

Anmerkung: Die Rechtsstellung des Geschäftsführers der GmbH entspricht weitgehend derjenigen des Vorstandes einer Aktiengesellschaft.

II. Gliederung

Frage 1

Anspruch des V gegenüber der GmbH auf Kaufpreiszahlung gem. § 433 II BGB

Vor.:

Wirksamer Kaufvertrag, § 433 BGB

Rechtsfähigkeit der GmbH (+), vgl. § 13 I GmbHG

(+), wenn wirksame Vertretung durch G

1. Eigene WE im Namen der GmbH (+)

2. Mit Vertretungsmacht?

a) Persönlicher Umfang
Grds. Einzelvertretungsbefugnis (+), da G = einziger Geschäftsführer, § 35 I GmbHG

b) Sachlicher Umfang
Grds. unbeschränkt, § 35 I GmbHG
Daher hier (+)
(P): Beschränkung im GV

ABER: keine Wirkung im Außenverhältnis, § 37 II GmbHG

⇨ Vertretungsmacht daher (+)

⇨ Kaufvertrag (+)

Ergebnis: Anspruch (+)

Frage 2

Schadensersatzanspruch der GmbH gegenüber G gem. § 43 II GmbHG

Vor.:

1. **Pflichtverletzung als Organ**
   G = Geschäftsführer

   Nichtbeachtung der gesellschaftsvertraglichen Rücksprachepflicht

   Verletzung der Pflicht gem. § 37 I GmbHG

⇨ Pflichtverletzung daher (+)

2. **Rechtsfolge:** Ersatz des kausalen Schadens: Differenz zwischen Ankaufs- und Verkaufspreis = 10.000 €

Ergebnis: Anspruch (+)

III. Lösung Frage 1

Anspruch des V gegenüber der GmbH auf Kaufpreiszahlung gem. § 433 II BGB

V könnte gegenüber der GmbH gem. § 433 II BGB einen Anspruch auf Kaufpreiszahlung i.H.v. 120.000 € haben.

Voraussetzung hierfür ist das Vorliegen eines wirksamen Kaufvertrages zwischen V und der GmbH.

Vorliegend hat sich G mit V über den Ankauf des Porsches geeinigt. Damit ist dann ein Kaufvertrag zwischen V und der gem. § 13 I GmbHG rechtsfähigen GmbH zu Stande gekommen, wenn diese bei Vertragsschluss wirksam durch G vertreten wurde.

1. Eigene Willenserklärung im Namen der GmbH

G hat als Geschäftsführer eine eigene Willenserklärung zumindest den Umständen nach ersichtlich im Namen der GmbH abgegeben, vgl. § 164 I S. 2 BGB.

2. Mit Vertretungsmacht

G müsste außerdem mit Vertretungsmacht gehandelt haben, § 164 I S. 1 BGB.

Als Geschäftsführer der GmbH könnte sich seine Vertretungsmacht aus § 35 I GmbHG ergeben.

a) Persönlicher Umfang

Grundsätzlich wird die GmbH durch ihre Geschäftsführer vertreten, § 35 I GmbHG.

Verfügt eine GmbH über mehrere Geschäftsführer, so besteht Gesamtvertretungsbefugnis, sofern der Gesellschaftsvertrag nichts anderes bestimmt, vgl. § 35 II S. 1 GmbHG.

Anmerkung: Ebenso wie bei der OHG genügt es bei der *Passiv*vertretung, wenn eine der GmbH gegenüber abzugebende Willenserklärung *einem* der Geschäftsführer gegenüber erklärt wird, vgl. § 35 II S. 2 GmbHG.

G ist jedoch einziger Geschäftsführer der GmbH, so dass er einzelvertretungsbefugt ist.

b) Sachlicher Umfang

Es stellt sich allerdings die Frage, ob der Ankauf des Porsches auch vom sachlichen Umfang der Vertretungsmacht gedeckt ist.

Grundsätzlich umfasst die Vertretungsmacht des Geschäftsführers sämtliche gerichtliche und außergerichtliche Handlungen für und gegen die GmbH und damit auch den Kauf eines Porsches, vgl. § 35 I GmbHG.

Der Gesellschaftsvertrag sieht jedoch vor, dass G bei Anschaffungen über 10.000 € Rücksprache mit den Gesellschaftern halten muss. Damit ordnet der Gesellschaftsvertrag eine Beschränkung des Umfangs der Vertretungsmacht an.

Gem. § 37 II GmbHG ist eine Beschränkung der Vertretungsmacht im Außenverhältnis allerdings nicht wirksam.

Folglich war der Kauf des Porsches auch vom sachlichen Umfang der Vertretungsmacht des G gedeckt.

Anmerkung: Die Konsequenz, die sich aus dem Vorliegen der Vertretungsmacht ergibt, ist die, dass eine Haftung des Vertreters selbst aus § 179 BGB ausscheidet. Aber Achtung: Stellt der Geschäftsführer nicht klar, dass die Gesellschaft, für die er agiert, eine GmbH ist, kommt nach der Rechtsprechung des BGH eine Haftung aus § 179 BGB analog in Betracht, weil zwar ein „haftender Vertretener" existiert, aber dessen Haftung faktisch beschränkt ist. Vgl. dazu BGH, Life&Law 11/2012, 780 ff.

Damit hat G die GmbH wirksam vertreten, so dass zwischen V und der GmbH ein Kaufvertrag über den Porsche zu Stande gekommen ist, § 433 BGB.

Anmerkung: Anderes gilt jedoch dann, wenn die Grundsätze vom Missbrauch der Vertretungsmacht (*Kollusion* und *Evidenz*) eingreifen. Wiederholen Sie hierzu Hemmer/Wüst, BGB-AT I, Rn. 285 ff.!

Ergebnis: V hat gegenüber der GmbH einen Anspruch auf Kaufpreiszahlung i.H.v. 120.000 €.

IV. Lösung Frage 2

Schadensersatzanspruch der GmbH gegenüber G gem. § 43 II GmbHG

Möglicherweise steht der GmbH gegenüber G ein Schadensersatzanspruch gem. § 43 II GmbHG zu.

1. Pflichtverletzung

G müsste bei Ausführung einer Tätigkeit als Organ eine Pflicht verletzt haben.

G ist Geschäftsführer der GmbH und damit Organ.

Durch den Abschluss des Kaufvertrages hat G sich bewusst über die im Gesellschaftsvertrag enthaltene Beschränkung seiner Vertretungsbefugnis hinweggesetzt. Gem. § 37 I GmbHG ist der Geschäftsführer jedoch der Gesellschaft gegenüber verpflichtet, die Beschränkungen einzuhalten, die durch den Gesellschaftsvertrag oder Gesellschafterbeschlüsse im Hinblick auf den Umfang der Vertretungsmacht angeordnet werden. Folglich liegt eine Pflichtverletzung vor.

Anmerkung: Erinnern Sie sich an den Unterschied zwischen einer *Pflicht* und einer *Obliegenheit*?
Während die Verletzung einer Pflicht zur Folge hat, dass der Verletzende Schadensersatzansprüchen ausgesetzt wird, führt die Verletzung einer Obliegenheit lediglich zum Verlust eigener Rechtspositionen.

Typisches Beispiel hierfür ist der Annahmeverzug, §§ 293 ff. BGB.
Der Wortlaut des § 43 II GmbHG ist insofern irreführend, da es eindeutig um die Verletzung einer *Pflicht* geht.

2. Rechtsfolge

G muss der GmbH folglich denjenigen Schaden ersetzen, den diese infolge des Ankaufs des Porsches erlitten hat. Zwar kann die GmbH den Porsche wieder verkaufen.

Dabei erleidet sie jedoch eine Vermögenseinbuße i.H.v. 10.000 €. G muss der GmbH daher einen Schaden i.H.v. 10.000 € ersetzen.

Ergebnis: Der GmbH steht gegenüber G ein Schadensersatzanspruch i.H.v. 10.000 € zu.

V. Zusammenfassung

Sound: Ebenso wie bei der Prokura ist die Rechtsstellung des GmbH-Geschäftsführers im Innenverhältnis beschränkbar, im Außenverhältnis hingegen unbeschränkbar. Überschreitet der Geschäftsführer daher seine Befugnis aus dem Innenverhältnis, kann er die GmbH zwar wirksam gegenüber Dritten verpflichten, ist ihr gegenüber jedoch gem. § 43 II GmbHG zum Schadensersatz verpflichtet.

hemmer-Methode: Sicher ist Ihnen schon einmal der Begriff der „GmbH & Co KG" begegnet. Mit den inzwischen gewonnenen Kenntnissen dürfte Ihnen die Einordnung dieser Gesellschaftsform keine Schwierigkeiten mehr bereiten: So handelt es sich bei der GmbH & Co KG um eine KG, an der eine GmbH als Komplementärin beteiligt ist. Oftmals sind die Kommanditisten der KG gleichzeitig Gesellschafter der GmbH (sog. *personenidentische* GmbH & Co KG). Bei dieser Gestaltung werden die Vorteile evident, die die rechtlich zulässige Kombination zweier unterschiedlicher Gesellschaftstypen mit sich bringen kann: Die Kommanditisten haben nach Erbringung ihrer Hafteinlage keine persönliche Haftung mehr zu befürchten und den Gläubigern steht als unbeschränkt haftender Gesellschafter nur die GmbH zur Verfügung, bei der die Haftung wiederum gem. § 13 II GmbHG auf das Gesellschaftsvermögen beschränkt ist.
Bei der GmbH & Co KG ist allerdings jede der beiden Gesellschaften nach wie vor nach ihren eigenen Regeln zu behandeln, so dass insbesondere für die im Vordergrund stehende, das Unternehmen betreibende KG ausschließlich KG-Recht gilt.

VI. Zur Vertiefung

- Hemmer/Wüst, Basics Zivilrecht, Bd. 5, Rn. 436.
- Hemmer/Wüst, Gesellschaftsrecht, Rn. 414, 421.
- Hemmer/Wüst, Gesellschaftsrecht, Karteikarte Nr. 106.

Die Zahlen beziehen sich auf die Nummern der Fälle.

hemmer/wüst Verlag

Unser Lernsystem im Überblick

Die Kartensätze

■ Überblickskarteikarten - je 30,00 € / 19,90 €

Über Prüfungsschemata zum Wissen

Ihr Begleiter vom 1. Semester bis zum 2. Staatsexamen! In den Überblickskarteikarten sind die wichtigsten Problemfelder im Zivil-, Straf- und Öffentlichen Recht knapp, präzise und übersichtlich dargestellt. Sie erfassen effektiv auf einen Blick das Wesentliche. Die grafische Aufbereitung der Prüfungsschemata auf der Vorderseite schafft Überblick über den Prüfungsaufbau. Die Kommentierung mit der hemmer-Methode auf der Rückseite vermittelt deshalb das nötige Einordnungswissen für die Klausur und erwähnt die wichtigsten Definitionen.

■ Basics Karteikarten - je 16,90 €

Das Pendant zu den Basics Skripten

Mit dem Frage- und Antwortsystem zum notwendigen Wissen. Die Vorderseite der Karteikarte ist unterteilt in Einordnung und Frage. Der Einordnungstext erklärt den Problemkreis und führt zur Frage hin. Die Frage trifft dann den Kern der prüfungsrelevanten Thematik. Auf der Rückseite schafft der Antworttext Wissen.

■ Hauptkarteikarten - je 16,90 €

Das Pendant zu den Hauptskripten

Das Prüfungswissen in Karteikartenform für den, der es bevorzugt, mit Karteikarten zu lernen. Im Frage- und Antwortsystem zum Wissen. Auf der Vorderseite der Karteikarte führt ein Einordnungsteil zur Frage hin. Die Frage trifft die Kernproblematik des zu Erlernenden. Auf der Rückseite schafft der Antworttext Wissen.

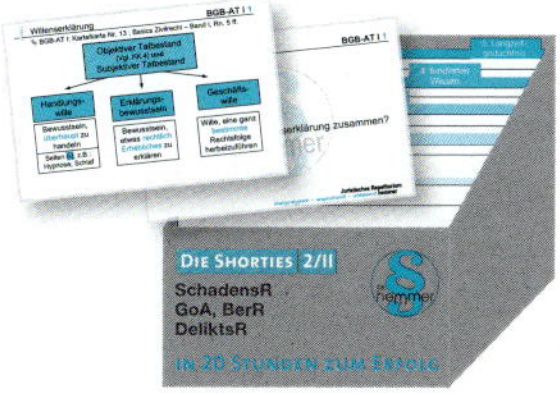

■ Die Shorties - je 24,90 €

In 20 Stunden zum Erfolg inkl. hemmer-Lernbox

Die kleinen Karteikarten in der hemmer Lernbox enthalten auf der Vorderseite jeweils eine Frage, welche auf der Rückseite grafisch aufbereitet beantwortet wird. Die bildhafte Darstellung ist lernpädagogisch sinnvoll. Die wichtigsten Begriffe und Themenkreise werden anwendungsspezifisch erklärt. Knapper geht es nicht - die Sounds der Juristerei! In Kürze verhelfen die Shorties so zum Erfolg.

Versandkostenfreie Bestellung in unserem hemmer-shop

www.hemmer-shop.de

hemmer/wüst Verlag

Unser Lernsystem im Überblick

Die Skripten für das Assessorexamen

Die Assessorskriptenreihe richtet sich an die Kandidatinnen und Kandidaten des Zweiten Staatsexamens. Zum Einstieg ins Referendariat sollte sich mit den wichtigsten formellen und technischen Regeln der Assessorklausur vertraut gemacht werden. Die Reihe Assessor-Basics dient zudem der kompakten Wiederholung der wesentlichen Dinge durch den bereits Fortgeschrittenen. Die Skripten sind auch als eBook über den hemmer-shop erhältlich.

Theorieskripten - 4 Bände je 19,90 €

In den Theoriebänden, die zudem auch viele kleine praktische Beispielsfälle enthalten, wird der Leser an die jeweilige Materie herangeführt. Dargestellt werden Arbeitstechnik und Formalia bzgl. der Klausurtypen. Die Skripten dienen primär dem Einstieg, daneben aber auch zur kompakten Wiederholung, dem Lernen und Vertiefen einzelner Problembereiche.

- Die zivilrechtliche Anwaltsklausur
- Das Zivilurteil
- Die Strafrechtsklausur im Assessorexamen
- Die Assessorklausur im Öffentlichen Recht

Klausurentraining - 4 Bände je 19,90 €

Die Bände Klausurentraining präsentieren eine Fallsammlung, die in einer ganz besonderen didaktischen Form aufbereitet ist. Effektive Examensvorbereitung heißt beim Assessorexamen noch mehr als beim Referendarexamen: Lernen am Großen Fall, Training der Technik der Sachverhaltsanalyse, Schulung des Problemgespürs und Einstellung auf den imaginären Gegner.

- Zivilurteile
- Arbeitsrecht
- Strafrecht
- Zivilrechtliche Anwaltsklausuren

Überblickskarteikarten - 4 Sätze je 19,90 €

Über Prüfungsschemata zum Wissen

Der unentbehrliche Begleiter für das Assessorexamen! In den Überblickskarteikarten sind die wichtigsten Problemfelder im Zivil-, Straf- und Öffentlichen Recht knapp, präzise und übersichtlich dargestellt. Auf der Vorderseite führt ein Frageteil zum Problem hin. Die grafische Aufbereitung der Antwort auf der Rückseite schafft Überblick. Sie erfassen so effektiv das Wesentliche. Tenorierungen und Formulierungsbeispiele ermöglichen die praktische Umsetzung. Die Kommentierung mit der hemmer-Methode auf der Rückseite schafft das nötige Einordnungswissen für die Klausur.

Versandkostenfreie Bestellung in unserem hemmer-shop
www.hemmer-shop.de

Die wichtigsten Fälle

FALLSAMMLUNG

by hemmer

DIE 35 WICHTIGSTEN FÄLLE HANDELSRECHT

Das Handelsrecht eignet sich hervorragend für Klausuren, weil es vielfältige Verknüpfungsmöglichkeiten mit dem BGB AT und dem SchR AT gibt. So ist die Prokura eine besondere Form der Vollmacht, die Voraussetzungen der Stellvertretung richten sich indes nach BGB AT. Ebenfalls sehr klausurrelevant ist z.B. die Problematik des Handelskaufs, hier besonders § 377 HGB und seine Auswirkungen auf die kaufrechtlichen Mängelrechte.
Lernen Sie also das HGB nicht isoliert, sondern im Kontext zu anderen Rechtsgebieten. Die kleinen Fälle erleichtern Ihnen diesen Weg.

- **Vertretung des Kaufmanns**
- **Das Handelsregister**
- **Wechsel des Unternehmensträgers**
- **Das Handelsgeschäft**

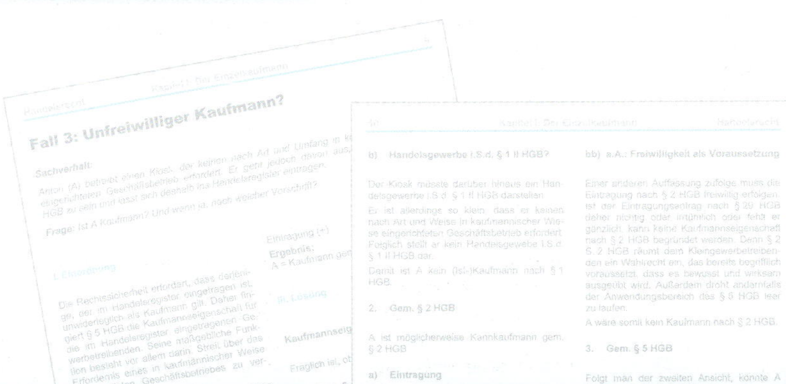

Das Erfolgsprogramm -
Ihr Training für Klausur und Hausarbeit

examenstypisch ■ modern ■ effektiv